DOCÊNCIA em FORMAÇÃO

Ensino Fundamental

Coordenação:
Selma Garrido Pimenta

© Direitos de publicação
CORTEZ EDITORA
Rua Monte Alegre, 1074 – Perdizes
05014-001 – São Paulo – SP
Tel.: (11) 3864-0111 Fax: (11) 3864-4290
cortez@cortezeditora.com.br
www.cortezeditora.com.br

Direção
José Xavier Cortez

Editor
Amir Piedade

Preparação
Alexandre Soares Santana

Revisão
Alessandra Biral
Alexandre Ricardo da Cunha

Edição de Arte
Mauricio Rindeika Seolin

Ilustração de capa
Antônio Carlos de Pádua

Obra em conformidade ao
Novo Acordo Ortográfico da Língua Portuguesa

Dados Internacionais de Catalogação na Publicação (CIP)
(Câmara Brasileira do Livro, SP, Brasil)

Delizoicov, Demétrio
Ensino de ciências: fundamentos e métodos / Demétrio Delizoicov, José André Angotti, Marta Maria Pernambuco; colaboração Antônio Fernando Gouvêa da Silva. – 5. ed. – São Paulo: Cortez, 2018. – (Docência em formacão / coordenação Selma Garrido Pimenta)

Bibliografia.

ISBN 978-85-249-2635-8

1. Ciências – Estudo e ensino 2. Ciências – Pesquisa 3. Professores – Formação profissional I. Angotti, José André. II. Pernambuco, Marta Maria. III. Silva, Antônio Fernando Gouvêa da. IV. Pimenta, Selma Garrido V. Título. VI. Série.

18-14149 CDD-507

Índices para catálogo sistemático:

1. Ciências: Ensino 507
2. Ensino de Ciências 507

Impresso no Brasil – julho de 205

Demétrio Delizoicov
José André Angotti
Marta Maria Pernambuco

Ensino de Ciências

fundamentos e métodos

Colaboração

Antônio Fernando Gouvêa da Silva

5ª edição
3ª reimpressão

CORTEZ EDITORA

Sumário

Aos professores ... 9

Apresentação da coleção ... 11

Introdução ... 19

1ª Parte — Educação em Ciências e prática docente ... 23

Capítulo I — Desafios para o ensino de Ciências ... 24

1. Superação do senso comum pedagógico 24
2. Ciência para todos ... 25
3. Ciência e tecnologia como cultura ... 26
4. Incorporar conhecimentos contemporâneos em ciência e tecnologia ... 28
5. Superação das insuficiências do livro didático ... 28
6. Aproximação entre pesquisa em ... 30 ensino de Ciências e ensino de Ciências

Capítulo II — Instrumentação para o ensino ... 34

1. Aprofundamento para estudo ... 34
   - *a) Resgate histórico do ensino de Ciências no Brasil* ... 34
   - *b) A pesquisa em ensino de Ciências* ... 34
   - *c) A questão do livro didático* ... 35
2. Exemplares ... 35
   - *a) Ciência, tecnologia e sociedade (CTS)* ... 36
   - *b) História e Filosofia da Ciência e ensino de Ciências* ... 37
   - *c) Formação de conceitos* ... 39
   - *d) Interação professor–livro didático* ... 40
   - *e) Meios e ambientes alternativos ao livro didático* ... 41

3. Desafios ... 45
4. Leituras complementares ... 46

2ª Parte — Ciência e Ciências na escola ... 47

Capítulo I — Temas da ciência ... 48
1. Dinâmica da produção científica ... 48
2. Ciência e tecnologia no mundo contemporâneo ... 52

Capítulo II — Instrumentação para o ensino ... 78
1. Aprofundamento para estudo ... 78
Contexto da produção científica ... 79
2. Exemplares ... 79
Escalas ... 79
3. Desafios ... 85

3ª Parte — Aluno, conhecimentos escolares e não escolares ... 87

Capítulo I — Aluno: sujeito do conhecimento ... 88
1. Cenas e questões de um cotidiano escolar – cena 1 ... 88
2. Sujeito do conhecimento: o entorno e a aprendizagem ... 94
3. Quem é o sujeito do conhecimento? ... 100
3.1. A esfera simbolizadora e as Ciências Naturais ... 100
3.2. A esfera social, a adolescência e o ensino de Ciências Naturais ... 106
3.3. A esfera produtiva e a relação entre ciência e tecnologia ... 115
4. Relação entre conhecimentos do professor e dos alunos ... 117

Capítulo II Instrumentação para o ensino ... 121

1. Aprofundamento para estudo ... 121

a) Adolescência ... 121

b) Quem é o adolescente no Brasil de hoje? .. 122

c) Ensino e aprendizagem ... 123

d) Cultura prevalente e ensino de Ciências ... 123

2. Exemplares ... 124

a) Práticas pedagógicas não tradicionais ... 124

b) Centros de interesses ... 125

c) Projetos de trabalho ... 126

d) Tema gerador ... 127

e) Construção de um projeto coletivo de escola ... 130

3. Desafios ... 131

4. Leituras complementares ... 133

4ª Parte Abordagem de temas em sala de aula ... 135

Capítulo I Conhecimento e sala de aula ... 136

1. Dimensão epistemológica das interações ... 136

2. Dimensão educativa das interações ... 145

3. Dimensão didático-pedagógica das interações ... 148

Capítulo II Instrumentação para o ensino ... 158

1. Aprofundamento para estudo ... 158

a) O que pensam os alunos sobre a ciência? Qual sua concepção epistemológica? ... 158

b) Epistemólogos e suas teorias do conhecimento ... 158

2. Exemplares ... 159

a) Poluição do ar ... 159

b) Aids ... 175

c) Energia solar e a Terra ... 178

3. Desafios ... 187
4. Leituras complementares ... 196
5ª Parte — Temas de ensino e a escola ... 197
Capítulo I — Escola, currículos e programação de Ciências ... 198
1. Cenas e questões de um cotidiano escolar - cena 2 ... 198
2. Temas e os conteúdos programáticos escolares ... 209
3. Temas e conceitos unificadores na estruturação do programa de Ciências ... 216
4. Redução temática e atuação docente ... 225
4.1. Escolher e organizar meios ... 225
4.2. Meios e materiais: fontes de busca ... 227
4.3. Questões de linguagem ... 228
Capítulo II — Instrumentação para o ensino ... 232
1. Aprofundamento para estudo ... 232
a) Conceitos unificadores e seu uso ... 232
2. Exemplares ... 233
a) Poluição urbana ... 233
b) Aids ... 241
c) Energia elétrica: produção, distribuição e consumo ... 258
3. Desafios ... 263
4. Leituras complementares ... 263
6ª Parte — Temas para estudo e bibliografia ... 265

Aos professores

A Cortez Editora tem a satisfação de trazer ao público brasileiro, particularmente aos estudantes e profissionais da área educacional, a Coleção Docência em Formação, destinada a subsidiar a formação inicial de professores e a formação contínua daqueles que se encontram no exercício da docência.

Resultado de reflexões, pesquisas e experiências de vários professores especialistas de todo o Brasil, a coleção propõe uma integração entre a produção acadêmica e o trabalho nas escolas. Configura um projeto inédito no mercado editorial brasileiro por abarcar a formação de professores para todos os níveis de escolaridade: a **Educação Básica** (incluindo a **Educação Infantil**, o **Ensino Fundamental** e o **Ensino Médio**) e a **Educação Superior**; a **Educação de Jovens e Adultos** e a **Educação Profissional**. Completa essa formação com os **Saberes Pedagógicos**.

Com mais de 38 anos de experiência e reconhecimento, a Cortez é uma referência no Brasil, nos demais países latino-americanos e em Portugal pela coerência de sua linha editorial e atualidade dos temas que publica, especialmente na área da educação, entre outras. É com orgulho e satisfação que lançamos esta coleção, pois estamos convencidos de que representa novo e valioso impulso e colaboração ao pensamento pedagógico e à valorização do trabalho dos professores na direção de uma melhoria da qualidade social da escolaridade.

José Xavier Cortez
Diretor

Apresentação da coleção

A Coleção **Docência em Formação** tem por objetivo oferecer aos professores em processo de formação e aos que já atuam como profissionais da Educação subsídios formativos que levem em conta as novas diretrizes curriculares, buscando atender, de modo criativo e crítico, às transformações introduzidas no sistema nacional de ensino pela Lei de Diretrizes e Bases da Educação Nacional, de 1996. Sem desconhecer a importância desse documento como referência legal, a proposta desta Coleção identifica seus avanços e seus recuos e assume como compromisso maior buscar uma efetiva interferência na realidade educacional por meio do processo de ensino e de aprendizagem, núcleo básico do trabalho docente. Seu propósito é, pois, fornecer aos docentes e alunos das diversas modalidades dos cursos de formação de professores (Licenciaturas) e aos docentes em exercício, livros de referência para sua preparação científica, técnica e pedagógica. Os livros contêm subsídios formativos relacionados ao campo dos saberes pedagógicos, bem como ao campo dos saberes relacionados aos conhecimentos especializados das áreas de formação profissional.

A proposta da Coleção parte de uma concepção orgânica e intencional de educação e de formação de seus profissionais, e com clareza do que se pretende formar para atuar no contexto da sociedade brasileira contemporânea, marcada por determinações históricas específicas.

Como bem mostram estudos e pesquisas recentes na área, os professores são profissionais essenciais nos processos de mudanças das sociedades. Se forem deixados à margem, as decisões pedagógicas e curriculares alheias, por mais interessantes que possam parecer, não se efetivam, não gerando efeitos sobre o social. Por isso, é preciso investir na formação e no desenvolvimento profissional dos professores.

Na sociedade contemporânea, as rápidas transformações no mundo do trabalho, o avanço tecnológico configurando a sociedade virtual e os meios de informação e comunicação incidem com bastante força na escola, aumentando os desafios para torná-la uma conquista democrática efetiva. Transformar as escolas em suas práticas e culturas tradicionais e burocráticas que, por intermédio da retenção e da evasão, acentuam a exclusão social, não é tarefa simples nem para poucos. O desafio é educar as crianças e os jovens propiciando-lhes um desenvolvimento humano, cultural, científico e tecnológico, de modo que adquiram condições para fazer frente às exigências do mundo contemporâneo. Tal objetivo exige esforço constante do coletivo da escola - diretores, professores, funcionários e pais de alunos - dos sindicatos, dos governantes e de outros grupos sociais organizados.

Não se ignora que esse desafio precisa ser prioritariamente enfrentado no campo das políticas públicas. Todavia, não é menos certo que os professores são profissionais essenciais na construção dessa nova escola. Nas últimas décadas, diferentes países realizaram grandes investimentos na área da formação e desenvolvimento profissional de professores visando essa finalidade. Os professores contribuem com seus saberes, seus valores, suas experiências nessa complexa tarefa de melhorar a qualidade social da escolarização.

Entendendo que a democratização do ensino passa pelos professores, por sua formação, por sua valorização profissional e por suas condições de trabalho, pesquisadores têm apontado para a importância do investimento no seu desenvolvimento profissional, que envolve formação inicial e continuada, articulada a um processo de valorização identitária e profissional dos professores. Identidade que é *epistemológica*, ou seja, que reconhece a docência como um *campo de conhecimentos específicos* configurados em quatro grandes conjuntos, a saber:

1. conteúdos das diversas áreas do saber e do ensino, ou seja, das ciências humanas e naturais, da cultura e das artes;
2. conteúdos didático-pedagógicos, diretamente relacionados ao campo da prática profissional;
3. conteúdos relacionados a saberes pedagógicos mais amplos do campo teórico da educação;
4. conteúdos ligados à explicitação do sentido da existência humana individual, com sensibilidade pessoal e social.

Vale ressaltar que identidade que é *profissional*, ou seja, a docência, constitui um campo específico de intervenção profissional na prática social. E, como tal, ele deve ser valorizado em seus salários e demais condições de exercício nas escolas.

O desenvolvimento profissional dos professores tem-se constituído em objetivo de propostas educacionais que valorizam a sua formação não mais fundamentada na racionalidade técnica, que os considera como meros executores de decisões alheias, mas em uma perspectiva que reconhece sua capacidade de decidir. Ao confrontar suas ações cotidianas com as produções teóricas, impõe-se rever suas práticas e as teorias que as informam, pesquisando a prática e produzindo novos conhecimentos para a teoria e a prática de ensinar. Assim, as transformações das práticas docentes só se efetivam à medida que o professor *amplia sua consciência sobre a própria prática*, a de sala de aula e a da escola como um todo, o que pressupõe os conhecimentos teóricos e críticos sobre a realidade. Tais propostas enfatizam que os professores colaboram para transformar as escolas em termos de gestão, currículos, organização, projetos educacionais, formas de trabalho pedagógico. Reformas gestadas nas instituições, sem tomar os professores como parceiros/autores, não transformam a escola na direção da qualidade social. Em consequência, *valorizar o trabalho docente significa dotar os professores de perspectivas de análise que os ajudem a compreender os contextos históricos, sociais, culturais, organizacionais nos quais se dá sua atividade docente.*

Na sociedade brasileira contemporânea, novas exigências estão postas ao trabalho dos professores. No colapso das antigas certezas morais, cobra-se deles que cumpram funções da família e de outras instâncias sociais; que respondam à necessidade de afeto dos alunos; que resolvam os problemas da violência, das drogas e da indisciplina; que preparem melhor os alunos nos conteúdos das matemáticas, das ciências e da tecnologia tendo em vista colocá-los em melhores condições para enfrentarem a competitividade; que restaurem a importância dos conhecimentos na perda de credibilidade das certezas científicas; que sejam os regeneradores das culturas/identidades perdidas com as desigualdades/diferenças culturais; que gestionem as escolas com economia cada vez mais frugal; que trabalhem coletivamente em escolas com horários cada vez mais fragmentados. Em que pese a importância dessas demandas, não se pode exigir que os professores individualmente considerados façam frente a elas. Espera-se, sim, que coletivamente apontem caminhos institucionais a seu enfrentamento.

É nesse contexto complexo, contraditório, carregado de conflitos de valor e de interpretações, que se faz necessário ressignificar a identidade do professor. O ensino, atividade característica do professor, é uma prática social complexa, carregada de conflitos de valor e que exige opções éticas e políticas. Ser professor requer saberes e conhecimentos científicos, pedagógicos, educacionais, sensibilidade da experiência, indagação teórica e criatividade para fazer frente às situações únicas, ambíguas, incertas, conflitivas e, por vezes, violentas, das situações de ensino, nos contextos escolares e não escolares. É da natureza da atividade docente proceder à mediação reflexiva e crítica entre as transformações sociais concretas e a formação humana dos alunos, questionando os modos de pensar, sentir, agir e de produzir e distribuir conhecimentos na sociedade.

Problematizando e analisando as situações da prática social de ensinar, o professor utiliza o conhecimento elaborado, das ciências, das artes, da filosofia, da pedagogia e das ciências da educação, como ferramentas para a compreensão e proposição do real.

A Coleção investe, pois, na perspectiva que valoriza a capacidade de decidir dos professores. Assim, discutir os temas que perpassam seu cotidiano nas escolas – projeto pedagógico, autonomia, identidade e profissionalidade dos professores, violência, cultura, religiosidade, a importância do conhecimento e da informação na sociedade contemporânea, a ação coletiva e interdisciplinar, as questões de gênero, o papel do sindicato na formação, entre outros – , articulados aos contextos institucionais, às políticas públicas e confrontados com experiências de outros contextos escolares e com as teorias, é o caminho a que a **Coleção Docência em Formação** se propõe.

Os livros que a compõem apresentam um tratamento teórico-metodológico pautado em três premissas: há uma estreita vinculação entre os conteúdos científicos e os pedagógicos; o conhecimento se produz de forma construtiva e existe uma íntima articulação entre teoria e prática.

Assim, de um lado, impõe-se considerar que a atividade profissional de todo professor possui uma natureza pedagógica, isto é, vincula-se a objetivos educativos de formação humana e a processos metodológicos e organizacionais de transmissão e apropriação de saberes e modos de ação. O trabalho docente está impregnado de intencionalidade, pois visa a formação humana por meio de conteúdos e habilidades de pensamento e ação, implicando escolhas, valores, compromissos éticos. O que significa introduzir objetivos explícitos de natureza conceitual, procedimental e valorativa em relação aos conteúdos da matéria que se ensina; transformar o saber científico ou tecnológico em conteúdos formativos; selecionar e organizar conteúdos de acordo com critérios lógicos e psicológicos em função das características dos alunos e das finalidades do ensino; utilizar métodos e procedimentos de ensino específicos inserindo-se em uma estrutura organizacional em que participa das decisões e das ações coletivas. Por isso, para ensinar, o professor necessita de conhecimentos e práticas que ultrapassem o campo de sua especialidade.

De outro ponto de vista, é preciso levar em conta que todo conteúdo de saber é resultado de um processo de construção de conhecimento. Por isso, dominar conhecimentos não se refere apenas à apropriação de dados objetivos pré-elaborados, produtos prontos do saber acumulado. Mais do que dominar os produtos, interessa que os alunos compreendam que estes são resultantes de um processo de investigação humana. Assim, trabalhar o conhecimento no processo formativo dos alunos significa proceder à mediação entre os significados do saber no mundo atual e aqueles dos contextos nos quais foram produzidos. Significa explicitar os nexos entre a atividade de pesquisa e seus resultados, portanto, instrumentalizar os alunos no próprio processo de pesquisar.

Na formação de professores, os currículos devem configurar a pesquisa como princípio cognitivo, investigando com os alunos a realidade escolar, desenvolvendo neles essa atitude investigativa em suas atividades profissionais e assim configurando a pesquisa também como *princípio formativo* na docência.

Além disso, é no âmbito do processo educativo que mais íntima se afirma a relação entre a teoria e a prática. Em sua essência, a educação é uma prática, mas uma prática intrinsecamente intencionalizada pela teoria. Decorre dessa condição a atribuição de um lugar central ao estágio, no processo da formação do professor. Entendendo que o estágio é constituinte de todas as disciplinas percorrendo o processo formativo desde seu início, os livros da Coleção sugerem várias modalidades de articulação direta com as escolas e demais instâncias nas quais os professores atuarão, apresentando formas de estudo, análise e problematização dos saberes nelas praticados. O estágio também pode ser realizado como espaço de projetos interdisciplinares, ampliando a compreensão e o conhecimento da realidade profissional de ensinar. As experiências docentes dos alunos que já atuam no Magistério, como também daqueles que participam da formação continuada, devem ser valorizadas como referências importantes para serem discutidas e refletidas nas aulas.

Considerando que a relação entre as instituições formadoras e as escolas pode se constituir em espaço de formação contínua para os professores das escolas assim como para os formadores, os livros sugerem a realização de projetos conjuntos entre ambas. Essa relação com o campo profissional poderá propiciar ao aluno em formação oportunidade para rever e aprimorar sua escolha pelo Magistério.

Para subsidiar a formação inicial e continuada dos professores onde quer que se realizem: nos cursos de Licenciatura, de pedagogia e de pós-graduação, em universidades, faculdades isoladas, centros universitários e Ensino Médio, a Coleção está estruturada nas seguintes séries:

Educação Infantil: profissionais de creche e pré-escola.

Ensino Fundamental: professores do 1º ao 5º ano e do 6º ao 9º ano.

Ensino Médio: professores do Ensino Médio.

Ensino Superior: professores do Ensino Superior.

Educação de Jovens e Adultos: professores de jovens e adultos em cursos especiais.

Saberes pedagógicos e formação de professores.

Em síntese, a elaboração dos livros da Coleção pauta-se nas seguintes perspectivas: investir no conceito de *desenvolvimento profissional*, superando a visão dicotômica de formação inicial e de formação continuada; investir em sólida formação teórica nos campos que constituem os saberes da docência; considerar a formação voltada para a profissionalidade docente e para a construção da identidade de professor; tomar a pesquisa como componente essencial da/na formação; considerar a prática social concreta da educação como objeto de reflexão/formação ao longo do processo formativo; assumir a visão de totalidade do processo escolar/educacional em sua inserção no contexto sociocultural; valorizar a docência como atividade intelectual, crítica e reflexiva; considerar a ética como fator fundamental na formação e na atuação docente.

Selma Garrido Pimenta
Coordenadora

Introdução

Estar em sintonia com a produção científica contemporânea – para além daquela que tradicionalmente é abordada – e com os resultados da pesquisa em ensino de Ciências é algo imprescindível para uma atuação docente consistente, seja a dos professores de Ciências, seja a de seus formadores. Este livro pretende destacar aspectos relevantes que contribuam tanto com as práticas educativas a serem estabelecidas no contexto de formação de professores de Ciências e na atuação deles como com os conhecimentos produzidos no âmbito das Ciências da Natureza e no da educação em Ciências.

Como parte da Coleção Docência em Formação, na Série Fundamentos e Métodos do Ensino Fundamental, este livro busca integrar os conhecimentos específicos da área de ensino de Ciências Naturais com o fazer pedagógico e didático. Apresenta as Ciências Naturais como um conteúdo cultural relevante para viver, compreender e atuar no mundo contemporâneo, privilegiando conteúdos, métodos e atividades que favoreçam um trabalho coletivo dos professores e alunos com o conhecimento, no espaço escolar e na sociedade. Trata de conhecimentos de sentido prático e teórico, num esforço de não dicotomização dessas duas dimensões, tanto no que diz respeito às atividades dos professores de organização, planejamento e avaliação das atividades em sala de aula como na forma de desenvolver os conteúdos específicos. Com essa perspectiva, desenvolve-se considerando sempre o professor a quem se destina, seus alunos (futuros professores) e os alunos desses alunos.

Tendo como foco principal a formação dos professores do terceiro e quarto ciclo do ensino fundamental, contempla também questões pertinentes à formação de docentes de Biologia, Química e Física para o ensino médio, complementar ao fundamental. Ainda que mais diretamente possa ser usado como um dos recursos didáticos das denominadas disciplinas integradoras, quer pelos professores delas quer por seus alunos, aborda assuntos que também podem subsidiar a atuação de professores das demais disciplinas específicas que compõem os currículos dos cursos de formação de professores de Ciências, bem como esforços interdisciplinares.

Recomendável, também, é sua consulta pelos professores responsáveis pelas disciplinas de caráter pedagógico mais amplo, uma vez que terão a oportunidade não só de melhor se informar sobre o andamento das pesquisas no ensino das Ciências, mas também de realizar um trabalho articulado em prol da formação de professores nessa área.

Como explicitaremos nos capítulos a seguir, estamos propondo a necessidade da *ciência para todos*, e não só para os cientistas, e de um conhecimento científico que se aproxime da produção contemporânea, considerando sua interface com outras áreas do conhecimento, sua relevância social e sua produção histórica.

Um dos objetivos deste trabalho é incentivar os professores conscientes das necessidades de transformações, sobretudo mediante sua exemplar atuação docente cotidiana, a usar e disseminar novos conhecimentos e práticas, que potencialmente poderão maximizar a apropriação de conhecimentos científicos pela maioria de seus alunos.

O livro está organizado em seis partes, de modo que apresente e explore possibilidades de uma concepção para o ensino de Ciências. Em cada parte, abordam-se aspectos que auxiliam sua explicitação. O conjunto das partes oferece, por sua vez, uma visão estruturada dessa concepção.

Cada parte é dividida em dois capítulos. No primeiro, um texto elaborado tanto para alunos como para professores dos cursos de formação disserta e argumenta sobre pontos fundamentais de eixos estruturantes da formação e atuação docente, problematizando-os. No segundo, são propostas, em itens, atividades que, articuladas ao texto apresentado, solicitam trabalho compartilhado, com diferentes graus de autonomia, de professores e alunos mediante distintas iniciativas. Assim, em *Aprofundamento para estudo*, aspectos mencionados no texto são retomados para detalhamento. São sugeridos temas e referências básicas com os quais os temas possam ser desenvolvidos. Na seção *Exemplares* são apresentadas situações típicas que constituem como uma materialização de considerações efetuadas ao longo do texto. Possibilitam a discussão, o planejamento e a aplicação de proposições feitas, considerando os distintos contextos de atuação: sala de aula, escola e outros cenários onde se possa ensinar e aprender Ciências. Em *Desafios*, busca-se estimular a participação ativa e criativa dos envolvidos no enfrentamento de situações específicas. *Leituras complementares* concluem o segundo capítulo de cada uma das partes. Na 6ª Parte, além da bibliografia, são apresentados temas para estudo.

As articulações entre os capítulos do livro, tanto intra como interpartes, serão realizadas mediante o sistema de *links*, semelhante ao empregado pelas redes eletrônicas, muito embora o endereçamento se refira, neste caso, ao texto impresso. Essa opção deve-se ao fato de que o livro fará amplo uso dos endereços eletrônicos (www.) para fins de referências e consultas. Assim, ao longo do texto do primeiro ou do segundo capítulo de cada parte do livro, estarão presentes "endereços" aos quais o leitor se dirigirá, caso seja necessário. Esses endereços são, portanto, tanto os eletrônicos (www.) como os localizadores de páginas, boxes, seções, capítulos e partes do livro. São, também, localizadores das referências e, mais especificamente, serão usados para estabelecer *links* com outros livros desta **Coleção Docência em Formação**.

Estamos convencidos de que os nossos leitores têm muito com que contribuir, a fim de enriquecer as propostas e sugestões contidas nesta publicação.

Os Autores

1ª PARTE

EDUCAÇÃO EM CIÊNCIAS E PRÁTICA DOCENTE

I

Desafios para o ensino de Ciências

Os desafios do mundo contemporâneo, particularmente os relativos às transformações pelas quais a educação escolar necessita passar, incidem diretamente sobre os cursos de formação inicial e continuada de professores, cujos saberes e práticas tradicionalmente estabelecidos e disseminados dão sinais inequívocos de esgotamento. Considerados os objetivos desta publicação, os escopos do conhecimento científico e tecnológico, bem como as alternativas que vêm sendo implementadas por equipes de professores, educadores e pesquisadores em ensino de Ciências, destacaremos os desafios mais prementes.

1. Superação do senso comum pedagógico

Se é consensual e inquestionável que o professor de Ciências Naturais, ou de alguma das Ciências, precisa ter o domínio de teorias científicas e de suas vinculações com as tecnologias, fica cada vez mais claro, para uma quantidade crescente de educadores, que essa característica é necessária, mas não suficiente, para um adequado desempenho docente. A atuação profissional dos professores das Ciências no ensino fundamental e médio, do mesmo modo que a de seus formadores, constitui um conjunto de saberes e práticas que não se reduzem a um competente domínio dos procedimentos, conceituações, modelos e teorias científicos.

Em sintonia com a perspectiva adotada nos livros da Série Saberes Pedagógicos e Formação de Professores, da Coleção Docência em Formação, os quais se dedicam a explicitar, analisar e propor encaminhamentos para o trato desses desafios, especificidades do trabalho docente com as Ciências da Natureza precisam ser convenientemente consideradas e tratadas, ao se pretender ensinar conhecimentos específicos dessa área.

Neste livro, serão contemplados cenários e aspectos que subsidiem os docentes de Ciências, dos três níveis de escolaridade, comprometidos com a superação do que tem sido denominado senso comum pedagógico, impregnado no ensino/aprendizagem dessa área, a que todos estamos perigosamente sujeitos. Esse risco está relacionado, entre outros, com o pressuposto de que a apropriação de conhecimentos ocorre pela mera transmissão mecânica de informações.

Na 4ª Parte são apresentadas opções didático-pedagógicas que subsidiam práticas docentes problematizadoras, aproximando dinamicamente conteúdos das Ciências de situações significativas vividas pelos alunos.

Melhor caracterizando: esse tipo de senso comum está marcadamente presente em atividades como: *regrinhas e receituários; classificações taxonômicas; valorização excessiva pela repetição sistemática de definições, funções e atribuições de sistemas vivos ou não vivos; questões pobres para prontas respostas igualmente empobrecidas; uso indiscriminado e acrítico de fórmulas e contas em exercícios reiterados; tabelas e gráficos desarticulados ou pouco contextualizados relativamente aos fenômenos contemplados; experiências cujo único objetivo é a "verificação" da teoria...* Enfim, atividades de ensino que só reforçam o *distanciamento* do uso dos modelos e teorias para a compreensão dos fenômenos naturais e daqueles oriundos das transformações humanas, além de caracterizar a ciência como um produto acabado e inquestionável: um trabalho didático-pedagógico que favorece a indesejável *ciência morta*.

2. Ciência para todos

Para quem ensinar Ciências?

A maneira simplista e ingênua com que, não raro, o senso comum pedagógico trata as questões relativas à veiculação de conhecimento científico na escola e à sua apropriação pela maioria dos estudantes tem-se agravado no Brasil, onde só a partir da década de 70 começou a ocorrer a democratização do acesso à educação fundamental pública.

O desafio de pôr o saber científico ao alcance de um público escolar em escala sem precedentes – público representado, pela primeira vez em nossa história, por todos os segmentos sociais e com maioria expressiva oriunda das classes e culturas que até então não frequentaram a escola, salvo exceções – não pode ser enfrentado com as mesmas práticas docentes das décadas anteriores ou da escola de poucos e para poucos. A razão disso é que não só o contingente estudantil aumentou, mas também porque a socialização, as formas de expressão, as crenças, os valores, as expectativas e a contextualização sociofamiliar dos alunos são outros.

Na 3ª Parte são apresentados parâmetros que auxiliam na caracterização dos alunos do ensino fundamental.

Por sua vez, o conhecimento disponível, oriundo de pesquisas em educação e em ensino de Ciências, acena para a necessidade de mudanças, às vezes bruscas, na atuação do professor dessa área, nos diversos níveis de ensino.

Assim, distinguindo-se de um ensino voltado predominantemente para *formar cientistas*, que não só direcionou o ensino de Ciências, mas ainda é fortemente presente nele, hoje é imperativo ter como pressuposto a meta de uma *ciência para todos*.

3. Ciência e tecnologia como cultura

Por que e para que ensinar Ciências?

Juntamente com a meta de proporcionar o conhecimento científico e tecnológico à imensa maioria da população escolarizada, deve-se ressaltar que o trabalho docente precisa ser direcionado para sua apropriação crítica pelos alunos, de modo que efetivamente se incorpore no universo das representações sociais e se constitua como *cultura*.

Em oposição consciente à prática da *ciência morta*, a ação docente buscará construir o entendimento de que o processo de produção do conhecimento que caracteriza a ciência e a tecnologia constitui uma atividade humana, sócio-historicamente determinada, submetida a pressões internas e externas, com processos e resultados ainda pouco acessíveis à maioria das pessoas escolarizadas, e por isso passíveis de uso e compreensão acríticos ou ingênuos; ou seja, é um processo de produção que precisa, por essa maioria, ser apropriado e entendido.

Na 2ª Parte, na seção Dinâmica da produção científica e no item "Contexto da produção científica", e na 4ª Parte, na seção Dimensão epistemológica das interações e no item "Epistemólogos e suas teorias do conhecimento", são abordados aspectos que possibilitam aprofundar a concepção de ciência como atividade humana não neutra e sócio-historicamente determinada.

Cabe registrar, sem rodeios, a dificuldade da grande maioria dos docentes no enfrentamento desse desafio. Se solicitarmos exemplos de manifestações e produções culturais, certamente serão citados: música, teatro, pintura, literatura, cinema... A possibilidade de a ciência e a tecnologia estarem explicitamente presentes numa lista dessa natureza é muito remota!

No entanto, a própria concepção de ciência e tecnologia aqui apresentada – uma atividade humana sócio-historicamente determinada – acena para um conjunto de teorias e práticas culturais, em seu sentido mais amplo.

A conceituação mais clássica de cultura exclui os empreendimentos das Ciências Aplicadas e da tecnologia, incorporando somente as contribuições das Artes, Letras e Ciências desinteressadas, que elevam o espírito humano, perspectiva mais próxima das escolas francesa e alemã. Um exemplo típico de opção e justificativa da concepção restrita de cultura é oferecido por Fernando Azevedo (1996) em *A cultura brasileira*, original dos anos 50 do século passado; consultar Introdução, 1ª Parte, p. 29-46. As contribuições materiais, contudo, são consideradas bens culturais desde as primeiras concepções antropológicas de cultura, perspectiva mais próxima da escola anglo-americana, sob influência das pesquisas etnológicas originárias da Antropologia, desde o início do século XX.
A tecnologia, por meio de invenções históricas marcantes, como a do relógio, da imprensa e das máquinas a vapor e elétricas, modificou profundamente as culturas: o modo de ser, perceber, produzir e viver das pessoas. Mesmo assim, há cinquenta anos, era possível argumentar que esse empreendimento comprometido com os bens materiais da humanidade não se integrava à cultura. Em seu sentido restrito, hoje, essa opção é impensável. Postman (1994), Levy (1999) e Castels (1999), entre outros, investigam a nova sociedade imersa na "cibercultura", a quase submissão de todas as formas de vida cultural à ciência e à tecnologia (C&T), os desafios da "sociedade em rede". Nossa clara opção por um ensino/aprendizagem de C&T como cultura, sem perder de vista as relações benefício—prejuízo dessas áreas no convívio dos cidadãos deste novo século, justifica-se por convicção, mesmo antes das evidências da chamada cibercultura contemporânea, e é hoje, a nosso ver, imperativa, sob o risco de mantermos ou mesmo ampliarmos a exclusão (no sentido material, espiritual e também digital) das maiorias do conhecimento básico nessas áreas.

4. Incorporar conhecimentos contemporâneos em ciência e tecnologia

O que ensinar?

Como os resultados do conhecimento científico e tecnológico permeiam a vida cotidiana de modo sem precedentes, esse desafio vem sendo contínua e sistematicamente exposto nos últimos 20 anos, com respostas muito acanhadas de todo o sistema escolar, incluindo a graduação.

Particularmente nos últimos cinco anos, tem-se acompanhado a produção de materiais didáticos que, de uma forma ou de outra, contemplam o conhecimento mais recente. Trata-se de um conjunto minoritário de livros didáticos e principalmente paradidáticos, além da oferta de materiais digitais em páginas na rede *web* e CD-ROMs, que já vem sendo utilizado, embora por uma minoria de professores.

Na 2ª e na 6ª Partes, são apresentados assuntos relativos a conhecimentos contemporâneos. A 5ª Parte fornece eixos balizadores que orientam a elaboração dinâmica de programas de Ciências.

Mantém-se o desafio de incorporar à prática docente e aos programas de ensino os conhecimentos de ciência e tecnologia relevantes para a formação cultural dos alunos, sejam os mais tradicionais, sejam os mais recentes e desequilibrantes.

5. Superação das insuficiências do livro didático

Ainda é bastante consensual que o livro didático (LD), na maioria das salas de aula, continua prevalecendo como principal instrumento de trabalho do professor, embasando significativamente a prática docente. Sendo ou não intensamente usado pelos alunos, é seguramente a principal referência da grande maioria dos professores.

Pesquisas realizadas sobre o LD desde a década de 70 têm, contudo, apontado para suas deficiências e limitações, implicando um movimento que culminou com a avaliação institucional, a partir de 1994, dos LDs distribuídos nas escolas públicas pelo Plano Nacional do Livro Didático

(PNLD). Os resultados dessa avaliação têm sido periodicamente publicados em Guias do Livro Didático (primeiro ao quinto e sexto ao nono ano), disponíveis em documentos impressos do MEC e eletrônicos (www.fnde.gov.br; os de Ciências também na página www.darwin.futuro.usp.br/PNLD).

Com as críticas sistemáticas, há uma visível tendência para a eliminação de sérios equívocos, sobretudo de ordem conceitual e metodológica, e o aparecimento de LDs produzidos por pesquisadores da área de ensino de Ciências. No entanto, tem-se a clareza de que o professor não pode ser refém dessa única fonte, por melhor que venha a tornar-se sua qualidade.

Assim, o universo das contribuições paradidáticas, como livros, revistas, suplementos de jornais (impressos e digitais), videocassetes, CD-ROMs, TVs educativas e de divulgação científica (sinal a cabo ou antena parabólica) e rede *web* precisa estar mais presente e de modo sistemático na educação escolar. Mais do que necessário, é imperativo seu uso crítico e consciente pelo docente de Ciências Naturais de todos os níveis de escolaridade, particularmente no segmento do sexto ao nono ano. As tensões, injunções e interesses, também comerciais, desse universo só reforçam a necessidade de estar alerta para seu uso crítico e consciente.

Também os espaços de divulgação científica e cultural, como museus, laboratórios abertos, planetários, parques especializados, exposições, feiras e clubes de ciências, fixos ou itinerantes, não podem ser encarados só como oportunidades de atividades educativas complementares ou de lazer. Esses espaços não podem permanecer ausentes ou desvinculados do processo de ensino/aprendizagem, mas devem fazer parte dele de forma planejada, sistemática e articulada.

É injusto que professores e populações de alunos não tenham acesso à utilização plural e sistemática dos meios alternativos ao LD e àqueles espaços, quer pela dificuldade na disponibilidade imediata de uso, pela desorganização das instituições escolares, pelo desconhecimento e até dificuldade de enfrentamento da utilização desses recursos. É preciso que sejam incorporados na prática do cotidiano escolar, em favor da melhoria do ensino e da aprendizagem.

6. Aproximação entre pesquisa em ensino de Ciências e ensino de Ciências

A investigação de problemas relacionados à educação em Ciências, muito embora seja bem recente, quer internacional ou nacionalmente, vem sendo realizada desde meados da segunda metade do século XX. Em encontros de pesquisa das áreas de ensino de Ciências, têm ocorrido discussões sobre o teor e a qualidade das investigações, bem como sobre a relação entre elas, a sala de aula e a prática docente.

Desde 1970 têm ocorrido, frequente e periodicamente, os Simpósios Nacionais de Ensino de Física (SNEF). Organizados pela Secretaria de Ensino da Sociedade Brasileira de Física (SBF), foram realizados, entre 1970 e 2001, quatorze simpósios, cujos resultados se encontram publicados em atas. Em 1986 organizou-se o primeiro Encontro de Pesquisadores em Ensino de Física (Epef), tendo ocorrido, até o ano de 2000, um total de sete encontros também organizados pela SBF e com atas publicadas. Se os SNEFs têm a característica de congregar centenas de professores de Física, tanto do ensino médio como do superior, para participarem de cursos, mesas-redondas, conferências e apresentação de trabalhos cuja temática é o ensino de Física nas escolas, sobretudo nas médias, os Epefs têm promovido a disseminação e a discussão tópica dos resultados de pesquisas de grupos de pesquisadores em ensino de Física entre seus pares.

Relativamente ao ensino de Biologia, desde 1984 e sob a coordenação da Faculdade de Educação da Universidade de São Paulo, foram realizados sete Encontros "Perspectivas do Ensino de Biologia" (Epeb) até 2000. Semelhantemente ao SNEF, o Epeb tem congregado centenas de professores de Biologia dos três níveis de ensino, constituindo momentos de reflexão e discussão dos profissionais envolvidos com o ensino da disciplina. Os resultados dos Epebs acham-se também publicados em atas.

Por sua vez, a Divisão de Ensino da Sociedade Brasileira de Química promove, desde 1982, o Encontro Nacional de Ensino de Química (Eneq), tendo sido realizado até 2000 um total de nove Eneqs, também com edição de atas. De maneira semelhante, essa área promove eventos de caráter regional intitulados Encontros de Debates sobre Ensino de Química (Edeqs).

Já num desafio de interlocução mais integradora, em 1997 criou-se, durante a realização do 1º Encontro Nacional de Pesquisa em Ensino de Ciências (Enpec), a Associação Brasileira de Pesquisa em Ensino de Ciências (Abrapec), que tem como uma de suas metas congregar pesquisadores em ensino e professores das várias ciências. Em 1999 realizou-se o 2º Enpec, que, de maneira semelhante ao primeiro, porém com um número significativamente maior de participantes, possibilitou a apresentação e a discussão mais integrada dos resultados de pesquisas dos grupos que investigam problemas relativos ao ensino das várias áreas das Ciências da Natureza. Igualmente, os resultados dos Enpecs encontram-se publicados em atas.

Se, por um lado, os eventos mencionados anteriormente, em virtude de suas características, associam-se às especificidades do ensino das Ciências, por outro, há também eventos de caráter mais amplo, mas nos quais são apresentados trabalhos relativos a essa área de ensino. Entre eles destacamos: as reuniões anuais da Associação Nacional de Pós-Graduação e Pesquisa em Educação (Anped) e os Encontros Nacionais de Didática e Prática de Ensino (Endipe), ambos com edição de atas. Outros de caráter regional ou local, como os Seminários Sul Brasileiro de Ensino de Ciências, colaboram igualmente para disseminar a produção da área.

No que se refere aos objetos de investigação e à qualidade, sabe-se que nossa produção, nessa área de pesquisa, é comparável à dos países mais avançados.

A disseminação dos resultados entre os pares pesquisadores tem sido considerada satisfatória, dado o número de congressos, de revistas para publicação e de referências mútuas utilizadas. No entanto, a apropriação, a reconstrução e o debate sistemático dos resultados de pesquisa na sala de aula e na prática docente dos professores dos três níveis são sofríveis.

Além das atas publicadas dos congressos, como meios de disseminação da produção originária da pluralidade de encaminhamentos dos problemas que a área de ensino de Ciências se propõe enfrentar, há uma quantidade crescente de revistas que divulgam, em seus artigos, os trabalhos referentes às pesquisas em ensino de Ciências. Citando, aqui, apenas as nacionais que têm como meta divulgar artigos específicos sobre o ensino de Ciências, temos:

- *Revista de Ensino de Física*, publicação da Sociedade Brasileira de Física (www.sbf.if.usp.br) que, em 1992, passou a ser denominada *Revista Brasileira de Ensino de Física*;
- *Caderno Catarinense de Ensino de Física* (www.fsc.ufsc.br), publicação do Departamento de Física da UFSC; hoje *Caderno Brasileiro de Ensino de Física*;
- *Investigação em Ensino de Ciências* (www.if.ufrgs.br/public/ensino/revista.htm), editada com o apoio do Instituto de Física da UFRGS;
- *Ciência e Educação*, publicação do Curso de Pós-Graduação em Educação para a Ciência, Unesp/ Bauru (www.fc.unesp.br/fc/pos/index.htm);
- *Ensaio – Pesquisa em Educação em Ciências* (www.cecimig.ufmg.br/ensaio/), publicação do Centro de Ensino de Ciências e Matemática da UFMG;
- *Química Nova na Escola*, publicação da Sociedade Brasileira de Química (www.sbq.org.br/ensino);
- *Revista Brasileira de Pesquisa em Educação em Ciências*, publicação da Associação Brasileira de Pesquisa em Educação em Ciências.

Mesmo levando em conta os avanços obtidos nas instituições universitárias, onde há grupos de pesquisa em ensino de Ciências e cursos

Quanto à formação de pesquisadores da área de ensino de Ciências, destacam-se os programas de pós-graduação, cuja origem remonta ao início da década de 70, com os pioneiros "Pós-graduação em ensino de Ciências (modalidade física)", numa implantação conjunta entre o Instituto de Física e a Faculdade de Educação da USP, e o programa do Instituto de Física da UFRGS. Ambos formaram os primeiros mestres em ensino de Física do Brasil. Além desses, foram implantadas nas décadas subsequentes, em outros programas, particularmente em faculdades ou centros de educação, linhas que contemplassem a pesquisa em ensino de Ciências, também em nível de doutorado, como é o caso da UFSC, USP, Unicamp e UFMG. Parte da produção das dissertações e teses dos programas, da ordem de seis centenas até 1995, é referida, também com a apresentação dos resumos, no estudo "Ensino de Ciências no Brasil: catálogo analítico de teses e dissertações" (www.fae.unicamp.br/html/cedoc/), publicado pela Faculdade de Educação da Unicamp, bem como na publicação *Ensino de Física no Brasil*: catálogo de dissertações e teses (1972-1992), do Instituto de Física da USP.

de pós-graduação, não obstante reduzidos, e o relativo sucesso alcançado por algumas iniciativas desses grupos junto a coletivos de professores, persiste certa perplexidade diante das dificuldades de aproximação entre esses polos ainda bastante distanciados. O desafio se mantém!

Os cursos de formação de professores de Ciências constituem *locus* privilegiado para que essa disseminação se intensifique, à medida que, sistemática e criticamente, o novo conhecimento produzido pela área de ensino de Ciências passe a permear as ações docentes e se torne objeto de estudo e discussão no currículo dos cursos.

Consideramos a pluralidade de cursos: formação inicial nas licenciaturas específicas; formação complementar e continuada, a exemplo dos projetos Pró-ciências – cujo primeiro edital, em 1996/97, foi seguido de outros três até a presente data –, de cursos de especialização e aperfeiçoamento mantidos por várias instituições superiores de ensino e dos cursos mais recentes de formação a distância para professores em exercício.

Com louváveis exceções, lamentavelmente nem sequer na maioria dos cursos de formação inicial em licenciatura essas perspectivas, tanto dos novos materiais didáticos como dos resultados de pesquisa, são consideradas. A formação de professores, na maioria dos cursos, ainda está mais próxima dos anos 1970 do que de hoje.

Essa defasagem, que exclui também o conhecimento do século XX em Ciências, implica mudanças estruturais e de atitude dos envolvidos nessa formação, para além das exigências legais mínimas, ainda que sejam frequentemente repropostas.

Em nosso entendimento, essas perspectivas não podem ficar restritas a uma modalidade específica da formação, como uma prerrogativa muitas vezes atribuída à formação continuada, mas devem permear todas as suas dimensões e modalidades: inicial e continuada, presencial e a distância, específica da área e de cunho mais geral.

Considerando que há significativa produção de conhecimento, na área de ensino de Ciências, passível de ser acessada, este livro pretende explorá-la. Um de nossos objetivos é, ao longo das sucessivas partes desta obra, referenciar e indicar algumas dessas fontes, detalhando, sugerindo e aprofundando suas potencialidades.

A discussão e o uso desses conhecimentos nos distintos espaços educativos podem permitir uma atuação docente que, de forma mais adequada, promova a educação científica nos vários níveis de ensino.

II

Instrumentação para o ensino

Educação em Ciências e prática docente

1. Aprofundamento para estudo

A) Resgate histórico do ensino de Ciências no Brasil

Para a elaboração deste estudo, sugere-se a seguinte bibliografia básica:

DELIZOICOV, Demétrio; ANGOTTI, José, A. P. O ensino de Ciências no Brasil. In: ______. *Metodologia do ensino de Ciências.* 2. ed. São Paulo: Cortez, 1998.

KRASILCHIK, Myriam. A evolução no ensino das Ciências no período 1950-1985. In: ______. *O professor e o currículo das Ciências.* São Paulo: EPU/Edusp, 1987.

LORENZ, K. M. Os livros didáticos e o ensino de Ciências na escola secundária brasileira no século XX. *Ciência e Cultura*, v. 38, n. 3, p. 426-435, mar. 1986.

______; BARRA, V. M. Produção de materiais didáticos e Ciências no Brasil: 1950 a 1980. *Ciência e Cultura*, v. 38, n. 12, p. 1971-1983, dez. 1986.

B) A pesquisa em ensino de Ciências

A revista *Educação em foco* (www.ufjf.nec.br), publicada pela Faculdade de Educação da Universidade Federal de Juiz de Fora, dedica seu volume 5, n. 1, março/setembro de 2000, ao ensino de Ciências. Em oito de seus artigos, são apresentados trabalhos caracterizadores de algumas das linhas de pesquisa que têm ocupado os esforços da área, e um deles elabora uma síntese da produção relativa às dissertações e teses sobre ensino de Ciências defendidas em programas de pós-graduação brasileiros. Trata-se do artigo de:

LEMGRUBER, M. S. Um panorama de educação em Ciências. *Educação em foco*, Juiz de Fora, v. 5, n. 1, p. 13-28, mar./set. 2000.

c) A QUESTÃO DO LIVRO DIDÁTICO

A avaliação que atualmente vem sendo feita dos livros didáticos caracteriza-se como parte de um movimento que tem história. Um estudo sobre esse tema contribui de maneira significativa para a formação do professor e o uso crítico desse recurso. É bastante intensa a produção que tem como objeto de pesquisa o livro didático, conforme pode ser verificado na seguinte publicação:

UNICAMP. *Que sabemos sobre o livro didático*: catálogo analítico. Campinas: Ed. da Unicamp, 1989.

Essa publicação fornece dados bibliográficos e resumos dos livros, dissertações, teses, artigos de revista científica, trabalhos apresentados em eventos e outros tipos de documentos. Sobre o livro didático de Ciências, são apresentados aqueles produzidos nas décadas de 1970 e 1980, totalizando trinta e nove trabalhos.

As seguintes referências também são básicas para a elaboração deste estudo:

FREITAG, Bárbara. *O livro didático em questão*. São Paulo: Cortez, 1989.

BRASIL. Ministério da Educação e Cultura. Ciências. In: ______ (Org.). *Definição de critérios para avaliação dos livros didáticos*. Brasília: MEC/FAE: PNLD, 1994.

2. Exemplares

Como a produção da área é expressiva e reconhecida (Lemgruber, 2000), na seção *Desafios,* é solicitado um mapeamento das linhas de pesquisa que têm caracterizado a trajetória das investigações. Nesta seção, alguns exemplos de temas e problemas investigados pela área de pesquisa em ensino de Ciências que estão mais diretamente relacionados aos desafios apontados são apresentados mediante resumos de trabalhos publicados. Muito embora haja uma classificação dos trabalhos segundo as pesquisas que vêm caracterizando a área, é necessário ressaltar que não se pretende, com isso, exemplificar o amplo universo dos temas e problemas pesquisados. Para o acesso ao trabalho completo de cada um dos resumos, consultar:

Dissertações e teses:
Cedoc — Centro de Documentação em Ensino de Ciências — Unicamp: <http://www.fae.unicamp. br/html/cedoc>.

Trabalhos apresentados nos Enpecs:
As atas acham-se publicadas em CD-ROM pela Associação Brasileira de Pesquisa em Educação em Ciências (Abrapec).

A) CIÊNCIA, TECNOLOGIA E SOCIEDADE (CTS)

EXEMPLO I

Dissertação de mestrado defendida na Faculdade de Educação da Unicamp, 1993. Resumo publicado em *O ensino de Ciências no Brasil:* catálogo analítico de teses e dissertações *(1972-1995)*, Campinas, Unicamp, Faculdade de Educação, Formar — Ciências/ Cedoc, 1998.

Fermentação: um tema de reflexão no ensino de ciências

Carlos Henrique Medeiros de Araújo

Resumo

Estuda o tema fermentação sob enfoques diferentes, procurando caracterizar, além dos aspectos tecnológicos que permeiam o fenômeno da fermentação, os aspectos históricos, procurando localizar a fermentação como geradora de várias atividades industriais e envolvendo um grande número de trabalhadores na produção de cerveja, panificação, usinas de álcool e açúcar e destilarias. Em seguida, discute diferentes tipos de fermentações e a atuação de micro-organismos nestas atividades, ressaltando o aspecto econômico e ecológico da fermentação. Trata o Conhecimento acadêmico relativo à fermentação numa atividade com alunos de Ensino Médio no Laboratório de Ensino de Ciências (LEC). Estuda a fermentação alcoólica e lática numa usina de álcool e açúcar e num laticínio, respectivamente, caracterizando o modo de produção, a mão de obra e o mercado atendido por estas atividades de trabalho, que envolvem o tema fermentação.

EXEMPLO 2

Trabalho apresentado no II Encontro Nacional de Pesquisa em Educação em Ciências (II Enpec), realizado em Valinhos (SP) de 1º a 4 de setembro de 1999. Publicado em atas do II Enpec — CD-ROM.

A dimensão social do ensino de Química – um estudo exploratório da visão de professores

Wildson L. P. dos Santos — Instituto de Química – UnB
Eduardo Fleury Mortimer — Faculdade de Educação – UFMG

Resumo

A contextualização constitui hoje um princípio curricular que possui diferentes funções, dentre as quais podemos destacar as de motivar o aluno, facilitar a aprendizagem e formá-lo para o exercício da cidadania. Temos defendido que para esse último objetivo é fundamental que sejam discutidos em sala de aula aspectos tecnológicos, econômicos, ambientais, políticos, éticos e sociais relacionados a temas científicos presentes na sociedade. Neste trabalho buscamos verificar como essas relações vêm sendo representadas no discurso de professores de química de escolas do ensino médio do Distrito Federal. A investigação foi feita por meio de entrevistas semiestruturadas e a análise qualitativa mostra que a maioria dos professores entrevistados afirma procurar, de alguma forma, incorporar essa dimensão social ao ensino. Todavia, poucos evidenciam que estejam abordando tal aspecto na perspectiva de formação da cidadania. A análise dos dados socioeconômico-culturais dos professores entrevistados, obtidos por meio de questionários, permitiu estabelecer o perfil da amostra e levantar questões relativas à formação desses professores.

B) HISTÓRIA E FILOSOFIA DA CIÊNCIA E ENSINO DE CIÊNCIAS

EXEMPLO 3

Trabalho apresentado no III Encontro Nacional de Pesquisa em Educação em Ciências (III Enpec), realizado em Atibaia (SP) de 7 a 10 de novembro de 2001. Publicado em atas do II Enpec — CD-ROM.

Reprodução humana: abordagem histórica na formação dos professores de Biologia

Ione Inês Pinsson Slongo
Doutoranda do Programa de Pós-Graduação em Educação – UFSC

Resumo

Com a meta de sistematizar uma maneira de utilizar a abordagem histórica no ensino de Biologia, foi desenvolvida uma pesquisa em um curso de formação inicial de professores de Biologia, articulada ao ensino das disciplinas de Prática de Ensino de Biologia e Fisiologia Humana. Neste trabalho é apresentada uma síntese do estudo histórico-epistemológico realizado sobre o tema reprodução humana. O uso dos resultados deste estudo possibilitou o planejamento, desenvolvimento e a análise das várias etapas do trabalho, que se pautou numa concepção educacional progressista, fundamentalmente nas categorias dialogicidade e problematização do conhecimento. Aspectos considerados significativos desta abordagem são apresentados.

O trabalho apresenta alguns resultados obtidos na Dissertação de Mestrado em Educação e Ciência, de Slongo (1996), defendida no Centro de Ciências da Educação da UFSC em dezembro de 1996.

EXEMPLO 4

Trabalho apresentado no III Encontro Nacional de Pesquisa em Educação em Ciências (III Enpec), realizado em Atibaia (SP) de 7 a 10 de novembro de 2001. Publicado em atas do III Enpec — CD-ROM.

Concepções de licenciandos em Ciências Biológicas sobre a natureza do conhecimento científico

Regina Maria Rabello Borges — Faculdade de Educação – PUC/RS
Karine Rabello Borges — Aluna do curso de Psicologia – PUC/RS

Resumo

Este estudo visa à atualização de uma pesquisa envolvendo concepções sobre a natureza do conhecimento científico e a educação em Ciências entre licenciandos de cursos de Ciências Biológicas, comparando os resultados da pesquisa realizada dez anos atrás (Borges, 1991) com dados atuais, obtidos entre alunos da disciplina Prática de Ensino de Biologia, na PUC/RS, em 2001. Foi aplicado o mesmo instrumento de pesquisa, submetido, igualmente, a uma análise de conteúdo. Os resultados dessa análise indicam 20% dos alunos como empiristas e indutivistas, 25% como empiristas, mas com ressalvas, sendo que 25% foram categorizados como indefinidos quanto à opção epistemológica, ou por não se posicionarem claramente ou por concordarem com ideias contraditórias.

c) FORMAÇÃO DE CONCEITOS

EXEMPLO 5

Trabalho apresentado no III Encontro Nacional de Pesquisa em Educação em Ciências (III Enpec), realizado em Atibaia (SP) de 7 a 10 de novembro de 2001. Publicado em atas do III Enpec — CD-ROM.

Modelos de atmosfera apresentados por estudantes brasileiros

Henri Araújo Leboeuf — Faculdade de Educação – UFMG

Tarciso Borges — Colégio Técnico e Faculdade de Educação – UFMG

Resumo

Este trabalho apresenta e examina possíveis modelos mentais de atmosfera apresentado por dois grupos de estudantes brasileiros. Faz parte de uma pesquisa mais ampla que visa investigar possíveis relações entre modelos de forma da Terra, gravidade e ação a distância, apresentados por estes e outros estudantes, e que vem sendo desenvolvida no mestrado em Educação da UFMG. Tais modelos apresentam características marcantes da ciência escolar, mas deixam transparecer diferentes maneiras de entendimento da ideia de atmosfera.

EXEMPLO 6

Trabalho apresentado no III Encontro Nacional de Pesquisa em Educação em Ciências (III Enpec), realizado em Atibaia (SP) de 7 a 10 de novembro de 2001. Publicado em atas do III Enpec — CD-ROM.

Problemas de linguagem na conceituação da palavra massa

Cleide Farias de Medeiros — Universidade Federal Rural de Pernambuco

Alexandre Medeiros — Universidade Federal Rural de Pernambuco

Severino Bezerra Filho — Universidade de Pernambuco

Resumo

Estudos têm apontado a grande dificuldade envolvida no aprendizado do conceito de massa. Várias acepções, substancialmente diferentes da interpretação científica dominante, têm estado associadas a este termo da Física. Elas têm sido registradas na literatura e atribuídas a problemas linguísticos. Um dos problemas linguísticos apontados tem sido o das ambiguidades lexicais. Há uma necessidade de investigar não apenas os tipos de ambiguidades possíveis de acontecer na educação nas ciências como também de estudos que apresentem, mais explicitamente, o relacionamento entre as acepções empregadas ao termo massa e as categorias linguísticas da denotação e da conotação, base das ambiguidades lexicais em geral. Nesta presente pesquisa, analisamos os sentidos atribuídos ao termo massa assim como as dificuldades existentes na sua conceituação, expressas por um grupo de cinquenta professores dos níveis médio e fundamental. O objetivo foi o de tecer um quadro das conotações e denotações por eles apresentadas no qual se destacassem, ao final, aquelas conotações mais próximas das principais denotações científicas atribuídas, atualmente, ao conceito físico de massa. Dentro do paradigma qualitativo, realizamos entrevistas abertas, identificamos unidades de significados e invariantes, situando generalidades, no conjunto total de discursos analisados. Dentre os resultados, detectamos que os professores de Física, apesar de haverem demonstrado estar em alerta para a complexidade do tema, pareceram não atribuir muita importância à multiplicidade de significados presente no cotidiano, diferentemente de seus colegas do ensino fundamental. Além disso, a maior parte dos professores de Física pareceu não estar atenta para a possível interferência dessa variedade de sentidos no ensino e na aprendizagem de tal conceito.

D) INTERAÇÃO PROFESSOR—LIVRO DIDÁTICO

EXEMPLO 7

Dissertação de mestrado defendida no Programa de Pós-Graduação em Educação da UFSC, 1995. Resumo publicado em *O ensino de Ciências no Brasil:* catálogo analítico de teses e dissertações *(1972-1995)*, Campinas, Unicamp, Faculdade de Educação, Formar — Ciências/Cedoc, 1998.

O professor de Ciências Naturais e o livro didático
(No ensino de Programas de Saúde)

Nadir Castilho Delizoicov

Resumo

Estuda a interação do professor com o livro didático de Ciências Naturais destinado a alunos do ensino fundamental. A partir de uma amostra de 30 professores em escolas públicas, identifica aqueles que desvelam as ideias subjacentes nos conteúdos dos livros didáticos. Emprega, como parte do instrumento de investigação, dois capítulos referentes a Programas de Saúde extraídos de um livro didático de Ciências Naturais, os quais foram submetidos ao exame crítico dos professores da amostra. Estes foram posteriormente entrevistados. Da análise das entrevistas, traça um perfil destes docentes tendo como referência as categorias utilizadas por Giroux para analisar a função social do professor como intelectual, permitindo assim distribuí-los em três distintos grupos: os transformadores, não transformadores e aqueles em transição. Considera, por fim, as possibilidades a serem implementadas nos cursos de formação, bem como na formação continuada dos professores em serviço, visando à superação do estilo de pensamento pedagógico vigente na escola pública, de tal modo a capacitar os docentes para uma prática pedagógica transformadora, particularmente na interação com o livro didático.

E) MEIOS E AMBIENTES ALTERNATIVOS AO LIVRO DIDÁTICO

EXEMPLO 8

Trabalho apresentado no III Encontro Nacional de Pesquisa em Educação em Ciências (III Enpec), realizado em Atibaia (SP) de 7 a 10 de novembro de 2001. Publicado em atas do III Enpec — CD-ROM.

Os textos nos museus de ciências:
análise do discurso em bioexposições

Martha Marandino

Resumo

O estudo sobre os museus de ciências e tecnologia e de história natural é fundamental para compreender como essas instituições vêm divulgando a ciência. Na perspectiva de aprofundar este tema, a pesquisa em que se baseia este trabalho teve por finalidade estudar como se expressa o conhecimento biológico em exposições científicas. O trabalho que aqui se apresenta refere-se à parte dos resultados da análise de dados, relacionada aos textos das exposições. Os museus estudados na pesquisa foram: Museu de Zoologia, Museu de Anatomia Veterinária, Museu Oceanográfico e Estação Ciência, todos da Universidade de São Paulo, e o Museu da Vida — Espaço Biodescoberta, da Fiocruz, Rio de Janeiro. Para realizar a análise dos textos existentes nas exposições estudadas, foram utilizados autores que têm discutido tanto as características do texto/discurso científico e do texto/discurso de divulgação quanto do processo de transformação de um no outro. Verificou-se que tanto textos com características de textos científicos quanto textos com características de textos de divulgação aparecem nos museus de ciências. No entanto, nota-se que os textos científicos estão, em geral, associados aos objetos científicos "naturais" comuns às exposições na área da história natural e em bioexposições. Por outro lado, na medida em que esses objetos são substituídos por aqueles de divulgação, como os modelos, réplicas, hipertextos em computadores etc., novas informações, para além daquelas relacionadas à taxonomia, aparecem. A partir dos dados obtidos, é possível afirmar que a ênfase do processo comunicativo e educativo das exposições de museus de ciências pode estar i) no conteúdo, ou seja, na transmissão, ou ii) no processo de diálogo, de negociação de sentido entre exposição e público, ou seja, na recepção.

EXEMPLO 9

Tese de doutorado defendida na Faculdade de Educação, USP, 1993. Resumo publicado em *O ensino de Ciências no Brasil:* catálogo analítico de teses e dissertações (1972-1995), Campinas, Unicamp, Faculdade de Educação, Formar — Ciências /Cedoc, 1998.

Museus e centros de ciências:
conceituação e propostas de um referencial teórico

Alberto Gaspar

Resumo

Avalia o papel dos museus e dos centros de ciências no processo ensino—aprendizagem como complementação para a educação escolar formal. Apresenta um relato da história dos museus, em particular no Brasil, desde a sua origem até os dias atuais. Aponta as características que permitem classificar os museus e centros de ciências como instituições de ensino informal. Expõe um panorama de pesquisas realizadas sobre alfabetização em Ciências nos museus em diversos países. Relata estudos que investigam a aprendizagem, as características da exposição e das visitas, bem como formas de avaliação. Aponta a necessidade de um referencial teórico que valide os procedimentos pedagógicos específicos presentes nas atividades de ensino—aprendizagem, realizadas no ambiente informal dos museus. Apoiando-se na teoria sociointeracionista de Vygotsky, acusa a possibilidade da ocorrência efetiva de experiências realizadas no Centro Interdisciplinar de Ciências (CIC) de Cruzeiro. Conclui defendendo uma conceituação de museu e centro de ciências que priorize a ação educacional e que contemple a educação informal, visando à alfabetização em Ciências, como forma de complementação e ampliação do conhecimento oferecido pelo ensino formal.

EXEMPLO 10

Trabalho apresentado no III Encontro Nacional de Pesquisa em Educação em Ciências (III Enpec), realizado em Atibaia (SP) de 7 a 10 de novembro de 2001. Publicado em atas do III Enpec — CD-ROM.

Redes de formação inicial dos professores em Ciências Naturais e Tecnologia (CN & T)

Fábio da Purificação de Bastos — Programa de Pós-Graduação em Educação - UFSM
Carlos Alberto Souza — Doutorando do Programa de Pós-Graduação em Educação - UFSC

Resumo

Frente ao desenvolvimento das tecnologias comunicativas na nossa sociedade, organizamos os espaços escolares, em especial o universitário, implementando o componente científico-tecnológico na formação inicial dos professores de Ciências Naturais e Tecnologia (CN & T) no escopo das disciplinas de metodologia e prática de ensino de Física. Através de procedimentos da investigação—ação educacional e da comunicação eletrônica, temos monitorado o componente não presencial do trabalho escolar. Os primeiros resultados indicam a potencialidade dos ambientes multimídias informatizados para o monitoramento das tarefas extraclasse, que compõe o trabalho escolar em CN & T, no âmbito da formação inicial dos professoresdessa área educacional. Nossas análises, oriundas de um primeiro ciclo espiralado de docência investigativa realizada ao longo de dois semestres letivos, apontam para a operacionalização do componente da educação a distância, num ambiente multimídia desenhado nas perspectivas da educação dialógico-problematizadora e da investigação—ação participativa.

EXEMPLO 11

Dissertação de mestrado defendida na Faculdade de Educação, USP, 1995. Resumo publicado em *O ensino de Ciências no Brasil:* catálogo analítico de teses e dissertações (1972-1995), Campinas, Unicamp, Faculdade de Educação, Formar — Ciências /Cedoc, 1998.

Leituras do vídeo didático de Física: estudo de alguns episódios

Maria Margaret Lopes

Resumo

Pesquisa o uso de audiovisuais em sala de aula, com o intuito de identificar as leituras que os alunos manifestam quando assistem a um filme didático. Apresenta alguns significados e concepções sobre leitura, de um modo geral e na sala de aula, e analisa recursos audiovisuais, classificando-os segundo aspectos e autores diversos. Reproduz dois vídeos didáticos de Física, um sobre luz e outro sobre gravidade, em diversos anos do ensino fundamental e do médio, abrangendo 458 alunos. Investiga as várias leituras dos alunos e concepções que as sustentam, por meio de questionários. Constata diferentes interpretações para ambos os conteúdos. Os alunos vão além das informações contidas no vídeo, interligando-as e compreendendo-as por intermédio de suas próprias concepções. Conclui que o ato de ler é um processo contínuo da elaboração e que o leitor interfere na informação. Discute as chances e dificuldades de conceber um "aluno leitor virtual coletivo" e propõe o uso do vídeo em sala de aula como forma de o professor conhecer condições indispensáveis à elaboração dos conceitos que pretende ensinar.

EXEMPLO 12

Tese de doutorado defendida na Faculdade de Educação, USP, 1995. Resumo publicado em *O ensino de Ciências no Brasil*: catálogo analítico de teses e dissertações (1972-1995), Campinas, Unicamp, Faculdade de Educação, Formar — Ciências /Cedoc, 1998.

Ensino a distância para o professor do ensino fundamental em exercício

Sérgio Brasil Nazário Scala

Resumo

Busca identificar quais as características indispensáveis e essenciais que um curso a distância deve ter para mudar a prática docente do professor em sala de aula, tendo como população-alvo os professores dos anos iniciais do ensino fundamental em efetivo exercício docente. Como material de análise, além da experiência do autor com o Núcleo de Apoio ao Ensino de Ciências, foram selecionadas mais quatro experiências. Duas de cursos a distância, Logos II e Um Salto para o Futuro, e duas de cursos presenciais (ou semi): Geociência e a Proposta Curricular para o Ensino de Ciências e Programas de Saúde — Primeiro ao quinto ano do ensino fundamental e o Programa Atualização de Professores de Física — Ensino Médio. Revela que os cursos estruturados apenas em função da lógica do conhecimento sistematizado não bastam para propiciar a ação que leva à mudança da prática do professor em classe. Os cursos mais bem-sucedidos explicitam concretamente a relação teoria—prática, levando em consideração o ensino que é praticado pelo professor, discutindo e refletindo sobre as dificuldades que enfrenta no seu trabalho diário. Propõe, por fim, um modelo de ensino a distância que estrutura os diferentes aspectos da nova racionalidade identificada pelas análises e interpretações.

3. Desafios

As seguintes sugestões de atividades são propostas para trabalho em grupo ou individual. Qualquer que seja a opção, atentar para tempo e esforço exigido em cada uma delas.

a) Entrar nos sites *das entidades científicas e localizar:*

- as revistas editadas (impressas e *on-line*): elaborar lista de publicações, caracterizá-las, por exemplo, identificando a(s) área(s) do conhecimento que elas divulgam em seus artigos;

- eventos previstos para o ano, identificando os que são sobre ensino. Organizar-se para participar de algum desses eventos.

b) Selecionar atas de eventos, organizá-las cronologicamente — por exemplo, por décadas — e elaborar algum estudo sistemático. Critério interessante para essa sistematização é a classificação e caracterização de trabalhos relacionados a:

- História e Filosofia da Ciência e ensino;
- Ciência, Tecnologia e sociedade;
- abordagens que lidam com o conhecimento do aluno: concepções alternativas, mudança conceitual, mapas cognitivos, modelos mentais etc.
- intervenção em sala de aula;
- alternativas para organização de programas escolares;
- novas tecnologias;
- formação de professores (inicial e continuada);
- divulgação científica, museus, exposições, feiras de Ciências;
- outros.

c) Localizar na região (bairro, município, Estado) os espaços culturais (museus, exposições, planetários, laboratórios, parques), levantando as atividades regulares disponíveis e a programação de eventos promovidos. Planejar visitas e participação nos eventos, sempre procurando articulação com os conhecimentos científicos. Muitas vezes, esses espaços oferecem oportunidades e recursos para desenvolver ou aprofundar a conceituação científica, com vantagens enormes sobre o espaço escolar.

4. Leituras complementares

LEMGRUBER, M. S. *A educação em ciências físicas e biológicas a partir das teses e dissertações (1981 a 1995)*: uma história de sua história. Juiz de Fora: Faculdade de Educação/UFJF, 1999.

MEGID NETO, J. *Tendências da pesquisa acadêmica sobre ensino de Ciências no nível fundamental.* 1999. Tese (doutorado em Educação) — Faculdade de Educação, Unicamp, Campinas.

PERNAMBUCO, M. M. C. A. Uma retomada histórica do ensino de Ciências. In: SIMPÓSIO NACIONAL DE ENSINO DE FÍSICA, 6., 1985, Niterói. *Atas*... Niterói, 1985, p. 116-125.

2ª PARTE

CIÊNCIA E CIÊNCIAS NA ESCOLA

I

Temas da ciência

1. Dinâmica da produção científica

John Maddox, editor da conceituada revista *Nature* durante 23 anos, lançou em 1998 o livro *What remains to be discovered*, traduzido para o português com o título *O que falta descobrir* — explorando os segredos do universo, as origens da vida e o futuro da espécie humana. No prefácio, o autor expõe sua compreensão sobre o atual estágio do conhecimento científico:

> *No momento, a ciência pode ser comparada a uma curiosa colcha de retalhos. O caso da física fundamental é provavelmente o mais estranho: a comunidade dos pesquisadores está dividida entre aqueles que acreditam que brevemente haverá uma "teoria de tudo" e aqueles que têm a suspeita (ou a esperança) de que assistiremos ao surgimento de algum tipo de "nova física". A história está do lado da segunda opinião, que coincide com a minha. Por outro lado, a genética molecular se encontra em um estado tão exuberante que qualquer problema que possa ser definido com precisão pode ser resolvido em algumas semanas de pesquisa experimental. Nesse caso, é mais difícil dizer quais são os problemas que vão surgir... como certamente surgirão. [...]*
>
> *O último terço deste século assistiu a uma notável mudança na forma como encaramos a estrutura do nosso planeta. A teoria das placas parece finalmente estabelecida. Entretanto, basta pensar um pouco para chegarmos à conclusão oposta. O mecanismo que faz com que as placas tectônicas se movam ainda está longe de ser esclarecido. Também não sabemos se as mesmas ideias podem ser aplicadas a outros astros sólidos do sistema solar: planetas como Vênus e satélites como a estranha lua de Júpiter conhecida como Io. Além disso, como os planetas se formaram a partir da nebulosa solar?* (Maddox, 1998, p. 10).

Neste breve resgate das reflexões que abrem a temática analisada no livro de Maddox, com referências implícitas ao que já se conhece em termos de teorias científicas e ao que ainda precisa ser conhecido, destacam-se alguns pontos que merecem reflexão por parte dos professores de Ciências, mas, sobretudo, pelos formadores desses professores.

O primeiro deles é que o conhecimento científico submete-se a um processo de produção cuja dinâmica envolve transformações na compreensão do comportamento da natureza que impedem esse conhecimento de ser caracterizado como pronto, verdadeiro e acabado, mesmo que as teorias produzidas constituam verdades históricas que têm fundamentado o homem de ciência para uma explicação dos fenômenos.

O segundo refere-se a um desafio que precisa ser enfrentado no âmbito da educação científica. Trata-se da devida atenção que precisa ser dispensada ao abordar a conceituação científica contida nos modelos e teorias, a saber: não descaracterizar a dinâmica que a produziu, cujos aspectos fundamentais foram destacados no parágrafo anterior.

O terceiro, e talvez o de maior impacto para o ensino de Ciências, diz respeito à perspectiva curricular. Em outros termos: qual conhecimento científico pertinente e relevante deve ser ensinado para nossos jovens? Quais critérios devem balizar a exclusão dos conhecimentos que *não serão* abordados na educação escolar, quer porque poderão estar ultrapassados quer porque a dinâmica de produção é tal que impossibilita, em virtude da limitação temporal dos anos de escolaridade, incluí-los no currículo? Há conhecimentos que inevitavelmente serão selecionados para não *constarem do currículo*! Nesses casos, como o processo escolar pode formar o aluno para suprir a lacuna informativa?

Propostas curriculares de diversas Secretarias Estaduais de Educação do País e, na esfera mais ampla, do Ministério da Educação Nacional, com os Parâmetros Curriculares Nacionais, sugerem um conjunto de eixos temáticos para o ensino de Ciências no ensino fundamental, em particular no nível do 6º ao 9º ano. Ademais, é bastante consensual, em todas as propostas curriculares, a veiculação do conhecimento científico e tecnológico não acabado, não neutro, social e historicamente construído.

Neste capítulo, busca-se apresentar alguns limites do conhecimento científico e tecnológico atual, a fim de desafiar os docentes leitores a prosseguir estudos individuais e em equipe — consultar também a 6ª Parte —, na perspectiva mais aberta para a inserção nesse conhecimento mutante. Visa-se também instrumentalizar teoricamente os leitores, a fim de que se aproximem mais efetivamente das propostas de ensino contemporâneas, a exemplo dos eixos temáticos dos PCNs do ensino fundamental, pautadas pelo conhecimento multidisciplinar. Os eixos temáticos foram elaborados de modo a ampliar as possibilidades de realização destes Parâmetros Curriculares Nacionais de Ciências Naturais, com o estabelecimento, na prática de sala de aula, de diferentes sequências de conteúdos internas aos ciclos; o tratamento de conteúdos em diferentes situações locais e o estabelecimento das várias conexões: entre conteúdos dos diferentes eixos temáticos, entre esses e os temas transversais e entre todos eles e as demais áreas do Ensino Fundamental. Tais conteúdos podem ser organizados em temas e problemas para investigação, elaborados pelo professor no seu plano de ensino. Com isso, não se propõe forçar a integração aparente de conteúdos, mas trabalhar conhecimentos de várias naturezas que se manifestam inter-relacionados de forma real. Dos eixos temáticos estabelecidos para primeiro e segundo ciclos, dois são reiteradamente escolhidos, segundo a análise: Vida e Ambiente e Ser Humano e Saúde. O eixo Tecnologia e Sociedade, introduzido ainda nos primeiros ciclos, reúne conteúdos que poderiam ser estudados compondo os outros eixos, mas por sua atualidade e urgência social merece especial destaque. Terra e Universo está presente a partir do terceiro ciclo, por motivos circunstanciais, ainda que se entenda que esse eixo poderia estar presente nos dois primeiros *(PCN – Ensino Fundamental – 6º ao 9º ano, pág. 36. www.mec.gov.br).*

No que concerne às teorias e modelos superados ou em plena aceitação, a História da Ciência e a Epistemologia subsidiam o trabalho docente para procedimentos afirmativos nesses requisitos. Isso não ocorre, contudo, em relação ao conhecimento contemporâneo, fruto de injunções, pressões e interesses necessariamente atuais ou ainda nem sequer sistematizados. Daí a preferência por apresentar e discutir aqui, com destaque, os limites e as possibilidades do conhecimento reconhecido como "de vanguarda".

Um quarto ponto a ser considerado é o da relação ciência—tecnologia. Dois exemplos, extraídos da citação de Maddox, são bastante elucidativos. O primeiro deles concerne à escala microscópica, ou seja, à área da genética molecular cuja produção de conhecimento se associa ao necessário uso do computador, instrumento sem o qual as pesquisas sobre mapeamento genético não estariam sendo realizadas. Por sua vez, os computadores contemporâneos são produtos tecnológicos que somente puderam ser concebidos com base em conhecimentos oriundos da ciência básica, que, entre outras contribuições, permitiu a produção de constituintes compactados que compõem os microprocessadores. Já na escala macrocósmica, como segundo exemplo, o uso, na órbita terrestre, de radiotelescópios e telescópios — instrumentos de pesquisa que igualmente incorporam conhecimentos científicos contemporâneos para sua concepção e construção — tem permitido significativos avanços na produção de conhecimentos sobre o comportamento do universo. Essa relação entre ciência e tecnologia, aliada à forte presença da tecnologia no cotidiano das pessoas, já não pode ser ignorada no ensino de Ciências, e sua ausência aí é inadmissível. Consideram-se, ainda, os efeitos da ciência/tecnologia sobre a natureza e o espaço organizado pelo homem, o que leva à necessidade de incluir no currículo escolar uma melhor compreensão do balanço benefício—malefício da relação ciência—tecnologia.

> A compreensão dos fenômenos naturais articulados entre si e com a tecnologia confere à área de Ciências Naturais uma perspectiva interdisciplinar, pois abrange conhecimentos biológicos, físicos, químicos, sociais, culturais e tecnológicos. A opção do professor em organizar os seus planos de ensino segundo temas de trabalho e problemas para investigação facilita o tratamento interdisciplinar das Ciências Naturais. É uma prática que, nesta área, já vem se tornando frequente e é recomendável, pois permite a organização de conteúdos de modo flexível e compatível com os seus critérios de seleção (*PCN – Ensino Fundamental – 6º ao 9º ano, pág. 36. www.mec.gov.br).*

Por fim, é preciso destacar que a produção em ciência/tecnologia é fortemente direcionada por políticas de desenvolvimento científico e tecnológico articuladas a planos estratégicos governamentais e à infraestrutura financeira, as quais, ao fomentarem pesquisas, às vezes as induzem mais a determinados campos do conhecimento do que a outros. Reiterando o que foi sustentado no ponto anterior, é fundamental que essa dimensão do processo de produção do conhecimento científico também se faça presente na educação de nossos alunos.

Parece claro que uma das funções do ensino de Ciências nas escolas fundamental e média é aquela que permita ao aluno se apropriar da *estrutura do conhecimento científico e de seu potencial explicativo* e transformador, de modo que garanta uma visão abrangente, quer do processo quer daqueles produtos — a conceituação envolvida nos modelos e teorias — que mais significativamente se mostrem relevantes e pertinentes para uma inclusão curricular. Essa estrutura — convenientemente apropriada pelo aluno durante os anos de escolaridade mediante a abordagem de conceituação pertinente, isto é, dinamicamente construída e "recheada" com informações oriundas das teorias — é que poderá possibilitar a abordagem científica dos fenômenos e situações, tanto no interior da escola como em seu exterior, quando o aluno dela estiver afastado, também após o período de escolarização, até porque estará consciente de que sua formação será sempre continuada, para além dos muros da escola. Pretende-se, pois, que a ciência e seus conhecimentos sejam incorporados enquanto cultura. Sem dúvida, a educação escolar tem um papel a desempenhar e uma parcela de contribuição a dar no processo de formação cultural de nossos jovens.

2. Ciência e tecnologia no mundo contemporâneo

Para situar o atual estágio do conhecimento científico e tecnológico, seu alcance, limites e prováveis desafios mais urgentes, propõe-se aqui exercitar três questões e discutir suas respostas mais prováveis.

Se perguntarmos *que instrumento seguramente foi usado na elaboração deste texto*, a pronta resposta será o *computador*, máquina indispensável, embora não única, para viabilizar um produto gráfico com recursos mais compatíveis com as exigências dos interessados: autores, editores e, principalmente, leitores. Como toda ou quase toda produção atual, os originais deste texto foram elaborados e editados em um computador. Sua leitura poderá ser feita em páginas impressas, se adquirido o livro, ou em uma tela, no caso de uma cópia digital.

Se perguntarmos diretamente ao leitor *que tipo de toca-discos tem em casa*, a resposta mais provável será o *laser* somente, ou *laser* e também o toca-discos de agulha, para rodar as relíquias de vinil. Excepcionalmente, se o leitor, além de professor de Ciências, for um *disc-jockey*, responderá que usa muito mais o toca-discos, por motivos óbvios, mas que possui também outro, do tipo *laser*, para assegurar sua atualização.

Por último, questionamos: *existe alguma teoria subjacente à concepção e produção em escala das máquinas referidas nas questões anteriores?*

Em caso afirmativo, é fácil identificá-la? Resposta mais difícil, talvez mais sutil: sim, a Física Quântica, um corpo teórico revolucionário produzido há cem anos, intensivamente discutida, reformulada e amadurecida a partir de 1925, testada e aplicada a partir de 1970. Reciprocamente, a teoria quântica, para ser testada e permitir aplicações, foi beneficiada de modo sem precedentes pelas tecnologias recentes disponíveis, entre elas os computadores de grande porte e as experiências precisas com utilização dos mais variados tipos de *laser*. Parece pouco prudente considerar hoje o conhecimento científico, mesmo o da ciência básica, desvinculado das tecnologias de ponta, que por sua vez são alicerçadas, pelo menos parcialmente, naquela.

Novos conhecimentos são, hoje, divulgados rapidamente, às vezes até com estardalhaço; ocupam espaços nobres nas mídias impressas e digitais, internacionais e do país. Nos noticiários, nem sempre são classificados topicamente, isto é, com base nas disciplinas tradicionais em que nos formamos — Física, Química, Biologia, Geologia. São as novidades de ciência e tecnologia! Parece que o novo conhecimento ou, pelo menos, sua ampla divulgação se referem mais a conjuntos ou complexos de saber em ciência e tecnologia (C&T), do que a saberes específicos de físicos, engenheiros, biólogos...

Por outro lado, a Epistemologia, ou o estudo crítico da ciência, avançou muito no século XX e tem servido de alerta sobre a ciência estudada nos cursos de graduação: desinteressada, neutra, linear, respaldada na lógica e na racionalidade, de forte base empírica, isenta de crenças e idiossincrasias. Denúncias sobre o exagero da especialidade e sobre os excessos de fragmentação — excessos que comprometem visões mais abrangentes dos objetos necessariamente recortados sob investigação — são frequentes ou, ao menos, minimamente presentes somente em poucas disciplinas de graduação, como Filosofia da Ciência, Evolução de Conceitos...

No século passado, em face da crescente complexidade dos novos fenômenos e situações estudados, novos campos foram criados com base em disciplinas originais, tais como a Bioquímica e a Biofísica, que se tornaram cada vez mais novas disciplinas científicas e menos investigações

Estes indicadores apontam para um contexto de mudança nas grades curriculares dos cursos de licenciatura e bacharelado de todas as áreas, particularmente da Matemática, das diversas Ciências básicas da Natureza, das Ciências Aplicadas e tecnologias. No momento, encontram-se em fase de aprovação no Conselho Nacional de Educação, tratando-se de propostas comprometidas com novas concepções de C&T, de ensino e de aprendizagem, apresentadas por comissões específicas e debatidas junto aos pares nos últimos três anos. Os Parâmetros Curriculares Nacionais do Ensino Fundamental e do Ensino Médio produzidos recentemente (www.mec.gov.br) constituem subsídios para a condução dos trabalhos didático-pedagógicos nas redes de ensino. Verificam-se mobilizações similares, com os mesmos objetivos de formação de novos perfis profissionais para a docência, em muitos outros países (EUA, Inglaterra, Espanha, Austrália...). Formação inicial que possa dar conta dos desafios surgidos: formação continuada, presencial e a distância, geral e específica, disciplinar e com abertura para os assuntos interdisciplinares (da C&T), transversais em seu ensino.

interdisciplinares. Hoje, assuntos antes proibidos, como a exobiologia, constituem capítulos inteiros de livros de divulgação por terem sido validados pela comunidade, com farto material já publicado em periódicos especializados, forçosamente autorizados pelos colegas cientistas — os árbitros que decidem em favor dessas publicações antes inaceitáveis.

Insiste-se aqui na pressuposta concepção de C&T como cultura, necessária a todos os educandos, sejam futuros estudantes de C&T — sempre uma minoria essencial — sejam estudantes de outras áreas, a maioria igualmente essencial.

O texto de que trataremos a seguir trabalha questões candentes dos empreendimentos científicos e tecnológicos, com destaque para os mais atuais, muitos deles imersos nos acontecimentos dos últimos vinte anos. Ele não estará sempre vinculado às disciplinas, até porque pretendemos questionar nossas lacunas de formação acadêmica, ainda tendente demais para as verdades clássicas do conhecimento de C&T válidas até o final do século XIX, antes do surgimento da física quântica e da relatividade, antes da cinética química, da biologia molecular, da engenharia genética e das últimas gerações de computadores. É certo que estes vêm sendo cada vez mais utilizados, porém quase sempre apenas como ferramenta, com muito pouca reflexão.

O texto está, ainda, subsumido em categorias científicas amplas com ressonância epistemológica, as quais serão retomadas e aprofundadas na 4ª e na 5ª Partes. São os chamados conceitos unificadores, dos quais o de energia será o mais evidente.

Do muito grande ao muito pequeno

Em C&T hoje, em termos de varredura das dimensões, o conhecimento encontra-se nos limites entre 10^{-15} m — o férmio das dimensões nucleares — e 10^{26} m — equivalente aos quasares mais distantes, próximos a 12 bilhões de anos. Os postulados da teoria da relatividade restrita estabelecem que a luz que se pode observar, direta ou indiretamente, dos objetos distantes viaja à velocidade constante limite no vácuo ou, em aproximação, em regiões de baixíssima pressão, a 3.10^8 m/s e a velocidades menores, porém sempre muito elevadas, ao atravessar a matéria transparente da "poeira das estrelas", independentemente dos movimentos das fontes e dos observadores. Os *fótons* egressos de cada objeto luminoso atingem nossa retina e permitem a formação das imagens desses corpos, no instante de partida. É dessa forma que podemos assistir ao espetáculo das incessantes transformações já ocorridas no universo distante, porque a luz leva algum tempo para alcançar a Terra (luz da Lua: cerca de um segundo; do Sol: cerca de oito minutos; da Alfa do Centauro: pouco mais de quatro anos; de quasares mais longínquos: cerca de 12 bilhões de anos). Os astrofísicos costumam afirmar que "*ver longe significa ver antes*" (Reeves, 1998, p. 18-19).

Nosso mundo, nosso universo, no momento, permite observações nessa ampla faixa de comprimento; consequentemente, também de áreas e volumes proporcionais correspondentes, num total estimado de 10^{30} toneladas métricas de matéria.

Optamos por um caminho alternativo ou mesmo oposto ao usual dos livros didáticos e muitos paradidáticos*: aquele que envereda pelos êxitos e avanços da C&T. Apresentaremos, com base nessa "varredura observável", função também de avanços tecnológicos — de microscópios eletrônicos a telescópios diversos, sempre possíveis, em essência, pela plataforma teórica da Física Quântica —, um conjunto de problemas atuais, deflagrados justamente pelos avanços.
Essa alternativa, em nossa concepção, é muito mais válida para a interlocução com professores de Ciência do que intermináveis discursos críticos sobre os limites da C&T. Estamos cientes e conscientes das dificuldades de compreensão desse item por muitos dos colegas professores, em razão sobretudo dos limites de sua formação, que, consensualmente, está em questionamento, e da dificuldade deles em se manter atualizados em programas de formação continuada em face das pressões do trabalho docente, a começar pelo número excessivo de aulas semanais que são obrigados a assumir.

* Uma exceção é a publicação *David Bohm e a controvérsia dos quanta*, de Olival Freire Jr., 1999, em que são mostradas divergências profundas de interpretação dessa teoria; a luta de alguns autores, como Bohm, contra o pensamento hegemônico da chamada Escola de Copenhague.

Figura 1: Modelos de Universo

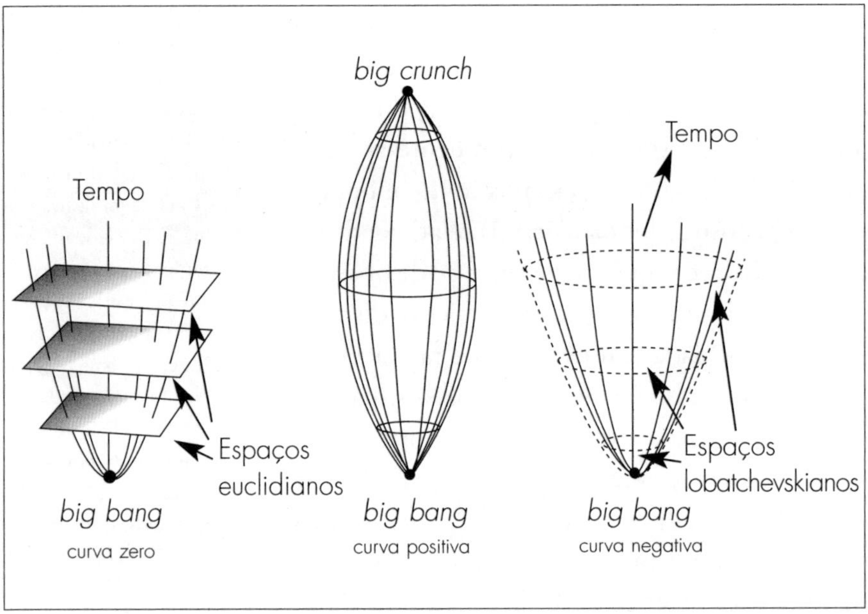

O último dado sobre o tamanho do universo encerra uma das grandes controvérsias atuais entre astrofísicos, cosmólogos e demais pesquisadores interessados nas *grandes questões de origem*: *"A massa do universo estimada a partir da luminosidade — modelo mais aceito e tradicional desde a época de Hubble — é sempre menor do que a calculada a partir do movimento das estrelas, particularmente as cefeidas. A diferença costuma ser considerável"* (Maddox, 1999, p. 52).

Vide nota da página 59

A hipótese da "matéria escura" é plausível, mas não responde às diferenças das medidas, cada vez mais acentuadas, quando são contemplados os aglomerados de galáxias em vez de uma galáxia apenas.

Se o universo é aberto ou fechado, de acordo com pequenas flutuações da chamada densidade crítica (sete átomos de hidrogênio por m^3), ainda não sabemos (Maddox, 1999, p. 54). Penrose (1999, p. 40-41) apresenta as possibilidades para a forma do universo, considerando também a curvatura do espaço: plano — curvatura zero; aberto — curvatura negativa; fechado — curvatura positiva.

Nessa última possibilidade, haveria a reversão inevitável, o *big crunch*, e nas três o universo tem um momento singular inicial, o *big bang*, ainda não definitivamente confirmado. Esse autor argumenta em favor do aberto, em que a constante cosmológica de Einstein—De Sitter seria negativa, e não se constrange ao incluir, junto à hipótese da "matéria escura", uma razão bastante subjetiva: "*A outra razão é que ele é meu preferido!*". Como bom físico-matemático que conhece a relatividade geral, alega que as propriedades, associadas à curvatura negativa, das geometrias hiperbólicas ou de Lobatchevski, apresentadas metaforicamente com auxílio de uma gravura de Escher, são "particularmente elegantes" (Penrose, 1999, p. 43-44).

A crise relacionada à idade do universo, ao lado de outras crises atuais do conhecimento astrofísico, está exposta e discutida no filme *Mistérios do infinito*, Superinteressante/Abril/Discovery. O debate pode ser acompanhado no filme, em que alguns cientistas diretamente envolvidos comentam os métodos, os resultados (com enorme diferença), a crise instalada e a busca da matéria escura. Estrelas cefeidas revelam idade superior à do universo! É como se filhos fossem mais velhos que seus pais...

Embora pouco divulgadas, persistem dificuldades para a confirmação do modelo do *big bang*, proposto inicialmente por Gamow, em 1947, com muita imaginação e elegância. Essa formulação ousada explica de modo consistente a formação de matéria pela radiação no espaço "vazio", conforme Planck descobriu em 1900, bem como a dependência da energia radiante (intensidade, tomada em anteparos) com a quarta potência da temperatura (E: T^4) — relação bastante conhecida desde fins do século XIX — e sua consequente *explosão e expansão acelerada* em virtude da extrema pressão, depois de atingir temperaturas suficientemente elevadas. A fim de explicar a formação da matéria, Gamow apelou para os conhecimentos fornecidos pela teoria quântica e da relatividade, para a possibilidade de "criação" (e "aniquilação") de matéria — elétrons e pósitrons — por "desaparecimento" (ou "criação") de fótons de alta energia, ou seja, alta frequência e baixo comprimento de onda (Maddox, 1999, p. 38-39).

Figura 2: Comprimentos de onda do espectro eletromagnético

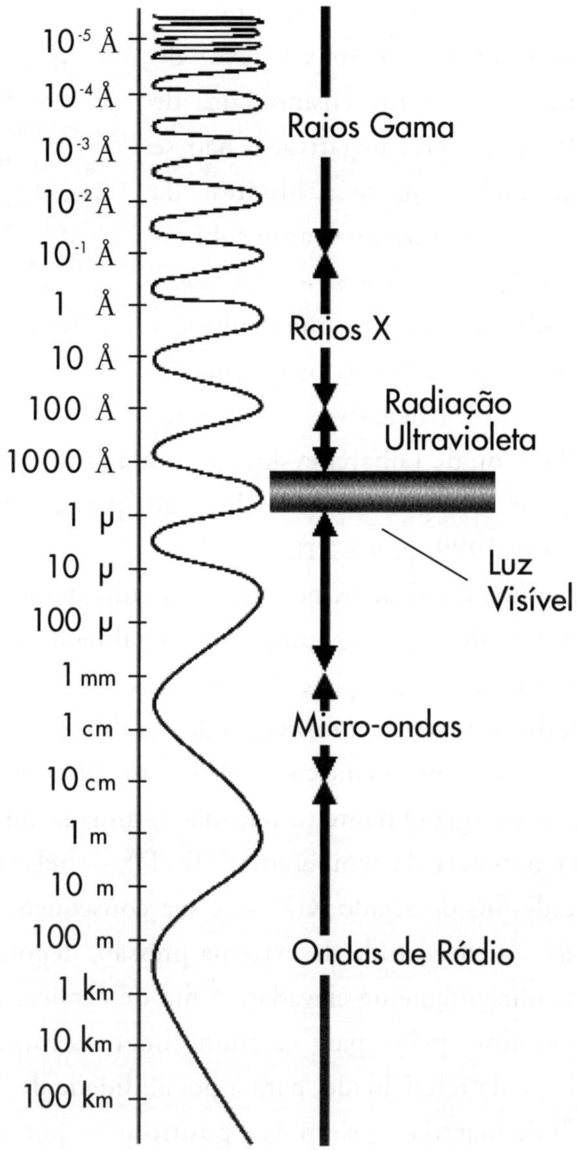

Maddox, ao lado de outros, aponta consideráveis limitações a esse modelo tão charmoso e tão propalado pela mídia. Ressalta que tanto a força como a fraqueza do *big bang* de Gamow estão em sua simplicidade. De fato, o modelo satisfaz a lei de Hubble — galáxias afastam-se a velocidades crescentes com a distância — e a formação inicial de prótons, nêutrons e núcleos de elementos leves. Ademais, a descoberta espetacular de Penzias e Wilson, em 1966, da radiação de fundo à temperatura de 2,7 K acabou por valorizá-lo, passando a ser considerado uma teoria a partir daí. Essa radiação isotrópica e homogênea é um resíduo distante e remoto da radiação do universo em um estágio de expansão com a temperatura decrescente. Não é uma confirmação definitiva do modelo, mas um dado poderoso em seu favor, obtido diretamente de nosso universo em seus tempos iniciais.

Por outro lado, os dados conflitantes sobre a idade do universo, o enigma dos quasares, a distribuição aparentemente assimétrica de galáxias no céu, os grandes atratores, constituem problemas sérios para o modelo de *big bang*. Particularmente, as medidas da temperatura do céu tomadas pelo satélite Cobe, em 1994, indicaram uma uniformidade surpreendente, algo inaceitável pelo modelo original de Gamow.

Como afirmam os astrônomos, acabou a época romântica de observação noturna do céu por cientistas com telescópios pequenos ou médios. Dados de telescópios ópticos e radiotelescópios, na Terra e lançados com satélites: Subaru, Gemini Norte, Gemini Sul, radiotelescópio com antenas em interferência no mundo inteiro conectadas no Novo México; Ultravioleta/Copérnico, lançado em 79; Infravermelho, lançado em 1983; Raios X/Einstein, lançado em 1978; Raios Gama, lançado em 1990. O CCDS está contribuindo para a democratização dos dados e nas observações de astrônomos amadores. Informações acionam o CCD (*charged-coupled device*), um dispositivo sensível à luz (semelhante e de geração superior a díodos com emissão de luz — LED), transformada em pixels, os quais, juntos, compõem imagens nas telas. O Hubble, telescópio óptico em órbita, o mais conhecido e já considerado velho, foi lançado em 1990 e continua a enviar belas e intrigantes mensagens do universo (www.nasa.org). Outros exemplos: Cobe/1989; HST,GRO, SIRTF, AXAF, instrumentos combinados colocados em satélites via consórcio de muitos países, incluindo o Brasil (www.mct.gov.br/inpe); consultar também MONSERRAT FILHO, J. O Brasil na era espacial. *Ciência Hoje na Escola 1: Céu e Terra-Revista da SBPC*, Rio de Janeiro, 1998, p. 40-42: esse volume contém outros textos didáticos sobre temas de Astrofísica, Astronomia e Geociências que podem auxiliar muito o trabalho docente).

Uma imagem inquietante do grande número de satélites orbitais "sobre nossa cabeça" pode ser vislumbrada no endereço www.if.ufrgs.br/ kepler/207. Nos dias em que escrevemos este texto, vimos a imagem dos fragmentos da brava MIR caindo no Pacífico, depois de 15 anos em órbita.

Como "vemos" ou observamos indiretamente o universo? Galileu foi pioneiro ao afirmar que a luz da lua é a do sol refletida, embora o telescópio não seja um equipamento adequado para confirmar tal hipótese. Muito mais tarde, Fraunhofer (1787-1826) analisou as raias da luz solar e comparou-as com as da lua, confirmando a identidade anteriormente suposta. O equipamento utilizado foi o espectrógrafo, capaz de discriminar os diversos componentes de uma radiação, mediante os espectros emitidos e absorvidos pelos corpos. Esse é um dos exemplos históricos de avanços conquistados com o auxílio de instrumentos de "última geração". Quanto às estrelas, quasares e aglomerados, a radiação emitida — luz, infravermelho, UV, raios X e ondas de rádio — sensibiliza os detectores. No caso da luz, os espectrógrafos localizam as raias de frequência, identificadas aos elementos ou compostos dos objetos focalizados. A Química e a Bioquímica são áreas também diretamente interessadas nesses resultados. Os radiotelescópios e os telescópios de infravermelho revelaram principalmente a existência de muitos tipos (centenas, até o final de 1987) de moléculas na "poeira das estrelas", resultantes de explosões de supernovas, por exemplo. Sugestões ousadas sobre a existência de moléculas no espaço existem desde 1920, com base em observações inusitadas em torno de algumas estrelas. Não demorou muito para serem observadas moléculas de água e amônia. Hoje, há um considerável conjunto de moléculas orgânicas — monóxido de carbono, acetileno, formaldeídos e álcoois —, já tendo sido observados grupos muito mais complexos de átomos — os aminoácidos e hidrocarbonetos aromáticos policíclicos. Em nossa galáxia e em muitas observadas, mais de cem dos elementos químicos já foram identificados nas diversas moléculas. Ao tratar desse assunto fascinante em *O quinto milagre*, Paul Davies afirma: *"Cresci acreditando que a química é algo que acontece em tubos de ensaio. Por isso tive uma espécie de surpresa quando soube, em 1969, que moléculas de amônia e água tinham sido descobertas no espaço"* (Davies, 2000, p. 177-178).

O escopo e o interesse da Astrofísica, mesclada à Biologia no sentido mais amplo, abrem um campo novo de investigação, agora não mais proibido, cada vez mais concretizado: a exobiologia (MATSUURA, O. T. A vida extraterrestre. In EL-HANI C. N.; VIDEIRA, A. A. P. (Org.). *O que é vida?* Rio de Janeiro: Relume Dumará, 2000, p. 273-296).

Rapidamente, os cosmólogos identificaram essa descoberta com uma correção do modelo original proposta por Guth em 1980, a qual incorpora a ideia do "universo inflacionário": imediatamente após a explosão, o universo expandiu-se com velocidade impressionante, pressionado pelo "vácuo que contém a radiação". Como a inflação ocorreu em dimensões microscópicas e atingiu dimensões cósmicas (ampliadas pelo fator 10^{50}) antes do surgimento de qualquer partícula material, nosso universo será então apenas um entre muitos outros possíveis, originados em distintas regiões do espaço-tempo, todos evoluindo de maneira diferente e todos não observáveis!

Como diz Maddox (1999, p. 61), "*o ônus filosófico deste modelo, porém, foi enorme... É até certo ponto surpreendente que a comunidade científica, com seu perene e saudável ceticismo, tenha aceito com naturalidade uma teoria tão ousada... uma forma de espaço vazio, o vácuo, em outra forma capaz de acomodar partículas de matéria*".

Não somente aos leitores mais iniciados em discussões de cunho epistemológico, mas a todos — principalmente aos que ainda não desconfiaram da "ausência do sujeito" na discussão destes problemas cosmológicos, do conhecimento em si, do confronto entre o real, o virtual e os constructos da consciência —, é oportuno deixar claro que todos os autores de textos científicos de divulgação com formação em Ciências Básicas, Matemática e mesmo Tecnologia, de forma mais ou menos aprofundada, não negligenciam o sujeito nem o afastam do compromisso com os desafios, muito menos afastam sua mente e consciência da complexidade composta pelos cenários pesquisados, como as máquinas mais avançadas, já construídas de maneira imbricada com a chamada inteligência artificial. Isso não significa que precisamos concordar integralmente com suas posições, ideias e visões sobre o conhecimento atual em C&T.
Como exemplar, citamos o professor Reeves, que o aborda numa perspectiva prudente:

> *Nossa ignorância, uma vez reconhecida, é o verdadeiro ponto de partida da cosmologia. Existe alguma coisa. Existe a realidade. Como ela aparece? Qual a sua idade? Tais são as perguntas que caem no campo da pesquisa científica. Este problema da existência da realidade tem também uma outra dimensão: a do conhecimento. É por meio de nossa consciência que percebemos a existência de alguma coisa, em vez de nada. Ora, essa consciência não está fora do universo, mas faz parte dele. Atualmente começamos a compreender a relação entre a consciência e os dados de observação. Mas essa discussão apaixonante nos afastaria demais do assunto* (Reeves, 1998, p. 39).

Outros autores foram mais fundo: passaram a enfrentar os dilemas da relação entre nossa consciência e os dados, interpretações e visões, em capítulos integrais de suas recentes publicações, e não se desculpam por se afastarem do assunto. Consultar PENROSE, R. *O grande, o pequeno e a mente humana*, cap. 3: "A física e a mente", p. 105-149 e MADDOX, J. *O que falta descobrir*, parte 3: "Nosso mundo", p. 259-337.

Esse processo, chamado "mecanismo de Higgs", está também presente em alguns modelos (com pretensão a teorias) das partículas elementares. Ao focalizá-las, passaremos, num salto gigante, dos anos-luz às dimensões internas aos núcleos atômicos.

No mundo pequeno da Física, o menor possível em ciência, prevalecem modelos diversos, vinculados tanto à Física Quântica como à relatividade restrita — teoria quântica dos campos —, de sucesso impressionante e alto poder explicativo e preditivo. No entanto, a relatividade geral não é totalmente compatível com a quântica, e os modelos decorrentes nem sempre são muito consensuais.

> Para introdução e algum aprofundamento à Física Quântica e à relatividade restrita e geral, consultar www.if.ufrgs.br/kepler/207, *Física Quântica para filósofos, Enciclopédia Encarta* 2000, *A evolução da Física* (Eistein, A. e Infeld, 1966) e *O universo dos quanta* (Freire. Jr., O. e Carvalho Neto, R.A., 1997).

Continuaremos a abordar aqui muito mais os assuntos ausentes na maioria dos livros-textos de nossas graduações e dos livros didáticos do ensino médio e fundamental, em favor da difusão e apreensão inicial do conhecimento contemporâneo.

A simplicidade contida no modelo atômico, proposto por Demócrito há mais de 25 séculos, prevalece até hoje: todas as substâncias, das simples às mais complexas — incluindo *todos os seres vivos* —, são porções de "partículas indivisíveis". Nos últimos 50 anos, principalmente, um número bastante expressivo de partículas foi descoberto. Sabe-se há tempos sobre os *elétrons*, *prótons* e *nêutrons*, mas sabe-se muito pouco que, além do átomo, as partículas "principais" do núcleo atômico são divisíveis, uma vez que formadas por *quarks*, estas, sim, as atuais partículas elementares, ao lado de outras. Partículas são identificadas por sua massa, carga elétrica e *spin* e podem exibir propriedades sem analogia no mundo macroscópico, como *charme, cor, estranheza e beleza.*

A teoria atual sugere que a grande maioria das partículas são agrupamentos de *quarks*, de massas variadas e carga elétrica de um terço ou dois terços da carga eletrônica. *Quarks* parecem sempre coexistir, não tendo sido encontrados isoladamente até hoje. O próton é formado por três *quarks* positivos de carga um terço e o nêutron também por três *quarks*: dois positivos de um terço e um negativo de dois terços, resultando em carga total nula.

Existe um critério, oriundo da Física Quântica, que categoriza as partículas em dois grandes grupos, de acordo com o chamado *spin* intrínseco a elas: partículas com *spin* inteiro — bósons — e partículas com *spin* semi-inteiro — férmions. Das mais conhecidas, fótons são bósons sem *quarks* e mésons são bósons formados por *quarks*, ao passo que elétrons e prótons são férmions. Algumas delas ainda não foram observadas, mas, em virtude da força do chamado *modelo-padrão* — quadro de referência com aportes teóricos quânticos e relativísticos —, *acredita-se* que existem e poderão ser confirmadas em breve ou mais tarde, validando o modelo. Se essa *crença* não for confirmada em prazos mediatos, o modelo cairá no abandono e teremos a proposição de outro. A chamada *partícula de Higgs* e a partícula *gráviton* (ambas da classe bosônica sem *quarks*), consensuais e necessárias à confirmação do modelo-padrão, vêm sendo freneticamente procuradas nos últimos anos.

Dois princípios de desigualdade da Física Quântica muito perturbadores são obedecidos no universo microscópico: o da incerteza de Heisenberg e o da exclusão de Pauli. O primeiro afirma a impossibilidade de conhecer simultaneamente, com precisão, a posição e a velocidade (ou o momento linear) de uma partícula subatômica (ou sua energia e o tempo de sua observação); o segundo afirma que duas partículas férmions não podem existir no mesmo estado de energia. As consequências dessas imposições e limitações são investigadas desde sua proposta original (o princípio da incerteza data de 1927 e o da exclusão, de 1925) e mostram-se bastante desconcertantes, por contrastarem fortemente com nossa visão de mundo forjada pelas dimensões macroscópicas. Em conformidade com o primeiro princípio, elétrons atravessam barreiras reais, a exemplo do efeito túnel em díodo, quando a barreira tem dimensão inferior à da incerteza de sua posição! O segundo permite, em limite próximo ao reducionismo, *uma compreensão do mundo como ele é constituído* — objetos, formas, estruturas vivas ou inanimadas podem ser entendidos pelo princípio da exclusão. Se ele não fosse válido, o universo seria inevitavelmente uma sopa amorfa de *quarks*.

Sugestões para leitura sobre a evolução do conhecimento sobre as partículas no século XX: SEGRÈ, E. *Dos raios X aos quarks*, 1987. Para verificar a conectividade entre partículas e Astrofísica, consultar MADDOX (1999), cap. 2: "Simplicidade escondida na complexidade", parte I, p. 66-92.

É preciso registrar a descoberta de partículas previstas teoricamente. Esse exercício "especulativo" é bastante mencionado em textos didáticos, ao apresentarem, na escala atômica, a tabela periódica dos elementos químicos inicialmente "incompleta". Em 1869, Mendeleiev, ao propô-la, deixou vários campos vazios, que foram preenchidos posteriormente, com a descoberta de novos elementos químicos.

Dirac, o pioneiro em ousadia na escala nuclear, sugeriu o pósitron, a antipartícula do elétron, identificada em 1931. Mais tarde, a necessidade de antipartículas para todas as partículas férmions conhecidas ficou patente, com reforço e ampliação do quadro teórico. Virou moda? Sim, segundo Maddox, uma vez que Pauli previu, em 1931 (ano da confirmação do pósitron), a existência do *neutrino* — partícula de difícil detecção e com estranhas características que foi finalmente detectada nos anos 60. Fora do contorno e influência direta da Europa, no Japão, Yukawa previu a existência dos mésons, sendo o primeiro, o méson π, confirmado em 1947 por uma equipe de pesquisadores que contou com a participação decisiva do cientista brasileiro César Lattes. Em 1964, Gell-Mann, pioneiro dos *quarks*, previu a existência da partícula Ω^-, confirmada poucos meses depois, evidência que fortaleceu a busca pelos novos *seis tijolos* da matéria-energia, os quais também foram confirmados nos anos seguintes.

> Em 1948, o jovem César Lattes, cientista brasileiro hoje em atividade na Unicamp, participou decisivamente de pesquisas teóricas e experimentais de vanguarda que propiciaram a descoberta da primeira partícula intermediária — o méson π —, inicialmente na Inglaterra e logo após nos Estados Unidos. Essa atividade é considerada um marco da ciência brasileira em colaboração com outros países. Ao final do século XX, equipes de pesquisadores do País, vinculadas ao Projeto Genoma, alcançaram grande êxito ao decifrarem o código genético da "amarelinha", ao lado de outros trabalhos expressivos reconhecidos mundialmente. Sobre o projeto e suas conquistas, consultar a página www.fapesp.br.

Entre pares de partículas, são conhecidas *quatro forças fundamentais*: gravitacional, eletromagnética, nuclear fraca e nuclear forte. Sabe-se que, na interação eletromagnética, as partículas trocam fótons; na nuclear forte, os prótons e nêutrons trocam mésons, e *quarks* trocam *glúons*; e, na gravitacional, acredita-se que são trocados *grávitons*, supostas partículas até hoje não observadas. Para a interação nuclear fraca são trocadas as partículas w^+ e w^-, propostas teoricamente em 1970 e confirmadas em 1985, junto com a partícula Z^0, uma espécie de "fóton com massa". Com tal descoberta, considerada uma das mais espetaculares da Física Quântica, o modelo-padrão alcançou contornos mais fortes; a interação nuclear fraca pôde ser anexada à eletromagnética, restando então três classes de força. Tal processo impulsionou a busca intensa — e muito dispendiosa — de uma teoria que possa unificar todas as forças da natureza, a *grande teoria unificada.*

Resultados de grande alcance e êxito não eliminam problemas, contudo. O mais evidente é a não detecção de outra partícula já citada, o *bóson de Higgs*, inventada antes das descobertas da interação fraca. Sabe-se que esse bóson deve ser eletricamente neutro, mas sua massa deve ser grande, com alta imprecisão. Acredita-se, no entanto, que uma grande máquina aceleradora em construção (sediada em Genebra e mantida por um consórcio europeu) poderá confirmá-la, mediante colisões de prótons com antiprótons. Se for confirmada, serão também testadas previsões inusitadas desse bóson, como a *diminuição de sua energia com o aumento da intensidade de seu campo.* Essa propriedade está em oposição à usual, pela qual a energia sempre aumenta com o quadrado da intensidade dos campos associados.

Outras dificuldades para a consistência do modelo-padrão referem-se a propriedades da massa do neutrino, necessariamente nula. Em flagrante conflito, uma hipótese de cosmólogos para explicar a "massa invisível da matéria escura do universo" seria a massa — enorme no somatório — dos neutrinos! Este é um dos aspectos desconcertantes da Física atual: em um modelo, o vácuo produz partículas e partículas de massa nula; em outro, dão conta da diferença de massa da matéria escura.

Mesmo com contradições efetivas ou aparentes, não se podem considerar as investigações da escala nuclear apartadas da cosmológica. Ao contrário, tudo indica que o céu deverá ser o melhor laboratório para os físicos de partículas, para além dos aceleradores, pois parece haver forte correlação entre a estrutura do universo e a composição íntima da matéria. Parecem existir, ainda, estrelas de *quarks* e glúons mantidos por uma espécie de líquido (Maddox, 1999, p. 91-92). Conclusão inevitável é que *nesse campo de investigação podem faltar dados, mas não faltam teorias e modelos.*

Persistem dificuldades para que sejam compatibilizadas as duas grandes teorias da Física do século XX: gravitação ou relatividade geral e quântica. Nos últimos anos, vêm sendo enriquecidas proposições que favorecem o surgimento de uma nova teoria, designada como das *cordas* ou das *fibras*. Trata-se de uma apresentação bastante inusitada do universo que poderia contribuir para avanços significativos do conhecimento em Física; contudo, isso ainda não ocorreu, perturbando o estado de ânimo atual dos pesquisadores (Maddox, 1999, p. 109).

Planetas

Passemos agora para a escala planetária, com foco na Terra. A hipótese da *deriva continental*, inicialmente proposta em 1915 por Wegener (1880--1930), recebeu pesadas críticas de geólogos e geofísicos da época e foi recuperada mais tarde pelas evidências dos dados, que levaram às formulações da tectônica de placas e à descoberta de camadas rochosas em profundezas oceânicas que constituem "fósseis magnéticos", cujas datações são bastante compatíveis com as teorias da inversão da polaridade do campo magnético terrestre. Contudo, na linha de raciocínio polêmica aqui adotada, não há, até o momento, uma explicação consistente do mecanismo das placas, como foi afirmado na abertura deste capítulo. Assim, também na Geologia, uma teoria consagrada parece estar sujeita a fissuras. Dados recentes obtidos por equipe brasileira coordenada pelo professor Marcelo Sousa de Assumpção (IAG/USP — www.fapesp.br/ciencia53.htm) indicam movimento de todo o manto superior solidário às placas da superfície a uma profundidade que pode chegar, no Brasil, a 700 km, muito além dos 200 km detectados até hoje, sugerindo que correntes profundas de convecção podem explicar melhor o tectonismo. Os estudos dos últimos anos sobre o interior da Terra, acrescentados aos dados precisos e refinados sobre os planetas vizinhos sólidos e gasosos, têm também gerado questões desconcertantes que ressoam nos escopos da Física, Geologia, Química e Biologia, mas também pressionam para estudos mais complexos e interdisciplinares. Entre elas, a mais presente é a da "vida extraterrena", que se tornou muito mais provável e bem menos especulativa, como já alertamos.

Figura 3: Placas tectônicas

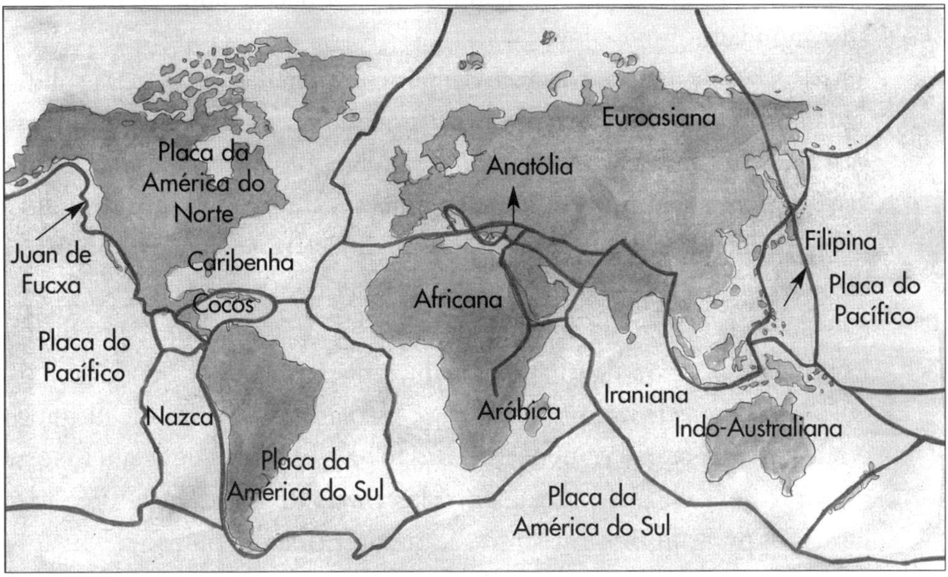

O modelo da *tectônica de placas* estabelece que a litosfera é dividida em blocos tabulares, que interagem entre si ao longo do tempo geológico. Diversas transformações decorrem do movimento relativo entre as grandes placas: por "colisão de fronteiras" formaram-se grandes cadeias de montanhas, como a do Himalaia, que até hoje cresce em altitude à média de cinco milímetros ao ano. O deslizamento relativo de placas adjacentes resulta nas falhas, como a de San Andreas nos Estados Unidos. Sabe-se que há pelo menos 600 milhões de anos — com a probabilidade de serem bilhões — vem ocorrendo esse movimento, que implica transformações em geral muito lentas — na escala geológica —, embora algumas sejam rápidas e de grandes impactos na superfície, a exemplo dos terremotos e erupções vulcânicas. Ocorrências que modificam, de alguma maneira, os *habitats* e nichos dos sistemas vivos, das espécies, grupos e indivíduos vivos, de todos os reinos.

O modelo da deriva continental sustenta que, há cerca de 180 milhões de anos, um único supercontinente — Pangeia — separou-se em dois — Gondwana e Laurásia —, os quais, por sua vez, começaram a se separar lentamente, na época da extinção dos dinossauros, dando prosseguimento ao processo de configuração das formações hoje retratadas nos atlas mundiais.

Rochas, minerais, cristais e demais componentes da matéria sólida, água nos três estados com material dissolvido ou puro, demais líquidos, gases, óxidos, sais, bases, material radioativo, orgânico, luz solar... estiveram sempre em interação incessante na escala planetária. Das camadas mais profundas aos limites superiores da atmosfera, sempre comprometida com o universo, em particular com o Sol e com os planetas próximos, a diversidade impera na Terra — um sistema muito distante da tradicional visão estática ou da dinâmica reducionista (rotação e translação) — que aprendemos já nos primeiros anos escolares. Não raro este último é o que permanece como modelo recorrente e resistente à visão alternativa mais próxima do planeta exigida pelos níveis de consciência dos seres humanos preocupados e atuantes, sejam participantes ou não de organizações de preservação.

Ventos, marés, correntes marítimas, rios, auroras boreal e austral, nuvens, chuva, crescimento de cristas, vegetais, animais, vida e morte individual, "geração e extinção" de espécies... seguramente não ocorrem na Terra como são descritos nas aulas de Ciências e de outras disciplinas escolares. Sempre é necessário e salutar estarmos alertas para os riscos das fronteiras rígidas dos conhecimentos específicos — particularmente os das Ciências da Natureza priorizados neste texto. Fundamentais no recorte disciplinar, por um lado, esses conhecimentos precisam ser trabalhados em perspectiva de reciprocidade e inter-relação; por outro lado, devem promover junto aos alunos compreensão mais dinâmica e articulada entre os fenômenos da natureza próximos e distantes, atuais e remotos. Categorizações estratificadas, como a tradicionalmente utilizada nos anos finais do ensino fundamental — solo, água, ar, vegetais, animais —, seguramente não contribuem para o entendimento das correlações e interdependências do mundo natural.

Qualquer estudo inicial sobre tais questões passa não só por melhor conhecimento sobre trocas de energia entre estruturas moleculares sofisticadas, incluindo formas de vida primitiva com seu entorno, mas também pressupõe um conhecimento mínimo sobre a termodinâmica irreversível.

Entropia e neguentropia

A reversibilidade, tão preciosa à mecânica clássica, cujas equações se mantêm igualmente válidas com o tempo avançando ou retrocedendo, não se confirma nas observações disponíveis, muito menos em nossa própria vida, na sobrevivência de indivíduos e grupos. Há mais de um século (com as contribuições de Boltzmann e Gibbs principalmente) a *irreversibilidade* associada às probabilidades de ocorrência dos eventos, o aumento da entropia no sentido físico, vem sendo investigada e amplamente discutida.

Na Química e, recentemente, na Biologia, ou em ciências imbricadas como a Físico-Química, a Biofísica e a Bioquímica, o interesse pelas grandes questões a respeito dos pares ordem/desordem e acaso/necessidade (leis) é cada vez maior e mais abrangente, com ampla participação de teóricos das Ciências Humanas e Sociais, uma vez que seus "objetos de pesquisa" são por natureza vivos, distantes do equilíbrio termodinâmico, abertos, complexos e nunca redutíveis às idealizações da mecânica pioneira dos séculos XVII e XVIII e à termodinâmica clássica dos sistemas próximos ao equilíbrio. Contudo, sabe-se que

> *é possível, na química do laboratório e em condições especiais, produzir sistemas que, estando fora do equilíbrio termodinâmico, produzem reações que geram ordem a partir da desordem, desde que estruturas dissipativas eficientes permitam expulsar, para o meio externo, energia em forma desordenada* (Lins e Barros, in El-Hani e Videira, 2000, p. 205).

A entropia é uma grandeza com interpretação microscópica vinculada à natureza probabilística dos eventos — movimento randômico de partículas — e à hipótese atômica. Essa interpretação foi formulada inicialmente por Boltzmann (1844-1906), antes das descobertas das primeiras partículas microscópicas (fótons X em 1895 e elétrons em 1896).

O campo de conhecimento da *mecânica estatística* pode ser considerado revolucionário, embora ainda pertença à Física clássica, porque é indicativo de uma crise do conhecimento não percebida pelos cientistas pioneiros, no final do século XIX. Essa é uma das passagens da história da ciência que evidenciam a força das "proposições temáticas" (Holton, 1979).
À semelhança da matemática como linguagem da natureza, para Galileu, de nosso mundo ser o melhor possível, segundo Leibniz, do compromisso entre as leis da natureza e critérios estéticos, segundo Einstein (Ruelle, 1993, p. 155), a "hipótese atômica" é uma das proposições do par temático antitético *contínuo—descontínuo* (Holton, 1979), para Boltzmann.

Como se trata de uma desigualdade — entropia sempre crescente ou variação de entropia sempre positiva ou nula nos sistemas isolados —, essa formulação inaugura, em época anterior à Física moderna e contemporânea, um conjunto de leis não identitárias, como as da incerteza (Heisenberg) e da exclusão (Pauli), de época posterior. As propostas singulares de Boltzmann para o mundo atômico estavam adiante de seu tempo e não foram bem-aceitas por seus colegas mais influentes.

É preciso ficar claro que a relação entre entropia e desordem é muito bem definida e mensurável no campo da Física e que o crescimento daquela, sendo de natureza estatística, não impede seu decréscimo em determinadas situações e contextos em que as estruturas ordenadas prevalecem, tanto na fenomenologia da natureza (sólidos cristalinos, estrelas em determinadas condições, sistemas vivos) como tecnológicos (geladeiras, condicionadores e computadores). Na vizinhança desses sistemas, obrigatoriamente abertos, haverá seguramente um acréscimo de entropia suficiente para superar os decréscimos dos vizinhos organizados, com um saldo em favor da desigualdade positiva que necessariamente segue o segundo princípio da termodinâmica.

Relógios químicos e biológicos associados a estruturas dissipativas vêm sendo cuidadosamente investigados (Prigogine e Stengers, 1984) em vista da construção de modelos iniciais, primários, reduzidos, da fenomenologia complexa dos sistemas altamente organizados, particularmente dos sistemas vivos.

A irreversibilidade decorrente do crescimento da entropia está intimamente relacionada à seta do tempo, impondo restrições às equações de movimento das partículas microscópicas — restrições não previstas anteriormente, porque as idealizações da mecânica permitem a reversibilidade, como afirmamos no início desta discussão.

Sistemas altamente organizados são constituintes da matéria e da radiação no universo em muitas escalas, em situações de equilíbrio que muitas vezes se apresentam como estáticas, mas que não o são necessariamente, quando são ampliadas as escalas de tempo: histórica, biológica, geológica, cosmológica. Estrelas, cristais, estruturas moleculares gigantes são exemplos de sistemas em equilíbrio estacionário. Partículas são quase todas instáveis; algumas decaem em intervalos curtíssimos (certos mésons, em poucos nanossegundos), outras em minutos, como o nêutron isolado. Átomos são formados com distribuições alternativas de partículas constituintes, os isótopos, que apresentam propriedades distintas e meias-vidas também distintas. Alguns elementos, como o urânio, têm isótopos com meia-vida de bilhões de anos. Até hoje, somente o próton está imune à verificação de instabilidade, e mesmo assim sua meia-vida pode ser hipoteticamente muito longa, superior até à idade do universo, e talvez não tenha sido observada ainda... A rigor, não se pode garantir a estabilidade dessa partícula para sempre. Destarte, sabe-se hoje que nosso universo, para além de interativo, é também mutante. Os inúmeros sistemas são instáveis, ainda que na perspectiva mais remota de tempo; particularmente, os sistemas mais organizados são mais instáveis, daí sua luta incessante para não se decomporem em aglomerados químicos mais estáveis.

Paul Davies aposta na hipótese da informação para a biogênese, em oposição à hipótese química majoritária. Vida no fundo da Terra; possível origem também em Marte ou mesmo nos cometas.
O princípio antrópico: "Dado que existe um observador, o universo tem as propriedades requeridas para gerá-lo".
Segundo Reeves, o polêmico princípio não explica nossa relação de interdependência com o universo e sua evolução, mas pelo menos a justifica:
"A potência elaboradora da matéria visivelmente tem seus limites; não se manifesta em qualquer parte. Devemos admitir que as propriedades do universo 'autorizam', pelo menos em certos locais, o aparecimento do observador" (Reeves, 1998, p. 149).

E a vida?

Dos sistemas organizados, o mais extraordinário e singular, por ora limitado a nosso planeta, é a *vida*.

O que é vida? Essa é uma excelente questão de pesquisa, formulada por Schrödinger em 1944, que contribuiu para o surgimento de um novo campo de saber científico: a Biologia Molecular.

Longe de querer enfrentar o desafio contemporâneo de definir *vida*, vamos a seguir discuti-la, nos moldes propostos neste texto, à luz das investigações mais recentes, dos avanços e, naturalmente, dificuldades, sobretudo as impostas por tais avanços.

Sabe-se que a vida surgiu na Terra há cerca de 4 bilhões de anos, mas ainda não se sabe *como* ela surgiu. Provavelmente, na época, o cenário era muito mais inóspito do que possam ter sugerido imaginações bastante férteis. Um oceano de água quente cobria quase tudo. Não havia ainda os continentes e a atmosfera era muito densa e "venenosa", oferecendo poucas possibilidades de dias claros, que, quando ocorriam, eram muito quentes, com alta densidade de radiação ultravioleta. Meteoritos provocavam enormes ondulações, e poucos vulcões aflorados expeliam mais gases "tóxicos" (Davies, 2000, p. 25-26).

Por mais incrível que pareça, a vida pode ter começado no fundo do oceano vulcânico quentíssimo, longe do céu azul e do ar. Esse cenário, especulado por Davies em *O quinto milagre*, seria mesmo uma heresia, se concebido há 20 anos, mas hoje é admissível. A Bioquímica e a Biologia Molecular mostraram que formas primitivas de vida certamente passaram por lá, embora a vida possa ter surgido alhures, até mesmo ter vindo do espaço, no também suposto fenômeno da panspermia. Esse problema fascinante, central para todas as pessoas, para a ciência, a Filosofia e a religião, ainda está para ser mais equacionado e "resolvido". Mas já não persistem dúvidas sobre *quando começou a vida na Terra*: foi há cerca de 4 bilhões de anos!

Considerando que a Terra se originou mais provavelmente há cerca de $4{,}6.10^9$ anos e que as primeiras evidências de vida remontam a $3{,}6.10^9$ anos, podemos afirmar que a história de nosso planeta é vinculada à dos sistemas vivos, dos mais elementares aos mais evoluídos, em 80% de sua existência.

Voltando à singularidade da vida, tudo indica que estamos muito equivocados se ainda pensamos ser e ter sido o processo da fotossíntese a única fonte de energia para os seres vivos. Os indicadores mais remotos do aumento de oxigênio na atmosfera — minérios primevos de óxido de ferro — não superam 2,7 bilhões de anos, época muito mais recente do que a da origem da vida em nosso planeta. É possível que moléculas replicantes iniciais tivessem base geoquímica, formadas por reações no interior e/ou na superfície da Terra, não somente na atmosfera.

> *A princípio, formas estritamente geoquímicas de vida são perfeitamente possíveis... Todos os seres vivos devem a existência a uma situação de intermediários na conversão de energia de alta temperatura — radiação solar ou energia geoquímica — em radiação de baixa temperatura — radiação em equilíbrio com a temperatura da superfície terrestre. É este fluxo de energia que sustenta a biosfera — conjunto de todos os seres vivos* (Maddox, 1999, p. 145-146).

Vida individual e vida coletiva precisam despender energia para assim se manterem. Isso não implica gastos maximizados nem aumentos substantivos da entropia nos sistemas vivos, nem mesmo em sua vizinhança mais próxima, em pequena escala. Vale lembrar aqui tanto a conservação das múltiplas formas da energia no universo como sua degradação, em face da irreversibilidade e da probabilidade maior do aumento da entropia nos sistemas isolados. Em outras palavras, a impossibilidade de o calor ser convertido integralmente em energia de outras formas, particularmente a mecânica. Como já afirmou Wigner há meio século, "a vida é uma ilha, aqui e agora, num mundo agonizante".

Algumas regularidades são impressionantes. Todos os organismos que hoje habitam a Terra vivem em maior ou menor regime de interdependência. Pelos estudos do *código genético* iniciados em meados do último século, sabe-se hoje que esse código é o mesmo, com poucas exceções, para todos os seres vivos. Bactérias localizadas em fundos de poços de petróleo (bacia de Paris na Europa, Camarões na África) vivem à temperatura média de 70°C e alimentam-se de sulfatos e

Tabela 1: Períodos geológicos

Era	Período	Época	Principais eventos biológicos	Milhões de anos
CENOZOICO	Quaternário	Holoceno Pleistoceno	Tempo histórico e pré-histórico Evolução do homem	1,8
	Terciário	Plioceno Mioceno Oligoceno Eoceno Paleoceno	Idade do ferro Ancestrais do homem-prossímios Domínio das angiospermas (surgimento das gramíneas) Propagação dos mamíferos, pássaros e insetos polinizadores	6,5
MESOZOICO	Cretácico		Extinção dos dinossauros e répteis voadores no continente, extinção de répteis aquáticos e amonites no mar Aparição e propagação de plantas com flores	145
	Jurássico		Grande desenvolvimento de amonites no mar Expansão dos dinossauros Aparição das aves Bosques gigantes de Coníferas, Cicas e Ginkgos	210
	Triássico		Aparição dos Dinossauros e mamíferos Vegetação dominada por Gimnospermas Répteis mamiferoides Expansão dos insetos	250
	Pérmico		Primeira catástrofe do ecossistema terrestre, com grande extinção marinha terrestre Extinção dos Trilobitos Diversificação de répteis primitivos	290

Era	Período	Época	Principais eventos biológicos	Milhões de anos
PALEOZOICO	Carbonífero		Primeiros répteis. Anfíbios dominantes. Bosques extensos Início de glaciação no hemisfério austral	360
	Devônico		Expansão dos bosques primitivos Primeiras plantas com semente Primeiros anfíbios e insetos Diversificação de peixes com esqueleto interno	408
	Silúrico		Diversificação de peixes com mandíbula Primeiras plantas terrestres e artrópodes Diversidade de peixes sem mandíbulas	438
	Ordovícico		Grande diversificação da vida oceânica Trilobitos. Primeiros vertebrados. Abundantes algas marinhas	505
	Câmbrico		Expansão dos organismos com esqueleto externo Origem de quase todos os vertebrados Diversas algas	590
PROTEROZOICO	Precâmbrico		Primeiros organismos multicelulares Primeiras algas verdes Início da fotossíntese Procariotas: primeiras bactérias	3500
AZOICO	Consolidação da terra			4600

Figura 4: Placas tectônicas

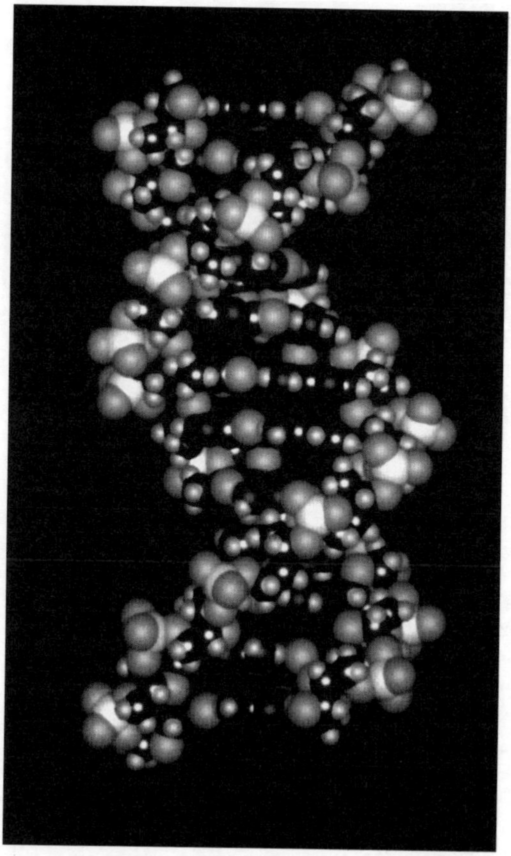

hidrocarbonetos. São fósseis vivos ao que tudo indica, mas seu código genético é o mesmo daquelas que se abrigam em nosso intestino (Maddox, 1999, p. 140-141). Vida atual em sítios antes considerados inóspitos continua a ser constatada: lagos salinos e proximidade de vulcões ativos.

Definições ligeiras e coloquiais de *vida*, tributárias de todas as culturas e do conhecimento científico de outros tempos, se fossem ainda válidas, não nos possibilitariam diferenciar seres vivos de cristais e de estrelas.

Muitos biólogos são céticos quanto à importância de conceituar *vida*, porque as tentativas têm sempre resultado em fracasso, não sendo possível para esse conceito a partilha de um conjunto mínimo de propriedades essenciais. Autores reconhecidos, como Monod, Duvet e Mayr, apresentam números distintos de propriedades essenciais; consequentemente, divergem na classe das propriedades. Outra razão para o ceticismo é que uma tendência experimentalista tem acompanhado esse campo de conhecimento nos últimos tempos. Uma especulação teórica ou mesmo metafísica, contrastada com os "fatos" da pesquisa experimental, não contribuiria para os desejáveis avanços, nessa perspectiva pragmática. Porém, "*se a relevância da biologia teórica for devidamente reconhecida, pode não ser possível escapar do problema da definição da vida*" (Emmeche e El-Hani, in El-Hani e Videira, 2000, p. 31-32).

www.fapesp.br/projetogenoma

No entanto, os *Projetos Genoma* de bactérias, vegetais diversos, mamíferos e do ser humano continuam as investigações para o mapeamento genético, no interesse da saúde, da agricultura, do armazenamento alimentar e, como não poderia deixar de ser, no interesse de países em manter ou alcançar a liderança científica e tecnológica em alguma frente de pesquisa e no interesse financeiro de países e grandes grupos econômicos pelo registro das patentes de produtos os mais variados.

A clonagem — atividade que, para o mundo animal, era sonhada há cerca de 20 anos — ocupa hoje espaços inéditos nas agências de fomento à pesquisa, nas universidades e laboratórios de investigação e, sobretudo, na mídia. Riscos, benefícios, comportamento ético e até exibicionismo de alguns cientistas que insistem em ganhar notoriedade (em geral mais na mídia que nas instituições de pesquisa de vanguarda) convivem diariamente nos noticiários impressos e eletrônicos de todo o mundo.

Computadores cada vez menores e mais potentes, conectados em redes internas e externas, facilitam enormemente o trabalho dos Projetos Genoma e similares. Toda a biologia molecular está codificada em séries que obedecem à lógica dos *bits*, enormes bancos de dados que, no limite, são grupamentos de zeros e uns... Essa codificação é regular também para os demais ramos das ciências, seja para digitar um texto, seja para codificar uma sequência genética ou uma fotografia de aglomerados celestes obtida por um telescópio orbital de raios γ.

A aventura humana caminha celeremente para alcances inéditos, tais como os *chips* biológico e quântico, progressos no campo da inteligência artificial e das chamadas Ciências da Cognição, os quais permitem ao ser humano conhecer um pouco mais o universo e talvez, sobretudo, a si mesmo, visto que a mente humana e o *locus* de toda criação cognitiva, o cérebro, são ainda muito pouco conhecidos, ainda que tenha havido avanços significativos nesse sentido nos últimos 20 anos.

II

Instrumentação para o ensino

Ciência e Ciências na escola

1. Aprofundamento para estudo

Contexto da produção científica

Tendo por objetivo uma melhor compreensão da *visão de ciência como atividade humana sócio-historicamente determinada* e também a desejável adesão dos alunos a essa concepção, grupos de alunos devem elaborar trabalhos e seminários considerando aspectos dessa temática que podem ser explorados. A referência a seguir constitui um auxiliar básico que possibilita ao professor organizar, dirigir e mediar essa atividade.

FOUREZ, Gérard. *A construção das ciências*. São Paulo: Editora da Unesp, 1995.

Diversos títulos dos capítulos desse livro são sugeridos como assuntos a ser desenvolvidos:

- Perspectivas sócio-históricas sobre a ciência moderna;
- Ciência e ideologia;
- Ciências fundamentais e ciências aplicadas;
- Ciência, poder político e ético.

Veja também:

ZIMAN, John. *Conhecimento público*. Belo Horizonte: Itatiaia, 1979.

2. Exemplares

Escalas

Ordens de grandeza e indicadores de escala auxiliares para aprofundamento e outras possíveis leituras das questões lançadas e discutidas no texto do Capítulo I da 2ª Parte.

As tabelas apresentadas a seguir estão mais dirigidas aos interesses e níveis cognitivos dos docentes de Ciências, devendo constituir fontes para arranjos, adaptações e reconstruções com os alunos. Como a grande maioria dos professores em exercício no ensino fundamental é egressa de licenciaturas específicas — particularmente Biologia —, lembramos que as grandezas, as unidades e os tópicos escolhidos são essencialmente multidisciplinares e merecem ser apreendidos com familiaridade, ainda que não tenham sido estudados dessa maneira nos cursos de formação inicial de graduação.

Dificuldades de compreensão e acompanhamento são típicas da média dos estudantes, em razão da idade e da escolaridade. A partir do 8º ano, com a média dos alunos na faixa etária superior aos 12 anos, podem-se iniciar abordagens semiquantitativas com potências de dez, com o devido reforço dos colegas professores de Matemática.

Para os professores de Ciências nos cursos regulares ou não formais de educação de jovens e adultos, lembramos que a idade e a experiência de vida são variáveis mais relevantes do que a escolaridade, e os assuntos a seguir podem e devem ser tratados com os devidos cuidados, de modo que se evitem, a todo custo, memorizações e retenções indevidas. Lembramos que o conhecimento que desejamos socializar — ciência e tecnologia, com o auxílio da linguagem materna e formal/simbólica/matemática — não pode ser apreendido com apoio exclusivo de nossa memória de curto prazo; sempre é fundamental exercitar os níveis mais sensíveis da memória de longo prazo, apoiada pela argumentação, coerência lógica, conceituação e relações abstratas.

Tabela 2: Ordens de grandeza de massa

Massa (kg)	Objeto
10^{40}	Galáxia
10^{30}	Sol
10^{24}	Terra
10^{22}	Lua
10^{12}	Grande montanha
10^{8}	Petroleiro
10^{3}	Elefante
10^{2}	Homem adulto
10^{0}	Litro de água
10^{-1}	Caneta
10^{-2}	Selo postal
10^{-6}	Traço a lápis
10^{-13}	Glóbulo vermelho
10^{-22}	Molécula de proteína
10^{-26}	Molécula de oxigênio
10^{-27}	Próton
10^{-30}	Elétron

Tabela 3: Ordens de grandeza de comprimento

COMPRIMENTO (m)	
10^{16}	Distância da Alfa do Centauro, estrela de 1ª grandeza "próxima" à Terra
10^{11}	Distância da Terra ao Sol
10^{7}	Raio da Terra
10^{2}	Extensão de um quarteirão
10^{0}	Altura de uma criança
10^{-2}	Diâmetro de um lápis
10^{-4}	Espessura de uma folha de papel
10^{-5}	Diâmetro de um glóbulo vermelho do sangue
10^{-10}	Raio médio de um átomo
10^{-14}	Raio médio de um núcleo

Tabela 4: Ordens de grandeza de tempo

Intervalo de tempo (s)	
10^{18}	Vida suposta do Sol
10^{16}	Revolução solar em torno da galáxia
10^{15}	Época dos dinossauros até hoje
10^{13}	Primeiros homens até hoje
10^{11}	Princípio da era cristã até hoje
10^{10}	Descobrimento da América até hoje
10^{9}	Duração da vida de um ser humano
10^{7}	Um ano
10^{6}	Um mês
10^{5}	Um dia
10^{2}	Um minuto
10^{0}	Duas batidas consecutivas do coração humano
10^{-2}	Rotação das pás de um ventilador elétrico
10^{-3}	Batida das asas de uma mosca
10^{-7}	Viagem de um feixe eletrônico do catodo à tela do televisor
10^{-16}	Rotação do elétron em torno do próton num átomo de hidrogênio

Tabela 5: Grandes sínteses e unificações da ciência

Unificação	Teoria	Autores principais
Leis naturais no céu e na Terra	Gravitação	Newton
Conservação da massa	Química	Lavoisier
Calor, mecânica, eletricidade	Físico-Química	Mayer, Joule
Eletricidade, magnetismo e óptica	Eletromagnetismo	Faraday, Maxwell
Zoologia, Botânica...	Biologia/evolução	Darwin
Espaço, tempo, massa e gravidade	Relatividade	Einstein
Física, Química e Ciências dos Materiais	Física Quântica	Bohr, Heisenberg, Schrödinger
Neguentropia, computadores		Von Newman, Wigner
Núcleo atômico e fenômenos subnucleares	Campo Unificado (?) ou Nova Física (?)	(?)

A escada quântica

TÓPICOS	FAIXAS DE ENERGIA (eV)	LOCALIZAÇÃO PRINCIPAL
Mundo atômico e molecular: química, óptica, materiais, biologia, complexidade ordem/desordem	> 1000	Terra e planetas de outras estrelas
Mundo nuclear: radioatividade, reações nucleares, fissão, fusão	10^5 — 10^7	Interior de estrelas
Mundo subnuclear	10^8 até ?	*Big bang*, estrelas de nêutrons, desconhecido

Níveis estruturais fundamentais de matéria

	Partículas	Força	Energias (eV)
Matéria	Átomos, moléculas	Química	10^0
Átomo	Elétrons, núcleos	Elétrica	$10 — 10^2$
Núcleo	Prótons, nêutrons	Nuclear	10^6
Núcleon	Quarks	"Forte"	10^9

Condicionamentos da elementaridade das partículas

Partículas	Limites de energia (eV)
Moléculas, fótons	$< 10^{-1}$
Átomos, fótons	$< 10^0$
Núcleos, elétrons, fótons	$< 10^4$
Prótons, elétrons, fótons	$< 10^9$
Quarks, elétrons, múons, tauons, W, Z, glúons, fótons	$> 10^9$

Classificação das estrelas

Classe espectral	Exemplos	Cor	Temperatura da Superfície (K)	Energia/ Fóton na Superfície (eV)
O	Lacertea	Azul	$(>3,0 — 6,0+).10^4$	4,5
B	Rigel	Azul	$(1,0 — 3,0+).10^4$	2,0
A	Sirius, Veja	Azul	$(7,5 — 10).10^3$	1,0
F	Canopus, Polaris	Azul > Branca	$(6,0 — 7,5).10^3$	0,7
G	Sol, Capela	Branca > Amarela	$(5,0 — 6,0).10^3$	10^{-1}
K	Aldebaran, Arcturus	Laranja > Vermelha	$(3,5 — 5,0).10^3$	$4,5.10^{-2}$
M	Betelgeuse	Vermelha	$< 3,5.10^3$	$<3,5.10^{-2}$

Exemplo de escala logarítmica — Richter/terremotos

Número Richter — aumento em magnitude	Energia liberada (aproximada) pela Massa TNT
1 — 1	170 g
2 — 10	6 kg
3 — 10^2	180 kg
4 — 10^3	5 toneladas métricas
5 — 10^4	180 toneladas métricas
6 — 10^5	6.10^3 toneladas métricas
7 — 10^6	180.10^3 toneladas métricas
8 — 10^7	6.10^6 toneladas métricas

3. Desafios

A formação de grupos de estudo entre docentes e também com alunos mais interessados e a busca/aquisição de novos dados são atividades oportunas e pertinentes.

EXEMPLOS PROPOSTOS:

- Energia e metabolismo no corpo humano e de mamíferos, armazenamento por fotossíntese...
- Possibilidades e limites de utilização otimizada de energia solar na região da escola.
- Localizar (na região ou em outros cenários) projetos experimentais com recursos energéticos obtidos da biomassa, particularmente na zona rural.
- Discutir o consumo de outras fontes de energia, particularmente as utilizadas em veículos motorizados: derivados de petróleo e álcool da cana-de-açúcar.

- Um assunto mais misterioso e desafiante: sabe-se que há pouca abundância de fósforo na superfície terrestre, que os importantes minérios de fosfato são sedimentares ou incrustados em rochas primárias; sabe-se também da presença de fósforo nas estruturas de DNA e RNA e na molécula ATP, reservatório de energia das células, um componente quase universal e provavelmente muito antigo dos seres vivos. Exercitar essas informações à luz da suposição de que a vida primitiva na Terra é muito provavelmente anterior à presença do oxigênio na biosfera.

3ª PARTE

ALUNO, CONHECIMENTOS ESCOLARES E NÃO ESCOLARES

I

Aluno: sujeito do conhecimento

1. Cenas e questões de um cotidiano escolar

Você preparou bem sua aula: reviu o conteúdo, organizou uma sequência de explicações, partindo do mais simples para o mais complexo, buscou exemplos práticos para os conceitos que vai apresentar, pensou em como relacionar o que vai trabalhar com a aula de laboratório prevista para esta semana, teve até tempo de buscar vídeos e imagens para ilustrar sua exposição. Selecionou exercícios para resolver em sala e para os alunos fazerem em casa, com um questionário sobre os principais pontos que você mesmo elaborou.

"Hoje a aula vai ser ótima... Vai ser uma boa estreia na nova escola", pensou.

Na sala dos professores, você toma um café, enquanto conhece os novos colegas. Um leve frio na barriga, você está um pouco ansioso, mas todo primeiro dia de aula é assim.

Entra na sala de aula animado e depara com uma zoeira geral: 40 garotos e garotas, entrando na adolescência, muito mais ansiosos que você com a estreia do novo professor, dividem-se entre os que já estão escrevendo bilhetes uns para os outros, os que falam sem parar com os colegas vizinhos, os que estão rigidamente sentados com o caderno aberto e a caneta em punho nas carteiras da frente e os que estão em pé ao fundo, falando alto e descaradamente, ignorando que você está na sala.

Você respira fundo, pega seu diário de classe e inicia a chamada, para pôr ordem no espaço. Assim que se calam, começa imediatamente "sua aula".

O que acontece daqui para a frente depende um pouco das particularidades de sua turma, da escola e, sobretudo, de algo que no dia a dia chamamos de "domínio de sala", apesar de nunca nenhum professor de Didática ter falado sobre isso em suas aulas.

Em um resumo rápido, podemos dizer que, se você tem bom "domínio de sala" e/ou condições favoráveis de turma e de escola, vai conseguir driblar as provocações e os desafios da turma do fundo e obter silêncio suficiente para cumprir, pelo menos em grande parte, o que havia planejado. Se as condições não existirem, ou se as provocações o deixarem inseguro, é provável que sua estreia seja marcada por um bate-boca com os "alunos-problema", talvez até tenha de pôr um deles para fora da sala... Outra possibilidade é você tentar ganhar-lhes a simpatia, abrindo espaço para perguntarem sobre sua vida pessoal ou sobre as últimas novidades do telejornal ou da novela da noite anterior, e, quando perceber, pegar-se contando casos ou dando sua opinião sobre os acontecimentos mais recentes, sem ainda ter começado a "aula".

Geralmente, as coisas caminham em uma ou em outra direção até que chega a primeira avaliação, e — com raras e honrosas exceções — é aí que nós, professores, "caímos na real": depois de tanto esforço, a sensação é de o resultado ter ficado muito aquém do esperado.

Os alunos erraram questões óbvias que você pôs na prova só para ajudar, muitos respondem de uma forma que mostra que não sabem ler e nem sequer entenderam a questão proposta... Se você usou algum gráfico ou tabela, pediu algum raciocínio que envolvesse valores numéricos ou pediu a aplicação dos conceitos a uma situação nova, aí então é que o desastre foi geral. Às vezes, dá até vontade de desistir: tantas vezes a gente repetiu uma informação em sala de aula, indicou os exercícios, explicou de diferentes formas, e tanta gente erra uma questão dessas...

Que fazer? Na maioria das vezes, enfrentamos o desânimo confortando-nos com os dois ou três alunos que conseguiram fazer boas provas e passamos a "dar aula" para os bons alunos.

"Afinal, são os únicos que são sérios na turma, que querem estudar; não vou perder meu tempo com um bando de preguiçosos que não querem nada!", pensamos.

Ou vamos desanimando e deixando de preparar as aulas, entrando no ritmo de "empurrar com a barriga", já que ninguém quer nada mesmo, nem os alunos nem a escola.

"É um caos. O diretor não liga para o que está acontecendo, e, se eu não comprar atrito com a turma, não vai haver problemas com a administração — é isso que eles querem inventar."

Rapidamente estamos fazendo parte do coro de reclamações, na sala dos professores, sobre falta de preparo anterior dos alunos, salário, falta de condições de trabalho. Nem sequer achamos ser possível participar das lutas para melhorar essas condições. Até que, um dia, nem mais disso reclamamos: aproveitamos o intervalo para fugir desse inferno que é ser professor e passamos a conversar somente acerca das dificuldades de casa, das últimas fofocas, quem está com quem, comprar joias da auxiliar da secretaria ou bebidas importadas do rapaz da xerox, que faz um preço tão barato e divide de forma que podemos pagar.

E os alunos?

— Bem, o problema é dos pais deles... Muitos são assim mesmo, porque a família não cuida; alguns nem sequer têm família, imagine!

A gente esquece que já teve 12, 13, 14 anos... Ou, quando nos lembramos, é para dizer quanto éramos diferentes de nossos alunos, como conseguimos superar todas as adversidades para chegar aonde estamos com nosso esforço e como eles não querem nada, não vão ser nada mesmo.

Esquecemos a ansiedade que sentíamos em relação a nossa capacidade de aprender, o que nossos colegas pensavam de nós, as expectativas de nossos pais sobre nosso desempenho escolar.

Esquecemos, até, porque, às vezes, ainda sofremos quando nos lembramos de como tínhamos medo de ser rejeitados por falar uma asneira em sala de aula, de que a mudança era tão grande em nosso corpo e em nossos sentimentos, que às vezes acreditávamos que iríamos morrer ou não conseguiríamos nunca mais ir à escola depois de um vexame. Esquecemos quanto, outras vezes, fomos agressivos, porque tínhamos a impressão de que todos queriam nos sufocar, que estávamos excluídos do mundo, que ninguém nos entendia. Ou como a escola era sufocante, cheia de regras e proibições, como ansiávamos por poder "viver", estar "lá fora", onde as coisas aconteciam, e não ter de decorar um monte de nomes e informações sem sentido.

Queríamos um lugar para poder conversar sobre nossa vida, sobre a dificuldade de assumir os papéis de homem e de mulher, sobre como enfrentar o desencontro entre as coisas novas que estávamos vivendo, às vezes na própria escola, e os valores e a forma de entender a vida existentes em nossa casa ou no ambiente em que fomos criados. Aproveitávamos todas as oportunidades para conversar com os colegas, já que nunca essas questões eram tratadas em aula.

Se nos lembrarmos e soubermos de nossos colegas de escola, os que continuaram a estudar, os que pararam, os que se tornaram marginais, os que são infelizes, desencontrados, vamos ver que muitos dos que considerávamos brilhantes (ou eram assim considerados pelos professores) nem sempre se deram bem na vida e que alguns dos bagunceiros, pelos quais ninguém dava nada, depois se ajeitaram e estão hoje com uma vida organizada.

E o que, de fato, aproveitamos e usamos hoje do conhecimento que fomos obrigados a estudar na escola? O que lembramos tem utilidade para nossa vida fora do espaço escolar? O que, de fato, aprendemos, ou seja, aquilo de que nos apropriamos e podemos usar para compreender e intervir? E o que aprendemos em aula? O que só aprendemos, de fato, quando começamos a ensinar? O que aprendemos quando discutíamos com nossos colegas, quando fazíamos trabalhos juntos ou quando ensinávamos nosso irmão ou amigo mais novo?

Quanto tempo e esforço para perceber uma relação que hoje achamos óbvia e que, muitas vezes, só fomos entendê-la anos depois do término de nossos estudos sobre ela. Quanta coisa ainda hoje repetimos como papagaios, até que alguém nos faz uma pergunta inesperada e descobrimos que, de fato, não sabemos o que estamos dizendo. Às vezes, a curiosidade despertada faz com que voltemos aos velhos livros ou busquemos novos, ou simplesmente fiquemos a matutar, fazer esquemas, pensar sobre a pergunta até conseguirmos resolvê-la ou decidirmos abandoná-la de vez.

Por que vamos atrás de pensar, "perdendo tempo" com uma coisa que, muitas vezes, não é uma necessidade imediata? O que nos faz querer resolver uma situação só porque ela parece paradoxal? Alguma coisa nos move a buscar novos conhecimentos. Quem não se lembra do prazer que é o *insight*, a percepção repentina, a compreensão que parece vir pronta, de uma vez só, de uma questão que nos incomodava já há algum tempo? Às vezes, ocorreu quando estávamos só remoendo ideias; outras vezes, foi algo que alguém disse (nem sempre o professor da matéria); outras, um texto ou imagem que permitiram uma síntese ou a reorganização de aspectos que víamos anteriormente como isolados. Para os professores, é muito comum isso ocorrer em sala de aula, quando estamos nos esforçando para ensinar. Ao falarmos, parece que tudo se torna claro, pelo menos para nós.

De novo esquecemos os alunos, empolgamo-nos com nosso próprio processo. Falamos sozinhos, muitas vezes escrevendo no quadro, sem nem sequer olhar para a turma. Mergulhamos em nossa empolgação de estar recriando, muitas vezes aprendendo, nosso tema de aula e esquecemos até o que estamos fazendo ali na sala, sobretudo nós, professores de Ciências.

No fundo, porém, nossa gratificação maior, o que dá sentido a nossa presença na sala de aula, é ver os alunos aprenderem, ver como estão crescendo e descobrindo novos mundos, por nossa causa. Aí vem o desânimo, quando a realidade nos mostra que isso não acontece ou, pelo menos, não acontece o tanto que desejávamos.

Qual de nós ainda não sonhou em fazer diferença na vida dos alunos, como os professores dos filmes e da literatura? Quem não se viu nenhuma vez

A formação do professor de Ciências, de modo geral, privilegiou o aprendizado de conteúdos específicos de sua licenciatura — na maior parte dos casos, em Ciências Biológicas —, aprendidos de forma fragmentada em disciplinas separadas durante sua graduação e, com frequência, independentemente de qualquer discussão sobre seu significado filosófico, sobre seu papel histórico e sobre os processos de ensino. Por ser um conhecimento muito articulado, acaba prevalecendo um entendimento do ensino de Ciências Naturais que *"enfatiza o raciocínio lógico e explanações corretas sobre conhecimentos anteriormente confirmados como definitivos e verdadeiros; enfatizando a observação e aplicação do método científico em sala de aula; desconsiderando o conhecimento prévio do aluno"* (Harres, 1999). Sobre as concepções de ensino e de ciências dos professores de Ciências, vale a pena consultar: HARRES, J. B. S. Uma revisão de pesquisas nas concepções de professores sobre a natureza da ciência e suas implicações para o ensino. *Investigações em Ensino de Ciências* — Revista do Instituto de Física da UFRGS, Porto Alegre, v. 4, n. 3, dez. 1999. Versão eletrônica: <www.if.ufrgs.br/public/ensino/vol4/n3>.

como o professor que vence todas as dificuldades e resistências e termina sendo amado até pelos alunos mais rebeldes? Ou como o professor que é lembrado, no futuro, como o que deu a oportunidade para determinado sujeito mudar de vida ou lhe ensinou aquilo que ele, de fato, precisou para se estabelecer na vida?

E qual de nós não se assusta com o índice de evasão escolar, com o fato de que ainda é muito grande o contingente de pessoas que passam pela escola, mas não permanecem, com o quadro dos índices globais da educação brasileira? Na hora em que uma manchete de jornal nos joga um desses índices na cara, em que vemos o aumento crescente da desigualdade social, não conseguimos manter nossa fleuma e dizer que não temos nada que ver com isso, que o problema é dos alunos, das famílias, da direção da escola, do governo. Quando reconhecemos um aluno ou ex-aluno em um assalto ou descobrimos, anos mais tarde, que foi responsável por um desfalque, ou mesmo que se suicidou, fica, como uma agulha nos cutucando, a ideia de que estamos sendo cúmplices dessa situação, por mais incômoda que essa ideia nos pareça.

No fundo, se olharmos bem, o que nos mantém nessa profissão é o que acontece com os alunos. E quão facilmente esquecemos isso, em nosso dia a dia...

Quando descrevemos o quadro inicial, se você acompanhar com cuidado, vai perceber que os alunos só foram objeto da preocupação do professor quando "atrapalharam" a programação que havia feito... E, mais fortemente, quando não corresponderam às expectativas iniciais sobre seu desempenho.

É muito comum estarmos tão centrados nas exigências de nossa matéria, da escola, de nosso próprio processo de compreensão, que "esquecemos" os alunos. Ou, pelo menos, pensamos neles de forma genérica, como uma categoria, e não como pessoas concretas, com desejos, aspirações, dificuldades, capacidades... Despersonalizamos nossa relação, esquecendo que quem vai nos amar, quem vai ter sucesso em nossas provas são pessoas concretas, com nome, sobrenome, história de vida...

Sabemos pouco sobre nossos alunos: quem são, o que esperam da escola, o que os preocupa, como aprendem, como podem vir a ter prazer na aprendizagem.

Este capítulo pretende refletir um pouco sobre isso. Quem é esse nosso aluno? Como ele aprende? Como essas considerações intervêm em uma sala de aula, onde não trabalhamos individualmente com cada aluno, mas com uma turma?

2. Sujeito do conhecimento: o entorno e a aprendizagem

Talvez o primeiro ponto seja reconhecer que esse aluno é, na verdade, o sujeito de sua aprendizagem; é quem realiza a ação, e não alguém que sofre ou recebe uma ação. Não há como ensinar alguém que não quer aprender, uma vez que a aprendizagem é um processo interno que ocorre como resultado da ação de um sujeito. Só é possível ao professor mediar, criar condições, facilitar a ação do aluno de aprender, ao veicular um conhecimento como seu porta-voz. É uma coisa tão óbvia, que, às vezes, se deixa de levá-la em consideração.

O segundo ponto, talvez tão óbvio e tão esquecido quanto o primeiro, é que, se a aprendizagem é resultado de ações de um sujeito, não é resultado de qualquer ação: ela só se constrói em uma interação entre esse sujeito e o meio circundante, natural e social.

Figura 5

Sabe-se, com base na vivência cotidiana, que as pessoas aprendem o tempo todo. Instigadas pelas relações sociais ou por fatores naturais, aprendem por necessidades, interesses, vontade, enfrentamento, coerção. Sabe-se até que aprendem não só tópicos e assuntos, conhecimentos no sentido mais tradicional, mas também habilidades manuais e intelectuais, o relacionamento com outras pessoas, a convivência com os próprios sentimentos, valores, formas de comportamento e informações, constantemente e ao longo de toda a vida.

Contudo, quando se fala de situações organizadas de ensino, como as que ocorrem na escola, parece que só o aluno está ali para aprender, como se os professores não estivessem aprendendo todo o tempo também... Dirige-se toda a preocupação para o desempenho docente, sem considerar os efeitos que ele está tendo sobre os alunos — sem pensar, de fato, em que tipo de aprendizado se está propiciando e por que se está investindo nessa forma de ensinar. Grande parte das ações que se têm em sala de aula é fruto da tradição, da experiência prévia como aluno, a qual leva a imitar, às vezes até sem perceber, as atitudes dos professores com que se estudou ao longo da vida. Até mesmo os portadores do discurso em favor da tendência construtivista são, muitas vezes, "atropelados" pelo ensino tradicional, discursivo, centrado no sujeito que ensina, a sujeitos que aprendem "a partir do nada".

Há uma preocupação com a sequência, mas não com a relevância do conteúdo que vamos ensinar. Consideramos que a relevância está previamente estabelecida pelo próprio conteúdo que se ensina. A presença da ciência e da tecnologia no mundo contemporâneo parece, por si só, justificar a necessidade de seu ensino, ainda que os conteúdos escolares não tratem de seu papel atual.

Mesmo quando há preocupação com a sequência, não se ousa muito alterá-la, fazer escolhas. Geralmente, segue-se o que está proposto no livro didático e/ou nas propostas curriculares. Não se para muito para pensar no porquê da sequência e dos tópicos escolhidos pelos livros ou guias curriculares. É um pouco como se não pudesse ser de outra forma. Em geral, não se avalia nem a relevância desses tópicos nem a possibilidade de sua aprendizagem pelo aluno.

Quando muito, fala-se da necessidade de pré-requisitos, especialmente quando são de "responsabilidade" de outros professores, como capacidade de leitura e escrita ou domínio de certas habilidades matemáticas. Como se fosse possível pensar as Ciências da Natureza sem um domínio de suas linguagens, matemáticas ou explicativas. Ou como se essas linguagens — por exemplo, leitura, escrita e matemática — existissem por si só, sem precisarem adquirir um significado de expressão ou comunicação de uma ideia ou conhecimento.

Eduardo Terrazan e J. André P. Angotti, ao discutirem a possibilidade de introduzir conteúdos mais contemporâneos no ensino médio e fundamental, acabam por tratar desta questão, especialmente dos pré-requisitos que os professores apontam como impedimento para entrada de novos conteúdos ou inversão nas sequências tradicionais de ensino. Entre outros trabalhos dos autores, destacamos aqui:

TERRAZAN, E. A. A inserção da Física moderna e contemporânea no ensino de Física na escola de 2º grau. *Cadernos Catarinenses de Ensino de Física*, Florianópolis, v. 9, dez. 1992.

ANGOTTI, J. A. P. Conceitos unificadores e o ensino de Física. *Revista Brasileira de Ensino de Física*, v. 5, n. 1, 1995.

ANGOTTI, J. A. P. Ensino e aprendizagem: real/virtual e mudança/permanência. In: BAZZO, W. *et al.* (Org.). *Formação do engenheiro*. Florianópolis: Ed. UFSC, 1999, p. 143-158.

Qual é a "lógica" que determina a sequência dos livros ou dos guias de Ciências? O que estão propondo como ponto central para aprendizagem? O que enfatizam? O que deixam de lado? Por que este assunto para este ano? Como se relaciona com o que o aluno, no mínimo, já estudou (para não falar do que, de fato, aprendeu) e com o que está estudando concomitantemente? Que importância esses conhecimentos terão em sua vida, na formação de sua cidadania, em sua capacidade de explicar o mundo e agir sobre ele?

Será que esse aluno tem interesse no que lhe está sendo proposto como conteúdo a ser aprendido? Será que desperta sua curiosidade, justifica com o prazer final o esforço de aprender? Será que ele pode entender as relações entre os tópicos, ou está sendo somente adestrado para decorar palavras e procedimentos sem significado, que serão rapidamente esquecidos, até por falta de uso?

Reconhecer o aluno como foco da aprendizagem significa considerar que os professores têm um papel importante de auxílio em seu processo de aprendizagem, mas, sobretudo, perceber que, para de fato poderem exercer esse papel, é preciso pensar sobre quem é esse aluno.

Neste início de século, questões como as apresentadas na 2ª Parte surgem diariamente nos noticiários, qualquer que seja o veículo utilizado. No intervalo das músicas de uma FM, no jornal da TV em rede nacional, nas últimas notícias dos *sites*, é possível encontrar "notícias científicas" em manchetes rápidas e, muitas vezes, sensacionalistas, que divulgam, por exemplo: a descoberta de "bactérias extraterrestres" em nossa atmosfera; a possibilidade de geração de filhos sem a participação dos machos das espécies; espécies transgênicas, que permitem obter frutos e verduras em situações ambientais anteriormente impossíveis, como em água salgada; a possibilidade de novas drogas e vacinas contra velhas doenças; a descoberta de novas evidências sobre a origem, o espalhamento e a datação da espécie humana; novas partículas elementares, nebulosas, cálculos sobre energia escura...

Ver 2ª Parte.

Em geral, o destaque decorre das possibilidades que esses eventos têm de produzir impactos econômicos, sociais e ambientais. Eventos dessa natureza têm sido destacados não só porque atingem tanto a espécie humana como um todo quanto algumas formas de organização social predominantes e/ou o comportamento ou a saúde dos indivíduos, mas também porque confirmam ou desmentem algumas das teorias explicativas aceitas pela comunidade científica no momento atual.

Os conhecimentos científicos fazem-se presentes no cotidiano, tanto por intermédio dos objetos e processos tecnológicos que permeiam as diferentes esferas da vida contemporânea quanto pelas formas de explicação científica, com a disseminação de sua terminologia e a divulgação fragmentada de seus resultados e modelos explicativos, usados para validar ou questionar decisões políticas, econômicas e, muitas vezes, até "estilos de vida".

Justifica-se a opção pelo naturalismo, pelo uso de diferentes formas de se medicar (homeopatia, alopatia, uso de radicais livres etc.), o tipo de exercício físico ou conhecimento do corpo, a crença na astrologia, na influência dos cristais e das pirâmides, usando argumentos "científicos". Decisões do cotidiano, crenças, significados que acabam por constituir filosofias de vida, para serem considerados válidos, parecem precisar de alguma confirmação "científica", ainda que se trate de temas que a ciência não se propõe examinar ou de resultados isolados, questionados pela comunidade científica.

A ciência não é mais um conhecimento cuja disseminação se dá exclusivamente no espaço escolar, nem seu domínio está restrito a uma camada específica da sociedade, que a utiliza profissionalmente. Faz parte do repertório social mais amplo, pelos meios de comunicação, e influencia decisões éticas, políticas e econômicas, que atingem a humanidade como um todo e cada indivíduo particularmente.

A escola está inserida neste mundo em mudança. É na tensão entre as possibilidades e os riscos criados pelo conhecimento das Ciências Naturais e sua tecnologia que vivemos no contemporâneo. No entanto, essa tensão raramente chega a nossas salas de aula.

Exemplos de pesquisas de opiniões de professores:

GIL-PEREZ, D. *et al.* Las concepciones de los professores de ciencias brasileños sobre a situación del mundo. *Investigações em Ensino de Ciências* — Revista do Instituto de Física da UFRGS, Porto Alegre, 2000, v. 5, n. 3. Versão eletrônica: <www.if.ufrgs.br/public/ensino/vol5/n3>.

HARRES, J. B. S. Uma revisão de pesquisas nas concepções de professores sobre a natureza da ciência e suas implicações para o ensino. *Investigações em Ensino de Ciências — Revista do Instituto de Física da UFRGS*, Porto Alegre, v. 4, n. 3, dez. 1999. Versão eletrônica: <www.if.ufrgs.br/public/ensino/vol4/n3>.

ZIMMERMANN, Érika. Modelos de pedagogia de professores de Física: características e desenvolvimento. *Cadernos Catarinenses de Ensino de Física*, Florianópolis, v. 17, n. 2, ago. 2000.

A maioria dos professores da área de Ciências Naturais ainda permanece seguindo livros didáticos, insistindo na memorização de informações isoladas, acreditando na importância dos conteúdos tradicionalmente explorados e na exposição como forma principal de ensino.

A formação dos professores de Ciências também parece não se ter dado conta ainda da mudança ocorrida no perfil dos alunos das escolas, principalmente do ensino fundamental.

Políticas públicas fizeram com que, nas últimas décadas do século XX, o ensino fundamental abarcasse quase a totalidade da população entre 7 e 14 anos. Em contraste com as décadas anteriores — nas quais o sistema educacional brasileiro podia ser descrito como uma pirâmide, com uma larga base e um contínuo estreitamento, chegando ao vértice representativo do ensino superior —, o ensino fundamental, desde a década de 90, tem atingido mais de 90% da população a que se destina. O ensino médio tornou-se, nessa década, o gargalo do funil (atendendo cerca de 20% da população), sem quase haver distinção entre o número de alunos do ensino médio e do ensino superior. No final dos anos 90 e início de 2000, houve forte investimento na expansão do ensino médio, a qual pode, na primeira década do milênio, alterar novamente esse quadro.

Esse novo quadro aponta para a presença de escolas fundamentais em espaços onde nunca esteve anteriormente (entre outros, na periferia urbana e nas cidades de pequeno porte), trazendo novo perfil de aluno e novos desafios, principalmente no que concerne à escola pública, que atinge majoritariamente os que antes não tinham acesso à escolaridade.

> O Inep mantém um *site* atualizado com as estatísticas educacionais brasileiras, desde os resultados dos censos escolares até relatórios-síntese. É possível obter dados de todos os níveis de ensino, gerais, por Estado e região. <www.inep.org.br>.
> Ver também o livro desta coleção: Institutos e sistemas educacionais (Libâneo, J. C. *et al*).

Ao mesmo tempo, experimentamos, nestas duas últimas décadas, o aumento da concentração de renda, do desemprego, da violência urbana e mudanças trazidas pela introdução das novas tecnologias e pela crescente globalização.

A nova localização das escolas públicas representa sua inserção no meio de um fogo cruzado, às vezes literalmente falando, de demandas sociais que não precisaram enfrentar, enquanto estavam restritas a somente uma parte da população.

Que respostas surgem ante os desafios de todas as ordens?

Muitas vezes tem sido a construção de muros, o isolamento da realidade ao redor. É um pouco como se a sala de aula precisasse ser esterilizada, asséptica, liberada de tensões, para que o ensino e a aprendizagem possam ocorrer. Os muros visíveis e invisíveis parecem crescer em torno da escola, "protegendo-a" do mundo que, insidiosamente, acaba por invadi-la, infiltrando-se sorrateiramente ou mediante a violência, que destrói prédios e equipamentos e/ou agride professores e dirigentes.

3. Quem é o sujeito do conhecimento?

Como já foi visto, qualquer aluno que faça parte dos sistemas que compõem a educação no Brasil de hoje está imerso em um mundo contemporâneo e vem de diferentes origens sociais e culturais.

Se estiver nos quatro últimos anos do ensino fundamental ou no ensino médio, terá uma faixa etária correspondente à adolescência ou será um adulto.

SEVERINO, A. J. *Filosofia*. São Paulo: Cortez, 1993.

A seguir, serão exploradas três esferas, diretamente interligadas, que podem ser usadas para caracterizar a existência humana: a simbólica, a social e a produtiva. Separando-as somente para efeitos didáticos, uma vez que se influenciam direta e mutuamente, tentar-se-á identificar o que revelam para uma caracterização do perfil desse aluno, de origem social diversa, adolescente ou adulto, imerso na contemporaneidade mais recente, no que diz respeito ao ensino/aprendizagem de Ciências Naturais.

3.1. A esfera simbolizadora e as Ciências Naturais

Do ponto de vista da prática simbolizadora, esse sujeito está permanentemente construindo explicações sobre o mundo natural e social em que se encontra. Essas explicações constroem-se junto com a linguagem desde a mais tenra idade e o acompanham, permanecendo ou mudando, ao longo de toda a vida.

A escola formal é somente um dos espaços em que as explicações e as linguagens são construídas. O ser humano, sujeito de sua aprendizagem, nasce em um ambiente mediado por outros seres humanos, pela natureza e por artefatos materiais e sociais. Aprende nas relações com esse ambiente, construindo tanto linguagens quanto explicações e conceitos, que variam ao longo de sua vida, como resultado dos tipos de relações e de sua constituição orgânica.

O conhecimento sobre aprendizagem hoje é amplo e disperso em várias abordagens diferentes.

Especificamente na área de ensino de Ciências, vários autores têm sido trabalhados, entre eles:

AUSUBEL, D. P. *et al. Psicologia educacional*. Rio de Janeiro: Interamericana, 1980.

BRUNER, J. S. *O processo da educação*. São Paulo: Cia. Editora Nacional, 1975.

BLOOM, B. S. *Características humanas e aprendizagem*. Porto Alegre: Globo, 1981.

GAGNÉ, R. *Como se realiza a aprendizagem*. Rio de Janeiro: Ao Livro Técnico, 1971.

SKINNER, B. F. *Tecnologia de ensino*. São Paulo: Helder, 1972.

PIAGET, J. *A equilibração das estruturas cognitivas*. Rio de Janeiro: Zahar, 1976.

PIAGET, J.; Garcia, R. *Psicogênese e história da ciência*. Lisboa: Dom Quixote, 1987.

VYGOTSKY, L. S. *A Formação social da mente*. São Paulo: Martins Fontes, 1984.

______. *Pensamento e linguagem*. São Paulo: Martins Fontes, 1989.

MOREIRA, Marco Antônio. *Teorias da aprendizagem*. São Paulo: EPU, 1999. (Este livro faz uma boa síntese das principais teorias de aprendizagem que vêm fundamentando as produções da área de ensino de Ciências.)

Mais recentemente, algumas obras vêm abrindo possibilidades de contato entre aprendizagem e neurologia, entre elas:

DAMÁSIO, António R. *O erro de Descartes*. São Paulo: Cia. das Letras, 1999.

______. *O mistério da consciência*: do corpo e das emoções ao conhecimento de si. São Paulo: Cia. das Letras, 2000.

GARDNER, Howard. *A nova ciência da mente*: uma história da revolução cognitiva. São Paulo: Edusp, 1985.

As Ciências Naturais são compostas de um conjunto de explicações com peculiaridades próprias e de procedimentos para obter essas explicações sobre a natureza e os artefatos materiais. Seu ensino e sua aprendizagem serão sempre balizados pelo fato de que os sujeitos já dispõem de conhecimentos prévios a respeito do objeto de ensino. A base de tal assertiva é a constatação de que participam de um conjunto de relações sociais e naturais prévias a sua escolaridade e que permanecem presentes durante o tempo da atividade escolar.

Paulo Freire, em seu livro *Pedagogia do oprimido*, trata, no capítulo 2, da concepção bancária de educação, enfatizando como o aprendizado depende da participação do aluno. FREIRE, P. F. *Pedagogia do oprimido*. Rio de Janeiro: Paz e Terra, 1987.

Nenhum aluno é uma folha de papel em branco em que são depositados conhecimentos sistematizados durante sua escolarização. As explicações e os conceitos que formou e forma, em sua relação social mais ampla do que a de escolaridade, interferem em sua aprendizagem de Ciências Naturais.

Muitos desses conceitos e explicações estão permeados por sua experiência corporal mais direta; por exemplo, a ideia de que os objetos têm velocidade, de que oferecem diferentes resistências à manipulação, bem como sensações de calor, peso, frio, dor, umidade, conforto, de estar doente são formadas diretamente na relação do organismo vivo com o mundo circundante. No entanto, mesmo essas sensações mais imediatas estão mediadas por uma linguagem e por explicações socialmente constituídas, à medida que se expressam por palavras que são parte de um vocabulário de extensão distinta, nas diferentes línguas humanas.

Os esquimós, por exemplo, dispõem de dezenas de palavras diferentes para o que chamamos de branco.

Os fenômenos e eventos com que se convive desde a tenra infância já se apresentam mediados não só por nomes, mas também por explicações do grupo social a que pertencem os sujeitos. Por que chove, por que se adoece, por que há estrelas no céu, por que as plantas precisam ser regadas ou podadas, por que é necessário alimentar os animais domésticos ou criados pelo homem, por que a tomada dá choque são questões que, de alguma forma, foram explicadas às crianças desde que elas começaram a fazer indagações.

Mesmo quando a resposta não era explícita, estava presente no modo pelo qual se lidava com esses fenômenos ou eventos. Dessa forma, os sujeitos vão construindo ideias, às vezes conceitos, às vezes um conjunto mais difuso de pensamento. Em algumas circunstâncias, essa construção ocorre mediante relações lógicas explícitas; em outras, em um emaranhado que os sujeitos não sabem exatamente justificar, mas que conduz sua ação sobre o mundo.

Esse conjunto simbólico tem sido denominado, de forma diferente por diferentes autores, como cultura da tradição, senso comum, cultura primeira, concepções prévias ou alternativas, representações sociais, mundo vivido, entre outros, conforme as intenções dos estudos realizados.

Esta questão tem sido trabalhada de diversas formas por autores de diferentes áreas. A Antropologia, ao trabalhar explicitamente com as diferenças culturais, oferece várias interpretações para os diferentes tipos de modo de pensar. A Sociologia, principalmente a vertente neomarxista, preocupada com as transformações sociais e seus agentes, introduz várias reflexões sobre a viabilidade e os condicionantes das mudanças e da formação de diferentes visões de mundo. Da mesma forma, a Psicologia trabalha em outros enfoques os fatores que estão agindo na mudança da visão de mundo dos indivíduos e dos grupos sociais. Muitas dessas teorias estão fundamentadas em conhecimentos da Linguística e da Filosofia, principalmente da Filosofia Analítica, ou formam interface com elas.

Na área de pesquisa em ensino de Ciências, essa questão gerou investigações sobre concepções inicialmente chamadas de espontâneas e, depois, de alternativas, com a realização de levantamentos sobre como alunos em diferentes níveis de escolaridade usavam conceitos específicos das Ciências Naturais, como força e velocidade. Esses estudos desenvolveram-se buscando entender o porquê da persistência dessas noções prévias, mesmo após períodos de escolarização, e remeteram a um aprofundamento em teorias de aprendizagem e desenvolvimento cognitivo, assim como à história da formação desses conceitos no âmbito das Ciências. Na trajetória da pesquisa, ganharam corpo essas tentativas de compreensão, agrupadas em torno de termos como mudança conceitual, modelagem e conhecimento comunal.
Mais recentemente, tem havido um cruzamento entre essas compreensões e as geradas por linhas de pesquisa da Psicologia, como representações sociais e psicanálise, e por interfaces novas, como Ciências da cognição, cruzando conhecimentos de Psicologia, Neurologia, inteligência artificial, entre outras.

As indicações bibliográficas abaixo são somente alguns exemplos mais significativos desse tipo de abordagem:

AGUIAR JÚNIOR, O. O papel do construtivismo na pesquisa em ensino de Ciências. *Investigações em Ensino de Ciências – Revista do Instituto de Física da UFRGS*, Porto Alegre, v. 3, n. 2, 1999. <www.if.ufrgs.br/public/ensino/vol4/n3>

ALMEIDA, Maria da Conceição de. *Complexidade e as cosmologias da tradição.* Belém: Eduepa, 2001.

BRONOWISKI, J. *O senso comum da ciência.* São Paulo: Itatiaia: Edusp, 1977.

GRAMSCI, A. *Concepção dialética da história.* Rio de Janeiro: Civilização Brasileira, 1978.

______. *Os intelectuais e a organização da cultura.* Rio de Janeiro: Civilização Brasileira, 1979.

HELLER, Agnes. *Sociologia de la vida cotidiana.* Barcelona: Península, 1977.

MOSCOVICI, S. *A Representação social da psicanálise.* Rio de Janeiro: Zahar, 1978.

SANTOS, M. E. V. M. *Mudança conceptual na sala de aula*: um desafio pedagógico. Lisboa: Livros Horizonte, 1991.

SOUSA, Carlos Nereu de. *Uma análise epistemológica dos conceitos cotidianos.* 1994. Dissertação de mestrado – UFF, Niterói.

Este último trabalho retoma Agnes Heller, Vygotsky e Moscovici para compreender como se dá a formação de conceitos cotidianos no ensino de Ciências Naturais.

Todavia, quer estudando culturas de povos e grupos sociais quer estudando a dificuldade no aprendizado de alguns conceitos específicos, há consenso de que o aprendizado de Ciências Naturais é afetado por um conhecimento externo a seu ensino. Aqui se vai chamar esse conhecimento de cultura prevalente ou primeira, no sentido de que é prévia e concomitante ao aprendizado sistematizado das Ciências Naturais, mas se dá fora de situações organizadas para seu ensino.

Bachelard apresenta esta interferência na própria constituição das Ciências. Ver também capítulo I da 4ª Parte.

A denominação cultura prevalente ou primeira está incluindo, portanto: palavras que são resultado de sensações orgânicas, de experiências de ações diretas sobre os objetos, artefatos e fenômenos; explicações aprendidas em relações diretas com outras pessoas e/ou com os meios de comunicação social e outras produções culturais, como explicações de origem religiosa, da tradição oral étnica ou de uso específico de um grupo social particular.

Ainda que a discussão sobre as características e a origem das Ciências Naturais seja hoje objeto de estudo que oferece múltiplas interpretações, há certo consenso de que busca construir explicações balizadas por princípios como generalização, universalização e confrontação experimental ou, pelo menos, referendada pela observação.

CHALMERS, A. F. A fabricação da ciência. São Paulo: Editora da Unesp, 1994. Ver também *Dimensão epistemológica das interações*, pág. 177.

Essa especificidade não faz parte da cultura prevalente ou primeira. Resultante de um amálgama de vivências, não precisa se organizar em leis e conceitos que mantenham uma relação lógica explícita nem submeter os conhecimentos que gera a um crivo sistematizado do experimental e observacional, muito menos a um critério explícito de generalização. Mesmo o conhecimento gerado nas atividades de produção, nas diferentes formas de trabalho, pode ter validade limitada. Mestres de construção fazem cálculos sofisticados de área de ambientes e de quantidades de materiais a ser utilizados, agricultores são capazes de prever mudanças climáticas, estimar quantidade de sementes e tamanho de terrenos, por exemplo, desenvolvendo métodos particulares de cálculo e previsão que valem e são entendidos como próprios somente para as situações em que são aplicados na agricultura ou na construção. Ao atravessar uma rua, não se para para calcular a velocidade dos carros usando a Física.

Além dessa diferença de forma de organização, muitos dos conceitos e explicações das Ciências Naturais contrariam a percepção da vivência imediata, sensível, o conhecimento difuso e imagético dos meios de comunicação social e explicações fortemente partilhadas por grupos religiosos e étnicos, entre outros.

A cultura primeira e o conhecimento sistematizado convivem e se alimentam mutuamente, tanto nos indivíduos como na organização social contemporânea, ocupando papéis diferenciados. Não é possível manter o controle cognitivo explicitando para cada ação do cotidiano, o tempo todo, sua justificativa e ponderando se a ação é coerente com as explicações que se têm. Até para sobrevivermos, precisamos de ações que se automatizem, que ocorram sem um controle explícito da consciência, e de ações que deem conta das demandas emocionais e perceptivas, às quais o conhecimento sistematizado, na maioria das vezes, não tem respostas satisfatórias. Por outro lado, quando esse procedimento, por algum motivo, não funciona ou quando a situação é nova, muitas vezes é necessário recorrer, mesmo nessas situações vivenciais mais básicas, ao conhecimento já adquirido, na tradição da inserção cultural específica ou no conhecimento sistematizado pelas ciências. O conhecimento das Ciências Naturais tem impactos sobre as visões de mundo existentes, interagindo com interpretações religiosas, comportamentos e hábitos da tradição

Por exemplo:

- Cotidianamente, toda vez que se faz uma força — por exemplo, empurra-se um objeto —, ele adquire certa velocidade, e, uma vez que a força cessa, o objeto começa a perder a velocidade e acaba parando. Essa vivência dos movimentos, resultado da existência do atrito e de outras forças de resistência que não são identificáveis em um primeiro momento, leva à associação de força à velocidade, e não à aceleração, como propôs Newton.
- Os efeitos especiais do cinema e as histórias em quadrinhos, por sua intenção de comunicação, criam movimentos impossíveis no cotidiano, como subir por uma parede, andar no teto da sala, só cair do despenhadeiro quando se olha para baixo e se vê que o chão acabou. Visão de raios X com a luz saindo do olho do personagem e não chegando a ele, aumento de tamanho sem mudança das proporções, como uma formiga gigante com pernas finas, que nunca aguentariam seu peso, são só algumas das situações imagéticas que se tornam comuns, parte da representação de mundo que contraria os conceitos da ciência.
- Assuntos como origem do universo, da vida, das doenças são parte também de explicações religiosas, que se utilizam de outros critérios e dão a esses fenômenos papéis totalmente diferentes das explicações das Ciências Naturais.

— por exemplo, o que comer, como se relacionar com a sexualidade — e até sobre as produções artísticas, para não falar na relação que estabelece com as outras ciências.

Entender o universo simbólico em que nosso aluno está inserido, qual sua cultura primeira, qual sua tradição cultural étnica e religiosa, a que meios de comunicação social tem acesso, a que grupos pertence, pode facilitar o aprendizado das Ciências Naturais. Permitir que sua visão de mundo possa aflorar na sala de aula, dando possibilidade de que perceba as diferenças estruturais, tanto de procedimentos como de conceitos, pode propiciar a transição e a retroalimentação entre as diferentes formas de conhecimento de que os sujeitos dispõem.

Particularmente no caso de adolescentes, não se pode esquecer que, além de um universo partilhado com o grupo mais amplo a que pertencem — a família e o setor social de origem —, também partilham visões de mundo e valores próprios de sua faixa etária, marcada em nossa sociedade pelo caráter de transição para a vida adulta.

Como as práticas simbolizadoras são geradas e geradoras de relações sociais e de produção, no próximo tópico, que trata das práticas sociais, serão focalizadas as relações de sociabilidade mais comuns na adolescência, tendo em vista que a grande maioria dos alunos dos anos finais do ensino fundamental e do ensino médio está nessa etapa da vida.

3.2. A esfera social, a adolescência e o ensino de Ciências Naturais

Para a tarefa de localizar as mudanças ocorridas na adolescência, relacionando-as com as oportunidades de aprendizagem e as demandas que criam para o ensino de Ciências Naturais, as práticas sociais serão focalizadas separadamente em quatro grupos — unidade familiar, escola, trabalho e outras relações sociais —, ainda que eles não existam isoladamente e suas fronteiras não sejam sempre muito nítidas.

Unidade familiar

Unidade familiar está sendo tratada aqui no sentido amplo de grupo de relações que sustentam material e afetivamente o cotidiano. Nesse sentido, é possível referir-se a, pelo menos, quatro tipos de organização: à família nuclear mais tradicional (pais e filhos); à família extensa, em que se incluem avós, primos e outros parentes; à instituição, no caso de adolescentes internados; e ao grupo primário mais próximo, para os adolescentes que vivem na rua. A unidade familiar está caracterizada pelo compartilhar um espaço de moradia, pela divisão das tarefas de manutenção e pelas trocas afetivas recíprocas.

Por estar limitada a um número relativamente pequeno de pessoas, por sua permanência ao longo do tempo — ainda que comporte mudanças, às vezes até drásticas —, pela intensidade e pela frequência com que as trocas materiais e afetivas ocorrem, acaba gerando regras de convivência, valores, expectativas, conhecimentos e até vocabulários que lhe são próprios, ao mesmo tempo que reproduz comportamentos, hábitos e regras da vida social mais ampla.

Dessa forma, as famílias compartilham não só bens materiais e relações afetivas, mas também tradições, divertimentos, bens culturais e hábitos. Na sociedade brasileira, convivem diferentes formas de organização desse tipo de unidade: padrões tradicionais de casamentos que permanecem, tanto em situações de satisfação como de conflito permanente; o divórcio e a separação, gerando novas famílias, mescladas por laços de parentesco e convivência, no caso de filhos de casais separados com guarda compartilhada; avós, tios e outros parentes que assumem a guarda e o cuidado, integral ou parcial, de filhos de pais solteiros ou economicamente dependentes; filhos que permanecem sob a guarda de somente um dos pais, que às vezes mantém inúmeras outras relações conjugais temporárias; orfanatos ou internatos, instituições judiciais, hospitalares e escolares que têm sob sua guarda, temporária ou permanente, crianças e adolescentes; guarda, ainda que informal, de crianças e adolescentes por grupos comunitários, como nos cortiços, em favelas, em moradias comunitárias; adolescentes e crianças que vivem nas ruas ou nos locais de trabalho. Essa diversidade de organização e a diversidade do meio em que as famílias, no sentido amplo, se localizam criam bagagens e demandas diferentes para os alunos adolescentes, trazendo para a sala de aula a heterogeneidade, ainda que a população da escola seja predominantemente de um mesmo local ou camada social.

Ver *sites* e estudos sobre adolescência na seção *Aprofundamento para estudo*. p. 159-160.

O adolescente, em sua situação familiar específica, compartilha com sua faixa etária, nesse âmbito, da transição do papel de protegido, "guardado" — alguém sujeito às regras, valores, hábitos e comportamentos de seu grupo familiar —, ao papel de quem vai ser formador de um novo núcleo, ou seja, ao papel de protetor, "guardador", elaborador de regras, responsável pela manutenção.

Mais ou menos, conforme as demandas específicas de sua família, começa a ser introduzido na organização do cotidiano ou mesmo a assumi-la, parcial ou integralmente: uso de equipamentos (TV, vídeo, aparelho de som, telefone, computador, máquina de lavar pratos e de lavar roupa, ferro elétrico, enceradeira, aspirador de pó, fogão a lenha, a gás, forno elétrico e/ou de micro-ondas, ferramentas de conserto, também automóvel ou moto, entre outros); domínio de processos como cozinhar, limpar, consertar, costurar, construir; gerenciamento financeiro, compras, pagamentos de serviços, operações bancárias, planejamento de despesas; guarda ou cuidado de crianças, idosos, doentes.

Ao longo do século XX, habilidades e conhecimentos requeridos para dar conta desse tipo de organização fizeram parte da escola regular, no ensino fundamental, em disciplinas específicas — com nomenclaturas que variavam de "Lições de Coisas" a "Trabalhos Manuais", Economia Doméstica, Puericultura — ou disciplinas "profissionalizantes", como Marcenaria e Eletrônica. Em geral, estavam articuladas em torno do fazer, da aquisição de habilidades e da divulgação de preceitos de higiene e segurança.

Ainda hoje, é muito comum o ensino de Ciências, nos anos iniciais, ser uma reprodução aligeirada desse enfoque: um conjunto de preceitos sobre saúde, higiene, normas de segurança. Também nos anos seguintes, apesar da nítida quebra de enfoque — pois se passa a valorizar mais informações e terminologia científica sobre fenômenos e eventos naturais ou tecnológicos —, muitas vezes os tópicos de Ciências terminam com aplicações, dando ao professor a sensação de estar respondendo a essa demanda.

Como o conhecimento científico é apresentado fragmentado por uma lógica que não é a dos fenômenos e eventos, estes aparecem como elementos ilustrativos e, por isso mesmo, no final do tópico, que realça um de seus aspectos, isoladamente. A visão das Ciências Naturais como um conjunto hierarquizado de informações cria uma sequência rígida e fragmentada de ensino, a qual posterga sempre a possibilidade de compreensão e explicação da realidade e a oportunidade de intervenção nela para momentos posteriores da aprendizagem.

Apesar de suas metas mais amplas apontarem para a articulação lógica e/ou matemática das explicações, para a criação de linguagens e conceitos específicos, na tentativa de construir leis universais e generalizações, o próprio conhecimento das Ciências Naturais foi construído com base em fenômenos e eventos e em técnicas de controle e utilização de processos naturais. Ou seja, grande parte de sua fonte estava em problemas do cotidiano e/ou terminou por gerar tecnologias que afetam diretamente esse mesmo cotidiano.

Ver 5ª Parte.

Uma visão de Ciências que as entenda principalmente como uma estratégia para criação de conhecimentos com metas específicas pode partir desses eventos e fenômenos do cotidiano para mediar o aprendizado de procedimentos gerais, comuns às várias Ciências Naturais, como os conceitos unificadores. Desta forma, eventos e fenômenos não serão apêndices no final de um capítulo nem sua compreensão e explicação postergadas continuamente, mas constituirão o desafio inicial que cria a necessidade de aquisição de novos conhecimentos e, ao final de cada tópico, poderão voltar a ser contemplados, já com base em novas informações e em uma nova forma de analisá-los.

Ver, na 4ª Parte, a discussão sobre momentos pedagógicos, dentro da seção *Dimensões didático-pedagógicas das interações.*

Escola

A escola é outro espaço de sociabilidade, de inserção em relações sociais externas ao âmbito familiar. Uma de suas finalidades principais é garantir a possibilidade de acesso ao conhecimento sistematizado, e é em torno dessa função que, ao menos em sua atribuição legal, deveriam estar sendo organizadas as atividades escolares.

Como espaço de sociabilidade secundário em relação à unidade familiar, é propício para a construção de relações sociais em um grupo mais amplo, com regras mais formalmente constituídas, já que escolas têm regulamentos, muitas vezes escritos, e as relações de poder e autoridade são mais hierarquizadas e definidas. Portanto, as relações são mais normativas que afetivas. A escola está organizada em função de um objetivo — acesso ao conhecimento — e envolve um número maior de pessoas, avaliações formais de desempenho, regulamentos com previsão de punições (como suspensão), expulsão para os comportamentos considerados inadequados e horários e espaços bem definidos para cada atividade. O desempenho individual determina a reprovação ou a aprovação do aluno, que, na sala de aula, está submetida à autoridade do professor e, em outros espaços, sempre à autoridade de um funcionário. Desacordos são decididos por coordenadores e diretores. Todos os resultados são emitidos em documentos formais: boletins encaminhados aos pais e fichas escolares que acompanham a trajetória do aluno mesmo quando muda de escola, trajetória essa consolidada no Histórico Escolar e no Certificado de Conclusão, que acompanham os indivíduos para o resto da vida.

Assim, apesar de organizada em torno da disseminação do conhecimento, a escola é também local onde se aprendem valores, regras e modos de convivência social. Por seu caráter hierárquico, burocrático, funciona, na maioria das vezes, coercivamente. Pode ser o espaço para aprender a viver com regras ou para aprender a burlá-las ou a se contrapor.

Esse ambiente, que introduz os alunos a regras e papéis sociais mais amplos, com mediações e registros formais, onde a relação é construída em torno de uma tarefa específica de aprendizagem, é, ao mesmo tempo, o primeiro espaço dos grupos de escolha afetivos. A grande maioria das pessoas não pode escolher sua unidade familiar: os indivíduos nascem em uma família e, até serem legalmente adultos, sua vida é determinada por outros sujeitos, sejam eles seus pais ou guardiões legais. Já as relações afetivas que se estabelecem na escola são resultados de escolhas: amigos gerados no companheirismo de executar tarefas juntos, professores que admiramos, solidariedade com os que estão submetidos às mesmas regras (e castigos) são só alguns exemplos.

Especialmente para os adolescentes, o conflito entre seguir, burlar ou confrontar regras é vivido com intensidade, porque essa é uma fase de transição da segurança das regras dadas para a necessidade de elaborar os próprios valores e regras de forma independente. Flutuam entre a segurança de uma liberdade vigiada, em que não precisam tomar decisões, e a autonomia, que implica responsabilidade e risco de tomá-las. Sentem-se inseguros, ao mesmo tempo em que oprimidos, por regras que não satisfazem suas necessidades. Exercitam a rebeldia e, ao mesmo tempo, buscam proteção.

O conflito também se dá nas relações afetivas. Novas maneiras de convivência surgem por intermédio das regras implícitas criadas pelos grupos: pertencer a um grupo é sentido como não ser diferente. Roupas, penteados, gosto musical, vocabulário definem grupos dentro da escola. Não vestir-se igual gera medo de rejeição ou necessidade de marcar diferença em relação ao grupo. As relações afetivas, por já não estarem dadas, trazem sempre o risco da rejeição, da incompetência para relacionamentos que precisam ser conquistados, ainda que por imposição: ser respeitado pode ser mais importante do que ser querido, ainda que esse respeito seja conquistado pela agressividade.

A autoestima está em jogo o tempo inteiro e expressa-se nas dúvidas sobre a competência nas tarefas intelectuais, as relações afetivas a ser conquistadas, o exercício da autonomia.

Em um país extenso como o Brasil, o sistema educacional comporta tanto uma rede de ensino federal quanto redes municipais e estaduais, públicas e privadas. Há escolas voltadas unicamente para uma faixa de ensino, por exemplo, anos iniciais do ensino fundamental; outras que atendem da educação infantil ao ensino superior; escolas em pequenos povoados com classes multisseriadas, com um número de alunos que não ultrapassa três dezenas; e complexos escolares onde, em um mesmo espaço físico, convivem milhares de alunos das mais diferentes faixas etárias.

Cada unidade escolar tem autonomia para criar seu próprio projeto pedagógico, regulamentos e normas de funcionamento. Ademais, por seu tamanho, por suas características — escola pública, privada, confessional (religiosa), comunitária —, por sua localização — na periferia, no bairro central, no condomínio fechado, em zona rural — e por seu quadro de dirigentes e professores, cria espaços em que os conflitos da adolescência são tratados e vividos de formas diferenciadas, com maior ou menor sucesso.

O professor de Ciências, imerso nessa realidade, tem em mão a possibilidade de tornar a aprendizagem do conteúdo específico da área em um desafio que todos possam vencer. O conteúdo das Ciências Naturais, explorado como uma das respostas às grandes indagações humanas (De onde viemos? O que é? Como funciona? Por que acontece? O que acontecerá?), pode tornar-se atraente para a curiosidade ilimitada da adolescência. A possibilidade do exercício de diferentes habilidades — o raciocínio lógico, o controle e a manipulação experimental, a imaginação capaz de formular hipóteses e teorias explicativas, a verbalização oral e escrita, a simulação, o raciocínio matemático, entre outras —, se devidamente explorada, pode fazer que todos tenham oportunidade de se sentir bem, independentemente da maior ou menor dificuldade que tenham com uma ou outra das habilidades trabalhadas.

A capacidade de enfrentar situações do cotidiano, trabalhos em grupo, a redescoberta, a resolução de problemas individual e coletivamente são exercícios de competências de vida em comunidade. Aprende-se a lidar com os limites e possibilidades de cada um e de cada grupo e usar procedimentos racionais como fundamento e consequência do agir.

A compreensão das Ciências Naturais como um projeto histórico, um conhecimento não acabado, dependente de um trabalho que dá oportunidade de expressão para indivíduos, mas cujo acervo é resultado selecionado de uma produção coletiva, além de criar um significado para as informações aprendidas isoladamente, desmistifica a ciência como um conhecimento para poucos eleitos, com perfis e capacidades muito diferenciadas.

Trabalho

Uma terceira dimensão da sociabilidade é a da produção, do trabalho. Sob a ótica da socialização, a entrada no mundo do trabalho implica a convivência determinada pela produção material e intelectual, a inserção nas regras do mercado, que tem como marca a impessoalidade das relações.

Em uma sociedade com profundas desigualdades como a do Brasil, a subsistência das unidades familiares faz com que a maioria dos adolescentes já esteja envolvida na esfera produtiva, formal ou informal, até antes do limite mínimo de 14 anos estabelecido legalmente. Na produção agrícola, nas microempresas, nos estabelecimentos familiares, na produção informal, crianças e adolescentes estão presentes, auxiliando e, muitas vezes, assumindo responsabilidades e tarefas de adultos. Estão submetidos a horários de trabalho por vezes extenuantes, a tarefas que exigem esforço físico (construção civil, agricultura e pecuária sem maquinário, transporte de mercadorias) e que, algumas vezes, implicam situações de risco, como lidar com equipamentos pesados (tornos, prensas, máquinas automatizadas) ou de alta temperatura (como fornos), e de insalubridade (como a produção de carvão natural, a pesca em embarcações precárias, a cata de siris em manguezais, coleta de restos em lixões, uso de motos e bicicletas em meio a trânsito intenso, entre muitas outras, de acordo com a região do País e das atividades locais de produção).

Ao mesmo tempo, as mudanças na economia, com a informatização e o avanço tecnológico, geram desemprego formal que atinge com mais intensidade os que iniciam sua inserção nessa esfera. O mercado formal mais restrito, exigindo constantemente habilidades novas aos poucos que ainda permanecem ou conseguem entrar nele, produz falta de perspectiva profissional e nova forma de exclusão, à medida que o domínio da informática se estende à maioria das atividades disponíveis: o atendimento em um balcão de loja, os trabalhos de secretaria, o controle mesmo da produção agrícola e da construção civil etc. já estão informatizados.

A escolaridade passa a ser considerada pelo mercado como condição *sine qua non* para contratação, ao mesmo tempo que é entendida como insuficiente para proporcionar as habilidades profissionais exigidas. Com o avanço rápido e a absorção das novas tecnologias, nem as escolas profissionalizantes conseguem formar quadros prontos para desempenhar as funções que surgem no mercado. A tendência dos empregos formais é selecionar quadros com aptidões de aprendizado, com facilidade de se adaptar rapidamente a novas formas de trabalho.

O crescimento do mercado informal gera, não só para as camadas sociais mais desfavorecidas: situações de trabalho temporário, sem a proteção da legislação trabalhista; ampliação do espaço de serviços que dependem de iniciativas pessoais, como artesanato, aulas particulares, práticas de saúde alternativa ou preventiva; opções ilegais atrativas, como tráfico de drogas e assaltos.

Ver o *site*: <www.uol.com.br/prendiz/>.

POLIZZI, Valeria. *Depois daquela viagem*: diário de bordo de uma jovem que aprendeu a viver com aids. São Paulo: Ática, 1995.

O conflito é mais agudo entre os adolescentes que precisam participar da subsistência familiar e encontram portas fechadas no mercado formal; no entanto, a angústia gerada pelo desencontro entre as habilidades exigidas e as possibilidades profissionais, pelo descompasso entre o que aprendem na escola e as exigências do mercado, atinge os adolescentes como um todo.

O professor de Ciências Naturais encontra-se em posição privilegiada em relação aos outros profissionais da escola, à medida que, por sua formação básica e pela quantidade de material da área disponível na Internet ou sob outras formas eletrônicas, ele tem mais facilidade para usar os recursos informacionais. A utilização desses recursos, o aprendizado de como selecionar informações e reagrupá-las, além de tornarem as aulas menos monótonas, possibilitam aos alunos a aquisição de algumas das habilidades necessárias para sua inserção no mercado contemporâneo.

Ver 5ª Parte, Capítulo II.

A ação por projetos, o planejamento para busca de informações disponíveis em diferentes formatos, a análise de dados para estabelecer relações, propor hipóteses, construir explicações, a análise das consequências e o exercício da previsibilidade são procedimentos comuns nas Ciências Naturais, os quais podem balizar seu ensino.

Ver 5ª Parte.

Outras relações

A última relação de sociabilidade que será tratada aqui refere-se a dimensões particularmente importantes para os adolescentes: o namoro, a turma de amigos, os grupos religiosos e esportivos, a participação em grêmios estudantis, partidos, jogos/competições com participação individual ou em equipe – dos tradicionais como o futebol aos contemporâneos como *games* eletrônicos –, movimentos reivindicativos e/ou trabalhistas, serviço de voluntariado, a participação como eleitor.

Sobre o papel fundamental que o componente lúdico desempenha em todos os grupos sociais, desde tempos imemoriais até hoje, consultar Frota, P. R. O. *Velocidade, espaço e tempo*: uma investigação da atividade cognitiva a partir de estímulos sensoriais mediados pelo computador. 2000. PPGE/UFSC, Florianópolis. Tese de Doutorado.

São situações de escolha, de decisão mais participativa, em que o adolescente exerce sua autonomia isoladamente, a dois, no pequeno grupo, coletivamente em uma organização, e expressa, experimenta, reestrutura valores e comportamentos. A definição de uma ética própria, o julgamento de valores, a responsabilidade pelos próprios atos, a decisão coletiva, a pertença a um grupo são fatores identitários que permitem o aprendizado e o exercício da capacidade de decisão e da cidadania.

A compreensão da não neutralidade da ciência, da utilização múltipla de seus produtos, de sua política de financiamento comprometida com interesses de várias ordens, externos a seu âmbito, de sua relação com outras instâncias sociais, dos diferentes impactos resultantes da utilização maciça de tecnologias, das questões éticas geradas, por exemplo, pelas novas possibilidades de fertilização humana e da fabricação de seres vivos transgênicos pode constituir importante subsídio para tomadas de decisão. O exercício, ainda que delimitado, da decisão ética e da cidadania pode ser trabalhado com base nessa visão da ciência.

Na pesquisa sobre ensino de Ciências Naturais, essas preocupações são identificadas sob o nome ciência, tecnologia e sociedade (CTS ou STS, em inglês) e têm constituído uma linha profícua de pesquisas, tornando disponíveis materiais para ensino e aprendizagem com essa orientação, assim como textos e materiais diversos para os professores.

Ver 1ª Parte.

3.3. A ESFERA PRODUTIVA E A RELAÇÃO ENTRE CIÊNCIA E TECNOLOGIA

A terceira grande esfera das ações humanas é a esfera produtiva. Se a humanidade se caracteriza pela elaboração simbólica e pela organização social, essas duas esferas estão diretamente relacionadas com a capacidade humana de intervir coletivamente no ambiente natural e nas próprias relações sociais. A espécie humana, mediante o trabalho socialmente organizado, deixa de sujeitar-se às intempéries de ecossistemas restritos e passa a intervir intencionalmente no meio ambiente e no organismo de seus indivíduos.

Para a expansão da vida humana sobre o globo terrestre, o homem aprende a singrar mares, viver em temperaturas extremas, alcançar picos onde o ar é rarefeito. Aprende a se medicar, controlar sua reprodutibilidade, garantir sua alimentação pelo cultivo das plantas e criação de animais.

Olhando o céu, aprende a prever mudanças de tempo, as estações do ano, cria técnicas de preservação de alimentos, modifica raças de animais para melhor adequá-los à alimentação, ao transporte e ao trabalho. Desde o surgimento da espécie humana, com suas características próprias, a humanidade vem agindo conscientemente sobre o ambiente terrestre. Todavia, os últimos três séculos estão tão marcados pela intensificação dessa ação, por alterações tão grandes no ambiente terrestre, que, nos últimos 30 anos, se percebeu que se estava pondo em risco a própria sobrevivência desse ambiente.

Inaugura-se este novo século com a novidade do domínio até em escala genética, após a conquista do espaço e o prolongamento da vida média da humanidade, sob a ameaça da destruição acentuada da camada de ozônio, os riscos do efeito estufa, o aumento da desertificação, a ameaça do esgotamento da água-doce.

A sustentabilidade é a questão do momento. As desigualdades regionais e, neste novo momento do capitalismo, até as desigualdades no interior de um mesmo país ainda são enormes e parecem estar se acentuando. No último século do milênio passado, morreram, em consequência das guerras e da fome, mais seres humanos do que a soma dos mortos em toda a história humana.

SADER, Emir. *Século XX*: uma biografia não autorizada. São Paulo: Fundação Perseu Abramo, 2000.

As Ciências Naturais surgiram com os conhecimentos e técnicas desenvolvidas pela intervenção na natureza e pela busca de sua compreensão. Seus resultados geraram e geram novas tecnologias de intervenção, seu financiamento está diretamente ligado aos setores produtivos ou ao Estado. Especialmente, sua característica mais contemporânea de depender de esforços coletivos, como o Projeto Genoma, ou de laboratórios que exigem grande dispêndio financeiro acentua o papel político do conhecimento científico.

Essas ciências acabam por ser apresentadas nos meios de comunicação social ora como responsáveis pela intervenção destruidora do meio ambiente ora como fonte de salvação, produtoras de possíveis soluções para as questões ambientais. Se aparecem como responsáveis pelo nível de mortalidade das guerras contemporâneas, ao terem possibilitado a criação de armas químicas, nucleares e, hoje em dia, até biológicas, são também vistas como esperança para a fome, para a diminuição das doenças em geral.

Especialmente nos dias de hoje, as Ciências Naturais continuam a produzir um conhecimento induzido por políticas de financiamento, cuja aplicação tecnológica, na maioria das vezes, foge a seu âmbito interno de decisão.

Se uma das funções da escola, porém, é preparar para o exercício consciente da cidadania, não é possível seu ensino sem que seja permeado pelas possibilidades e limites do conhecimento científico. Embora se tenha clareza de que as questões ambientais, de saúde e de sexualidade extrapolam o âmbito exclusivo das Ciências Naturais e não podem ser enfrentadas sem outros conhecimentos, não é possível deixar de tornar acessíveis os conhecimentos de tais ciências que sejam indispensáveis para compreender essas questões e atuar sobre elas.

Questões desse tipo permitem uma abordagem integrada entre as diferentes disciplinas escolares, além das formas de conhecimento existentes na cultura prevalente.

4. Relação entre conhecimentos do professor e dos alunos

Como já foi explicitado anteriormente, o professor é, na sala de aula, o porta-voz de um conteúdo escolar, que não é só um conjunto de fatos, nomes e equações, mas também uma forma de construir um conhecimento específico imbuído de sua produção histórica e de procedimentos próprios. Como principal porta-voz do conhecimento científico, é o mediador por excelência do processo de aprendizagem do

aluno. Busca nessa relação pedagógica também sua realização pessoal, precisa sentir que há retorno e que seu trabalho é valorizado. Se não reflete sistematicamente sobre seu fazer, repete suas vivências anteriores como aluno ou centra-se em sua relação pessoal com o conhecimento.

Condições de trabalho que garantam ao professor um salário digno, valorização profissional, ambiente adequado e seguro, possibilidade de formação permanente, tempo para reflexão, estudo e elaboração de seus materiais de trabalho são necessárias, mas não suficientes para sua realização. Ver seu trabalho apresentar resultados é ver os alunos aprendendo e gostando de aprender.

Como trazer o aluno para essa aventura de conquistar conhecimentos novos, árduos, diferentes do que já conhece?

O aluno em questão é o sujeito da própria aprendizagem. Tem expectativas individuais, está em busca de relações pessoais, participa de novos grupos e aprende como conviver e partilhar conhecimentos (nem sempre os que os professores intencionam lhe apresentar). É portador de saberes e experiências que adquire constantemente em suas vivências e, se adolescente ou criança, está vivenciando grandes transformações em seu corpo, em sua afetividade, em sua cognição.

A relação firmada na sala de aula é entre o professor e uma turma, conjunto de alunos. A dinâmica que se estabelece é a dos grupos. Os alunos são individualmente diferentes, com demandas e tempos próprios, mas sua interação com os professores ocorre enquanto turma. A dinâmica estabelecida com cada turma, e com cada professor, está permeada pela relação entre os alunos, em uma convivência cotidiana, e pela forma como se relacionam em grupo com os outros professores, com os outros adultos da escola, com as outras turmas e com a estrutura da escola, que envolve desde o espaço físico até as regras de convivência.

Tornar a aprendizagem dos conhecimentos científicos em sala de aula num desafio prazeroso é conseguir que seja significativa para todos, tanto para o professor quanto para o conjunto dos alunos que compõem a turma. É transformá-la em um projeto coletivo, em que a aventura da busca do novo, do desconhecido, de sua potencialidade, de seus riscos e limites seja a oportunidade para o exercício e o aprendizado das relações sociais e dos valores.

Nessa perspectiva, a sala de aula passa a ser espaço de trocas reais entre os alunos e entre eles e o professor, diálogo que é construído entre conhecimentos sobre o mundo onde se vive e que, ao ser um projeto coletivo, estabelece a mediação entre as demandas afetivas e cognitivas de cada um dos participantes.

Essa relação de desafio e de construção coletiva, por seu caráter de projeto, é alimentada pela percepção do grupo de suas conquistas e pelos novos desafios que constantemente se apresentam.

Trazer o mundo externo para dentro da escola, possibilitar o acesso a novas formas de compreendê-lo, a suas questões candentes, faz parte dessa alimentação. Propiciar o novo em Ciências Naturais é trazer para o ambiente escolar as notícias de jornal, as novidades da internet, é visitar museus e exposições de divulgação científica, como parte da rotina da vida escolar. O próprio espaço físico pode ser uma forma de criar demandas: murais, jornais murais; nas bibliotecas, revistas e jornais de divulgação científica, livros instigantes de ficção científica ou mesmo de literatura; filmes nas videotecas; exposições de curiosidades e demonstrações, não só na sala de aula de Ciências, mas nos pátios e nos corredores — para mencionar somente algumas dessas estratégias. Feiras de ciências, semanas culturais, visitas a parques e museus, conferências, idas a congressos, como os da Sociedade Brasileira para o Progresso da Ciência, a clubes de Ciências e de Astronomia podem fazer parte da agenda permanente de uma escola, provocando novos desafios a ser enfrentados na sala de aula.

Partir de temas significativos e apresentar os conhecimentos como processuais, históricos, portadores de procedimentos é resultado de ações e possibilita ações e explicações, tornando seu aprendizado uma forma de conquista pessoal e coletiva de uma vida melhor. Uma vez que o ponto de partida e de chegada é o mundo em que a vida se dá, o conhecimento científico aparece como uma das formas — nem a única nem a mais importante, mas indispensável na atualidade — de atuar e explicar criticamente. Só faz sentido em sua relação com os conhecimentos tanto da cultura prevalente como das outras disciplinas escolares.

II

Instrumentação para o ensino

Aluno, conhecimentos escolares e não escolares

1. Aprofundamento para estudo

a) Adolescência

Organizar os alunos em pequenos grupos.

Solicitar que listem individualmente sentimentos e experiências marcantes de sua própria adolescência. Em grupo, com base na lista de cada um, construir um conjunto de características dessa adolescência memorizada.

Faça uma síntese, no quadro, das características enumeradas pelos grupos e proponha uma comparação entre essa memória e a visão que têm dos adolescentes hoje, listando semelhanças e diferenças.

Proponha aos alunos que entrevistem adolescentes com que convivem, perguntando quais são seus principais interesses, problemas, o que esperam da escola, o que têm curiosidade de aprender.

Solicite aos grupos que cruzem as "falas" dos adolescentes com o quadro de características, ampliando ou eliminando as características, se for necessário.

Compare o quadro obtido com a tabela a seguir, que traz a caracterização do psiquiatra Maurício Knobel:

Síndrome normal da adolescência

1. Busca de si mesmo e da identidade
2. Tendência grupal
3. Necessidade de intelectualizar e fantasiar
4. Crises religiosas, do ateísmo ao misticismo
5. Deslocamento temporal
6. Evolução sexual: do autoerotismo até a heterossexualidade genital adulta
7. Atitudes sociais reivindicatórias, com tendências anti ou associais
8. Contradições sucessivas nas manifestações de conduta, dominada pela ação
9. Separação progressiva dos pais
10. Constante flutuação de humor

Uma síndrome é um conjunto de sintomas que caracterizam um quadro clínico. Portanto, uma descrição.

Provavelmente, as características construídas coletivamente, além dos fatores descritivos, referem-se também a um processo.

Separe os fatores descritivos dos que se referem ao processo, perguntando o porquê das características e associando-as ao conceito unificador de processo de transformação.

Essa é uma maneira de entender a adolescência como um processo de transição corporal, mental e social que remete à busca dos agentes dessas transformações.

Do ponto de vista das Ciências Naturais, pode-se centrar o estudo nas mudanças corporais, discutindo como se dá a transformação do organismo da criança para o adulto e evidenciando o papel dos hormônios. Pode-se explorar também as mudanças nos órgãos genitais e na sensibilidade, a diferença que o aumento de tamanho representa em relação à movimentação do corpo e a alteração da percepção corporal.

B) QUEM É O ADOLESCENTE NO BRASIL DE HOJE?

Organizar com os alunos grupos de pesquisa na internet que procurem *sites* sobre adolescentes no Brasil, no momento contemporâneo: levantar quais são os problemas e atividades mais comuns.

Alguns *sites* sobre adolescência:

- www.uol.com.br/aprendiz — portal de Gilberto Dimenstein
- www.unicef.org.br/spanish.
- http://www.abrapia.org.br — Associação Brasileira Multiprofissional de Proteção à Infância e Adolescência.
- proderj.gov.br/fia — Fundação para Infância e Adolescência do Rio de Janeiro.
- www.bireme.br/bvs/adolec/ — Biblioteca Virtual de Saúde na América Latina e Caribe: acesso às publicações científicas e pesquisas sobre saúde do adolescente.
- www.adolescencia.org.br — *site* para adolescentes com informações sobre saúde.
- www.sosdoutor.com.br/sossexualidade/infe e adol.htm
- www.rebidia.org.br — Rede Brasileira de Informação e Documentação sobre Infância e Adolescência.
- www.instadolescente.com.br — Instituto Paulista de Adolescência.
- www.usp.br/ip/laboratorios/lacri — Laboratório de Estudos da Criança do Instituto de Psicologia da USP.
- abrup.org.br — Associação Brasileira dos Magistrados e Promotores de Justiça da Infância e Juventude.

c) Ensino e aprendizagem

Neste aprofundamento, também é interessante trabalhar com a memória dos alunos: quais aprendizados foram significativos e por quê; quais professores marcaram sua vida e por quê; o quê, como e quando ficam motivados a aprender.

d) Cultura prevalente e ensino de Ciências

Aprender a ouvir outras pessoas e entender a forma pela qual constroem seu pensamento é um desafio.

Na área de ensino de Ciências, já existem várias pesquisas que mostram como crianças e adultos utilizam conceitos alternativos para interpretar e prever comportamentos de eventos e fenômenos.

O grupo de ensino de Ciências da FE/USP registrou seus resultados de pesquisa em vídeos e textos dirigidos diretamente para professores, mostrando como coletam as interpretações em sala de aula e analisando respostas orais, escritas, desenhos e desempenhos, diante da observação e experimentos dos alunos.

Materiais desse tipo podem desencadear um trabalho de campo a ser realizado com os alunos das licenciaturas.

O texto a seguir contou com a colaboração de Maria Carmem Freire Diógenes Rêgo.

2. Exemplares

A) PRÁTICAS PEDAGÓGICAS NÃO TRADICIONAIS

Nos cursos de formação continuada para professores, percebe-se excessiva preocupação com a perspectiva metodológica a ser adotada. Geralmente, os professores, com base em sua vivência na sala de aula, solicitam oficinas pedagógicas para saber como desenvolver, passo a passo, determinada metodologia, acreditando ser a única responsável pelo sucesso de todo o processo de ensino/aprendizagem.

Ao longo do tempo, nota-se a euforia dos professores a cada nova proposta que surge, a qual eles adotam e defendem como se fosse a "salvadora" dos problemas da educação. Foi assim com os "centros de interesse", "temas geradores", "projetos de trabalho", "resolução de problemas", entre outras, que logo eram abandonadas por uma nova "mania".

Duas dessas propostas, a de centro de interesses e a de projetos, foram inspiradas na obra de educadores do início do século XX, que hoje consideramos como pertencentes a uma postura chamada de "escola nova" ou "escola ativa", caracterizada como uma reação ao ensino tradicional, centrado na ação do professor e em conteúdos predeterminados por livros didáticos. Os autores classificados como escolanovistas, geralmente oriundos das transformações ocorridas no período que vai do início aos meados do século XX (estão nesse contexto, além de Dewey e Decroly, Ferrière, Freinet, Krupskaja, Makarenko, entre outros, e, no Brasil, os chamados pioneiros: Anísio Teixeira e Lourenço Filho), caracterizam-se por terem desenvolvido experiências concretas de ensino — ligadas, em sua maior parte, a escolas para populações específicas (pequenas aldeias francesas, comunidades anarquistas, centros juvenis para adolescentes com problemas sociais...) — e construído sua obra com base na reflexão sobre essas ações, aprofundando o conhecimento não só da ação pedagógica, mas também dos aspectos sociais e psicológicos (tanto cognitivos quanto afetivos) envolvidos no processo de ensino/aprendizagem. No geral, valorizam a ação do aluno, o "aprender a aprender", o processo de aprendizagem mais do que seu produto.

Já a perspectiva pedagógica baseada no tema gerador tem sua inspiração nas ideias de Paulo Freire e, para muitos de seus divulgadores, não pode ser entendida como um conjunto de receitas para a ação dos professores, mas como um processo que permite conjugar ação—reflexão—ação, na geração de projetos pedagógicos próprios para as escolas. Em comum com as outras duas, tem a valorização dos alunos e do processo de aprendizagem, diferenciando-se delas por sua origem histórica, ao privilegiar a realidade social e a mudança de consciência política.

b) Centros de interesses

Proposição idealizada por Ovídio Decroly, levava em conta a evolução natural dos interesses da criança. Para ele, a criança, inicialmente egocêntrica, só se interessa por ela mesma, para depois se interessar pela família, casa, escola, ampliando, dessa forma, seu circuito de interesses até os problemas mais amplos da humanidade.

O ponto de partida do processo educativo é o conhecimento dos fatos que se relacionam mais de perto com a vida das crianças, abrangendo temas como a criança e suas necessidades e a criança e seu meio.

Decroly defendia que os centros de interesses permitiriam que a criança se interessasse, no presente, pelo que poderia necessitar no futuro. Propôs três fases para a efetivação da prática pedagógica: observação, associação e expressão. O aluno é convidado, no primeiro momento, a observar o mundo ao redor, para descobrir seus focos de interesse. Em seguida, é incentivado a associar as observações e os focos de interesse ao que já sabe e ao que existe nos livros e em outros recursos do conhecimento sistematizado. No momento de síntese, mediante a livre expressão, desenho, escrita ou outra linguagem de domínio do aluno, ele registra o conhecimento adquirido.

Atualmente, confere-se novo enfoque aos centros de interesses, partindo de temas centrais propostos pelos professores e escolhidos diretamente pelo conjunto das crianças.

Segundo Hernández (1998, p. 64), em linhas gerais, os centros de interesses apoiam-se num duplo ponto de partida psicopedagógico:

> *Por um lado, destaca o princípio da aprendizagem por descoberta, que estabelece que a atitude para a aprendizagem por parte dos alunos é mais positiva quando parte daquilo que lhes interessa, e aprendem da experiência do que descobrem por si mesmos. E, por outro lado, um princípio da Escola Ativa, que se refere ao exercício da educação como prática democrática, que outorga às assembleias de classe a decisão sobre o que se deve aprender.*

Nesse sentido, a escolha do tema está vinculada à realidade da criança e é utilizado como critério de seleção seu caráter significativo, podendo surgir na família, na escola, em suas relações sociais, culturais, intelectuais e emocionais.

c) PROJETOS DE TRABALHO

Proposta idealizada inicialmente por W. H. Kilpatrick, com base na pedagogia de John Dewey, sustentava que a criança vai para a escola para resolver os problemas enfrentados em seu dia a dia, sendo seu professor um guia e auxiliador, como uma pessoa mais experiente. Posteriormente, os estudos de resolução de problemas foram agregados a essa perspectiva de atuação pedagógica, que, na atualidade, aparece ligada ao grupo de Barcelona, cujo principal representante é Cesar Coll.

Segundo Hernández (1998, p. 66), "*os projetos de trabalho tratam de ensinar o aluno a aprender, a encontrar o nexo, a estrutura, o problema que vincula a informação e que permite aprender*".

Para o mesmo autor, os projetos de trabalho fundamentam-se em bases teóricas que respeitam os seguintes princípios:

- aprendizagem significativa, com base no que os alunos já sabem;
- articulação com uma atitude favorável para o conhecimento;
- previsão de uma estrutura lógica e sequencial dos conteúdos, na ordem que facilite sua aprendizagem;
- sentido de funcionalidade do que aprender;
- memorização compreensiva das informações;
- avaliação do processo durante toda a aprendizagem.

Afirma ainda que:

> *Definitivamente, a organização dos projetos de trabalho se baseia fundamentalmente numa concepção da globalização entendida como um processo muito mais interno do que externo, no qual as relações entre conteúdos e áreas de conhecimento têm lugar em função das necessidades que trazem consigo o fato de resolver problemas que subjazem na aprendizagem* (Hernández, p. 63, 1998).

Martins (1999) sintetiza em três momentos a chamada metodologia de projetos: 1) Avaliação inicial: é a sondagem para levantamento de repertório; 2) Encaminhamento de ações: é o levantamento de propostas possíveis, avaliação e replanejamento; 3) Sistematização: ocorre quando há uma apropriação do conhecimento construído.

d) Tema gerador

As práticas pedagógicas cuja referência é o tema gerador têm suas bases teóricas na pedagogia de Paulo Freire e como fonte principal o clássico *Pedagogia do oprimido*, sendo uma de suas sistematizações elaborada pela equipe que coordenou o Movimento de Reorientação Curricular no Município de São Paulo, na década de 90 (Pontuschka, 1993). A 4ª e a 5ª Parte deste livro aprofundam a perspectiva do emprego de temas no ensino escolar de Ciências, particularmente na dinâmica de sala de aula e na elaboração curricular.

Os temas geradores foram idealizados como um objeto de estudo que compreende o fazer e o pensar, o agir e o refletir, a teoria e a prática, pressupondo um estudo da realidade em que emerge uma rede de relações entre situações significativas individual, social e histórica, assim como uma rede de relações que orienta a discussão, interpretação e representação dessa realidade.

Por sua natureza, os temas geradores têm como princípios básicos:

- uma visão de totalidade e abrangência da realidade;
- a ruptura com o conhecimento no nível do senso comum;
- adotar o diálogo como sua essência;
- exigir do educador uma postura de crítica, de problematização constante, de distanciamento, de estar na ação e de se observar e se criticar nessa ação;
- apontar para a participação, discutindo no coletivo e exigindo disponibilidade dos educadores.

O Movimento de Reorientação Curricular defende a opção, para a escola, da organização curricular interdisciplinar pelo tema gerador, apresentando as seguintes razões:

> *por proporcionar um vínculo significativo entre*
> *conhecimento e realidade local;*
> *por não ser uma abordagem curricular*
> *burocraticamente preestabelecida;*
> *por envolver o educador na prática do*
> *"fazer e pensar currículo";*
> *por relacionar realidade local com um contexto mais amplo;*
> *por entender que o conhecimento não está pronto*
> *e acabado e que a escola é também local de*

> *produção de conhecimento;*
> *por estabelecer uma relação dialética entre os conhecimentos do senso comum e os já sistematizados;*
> *por buscar uma forma interdisciplinar de apropriação do conhecimento* (SME/SP, p. 15, 1991).

Os temas geradores organizam-se em três momentos pedagógicos (Delizoicov, 1991): estudo da realidade (ER), organização do conhecimento (OC) e aplicação do conhecimento (AC), cujos aspectos epistemológicos, educativos e didático-pedagógicos que os fundamentam serão apresentados na 4ª Parte. Uma síntese das características dialógicas desses momentos, empregados em situações educativas, é fornecida por Pernambuco (1994, p. 35-36):

> *Ao organizar uma aula, uma sequência de conteúdos, uma reunião com pais, estamos sempre atentos à situação inicial que gera o passo seguinte. É o momento de compreender o outro e o significado que a proposta tem em seu universo e ao mesmo tempo permitir-lhe pensar, com um certo distanciamento, sobre a realidade na qual está imerso. É o momento da fala do outro, da descodificação inicial proposta por Paulo Freire, quando cabe ao professor, ou ao organizador da tarefa, ouvir e questionar, entender e desequilibrar os outros participantes, provocando-os a mergulhar na etapa seguinte. Este primeiro momento constitui o estudo da realidade (ER).*
>
> *Uma segunda fase ou momento é o de cumprir as expectativas: é quando, percebendo quais as superações, informações, habilidades necessárias para dar conta das questões inicialmente colocadas, o professor ou educador propõe atividades que permitam a sua conquista. Aqui predomina a fala do organizador. Apesar de não se perder de vista a fala do outro, o que orienta essa etapa é a tentativa de propiciar os saltos que não poderiam ser dados sem o conhecimento do qual o organizador é o portador. É o momento da organização do conhecimento (OC).*
>
> *O terceiro momento é o da síntese, quando a junção da fala do outro com a fala do organizador permite a síntese entre as duas diferentes visões de mundo ou, ao menos, da percepção de sua diferença e finalidade. É um momento em que uma fala não predomina sobre a outra, mas juntas exploram as perspectivas criadas, reforçam os instrumentos apreendidos, fazem um exercício de generalização e ampliação dos horizontes anteriormente estabelecidos: aplicação do conhecimento (AC).*

Exemplos do uso desses momentos em sala de aula, para abordar temas e conteúdos específicos de Ciências, são apresentados na seção *Exemplares* das 4ª e 5ª Partes.

E) CONSTRUÇÃO DE UM PROJETO COLETIVO DE ESCOLA

À medida que cada uma dessas perspectivas metodológicas viabiliza a construção de determinado projeto coletivo para os professores de uma escola, acaba também por possibilitar o enfrentamento dos diferentes tipos de heterogeneidade entre alunos.

A opção por uma dinâmica pedagógica passa, necessariamente, pelo compromisso estabelecido com os princípios teóricos adotados, os objetivos, as características e vivências dos alunos, o tipo ou a área de saber que se quer proporcionar. O fazer pedagógico visa sempre partir do que o aluno vive e sabe, para ampliar esse universo e ainda fazê-lo se apropriar de uma forma de buscar esse conhecimento.

Essas opções didático-pedagógicas supõem a construção coletiva, a democratização das relações internas, as relações pedagógicas como centro e determinadoras das atividades administrativas e gerenciais do espaço escolar, e não o contrário, como geralmente acontece. Necessitam, portanto, de valorização do trabalho docente, de criação de estruturas de apoio material, de trocas de experiências entre educadores, de acesso a novos conhecimentos e materiais didáticos, da participação dos pais e comunidades locais. Dependem de condições que vão além da boa vontade e do conhecimento de alguns professores.

Atribuir à perspectiva metodológica do desenvolvimento dos conteúdos a capacidade de, sozinha e automaticamente, pela tentativa de sua adoção, resolver os problemas estruturais da escola — como o desinteresse (de professores e alunos), a evasão, a repetência — é ter o trabalho docente frustrado. Dessa postura decorre certo ceticismo quanto à implantação de práticas pedagógicas diferentes das que orientam o trabalho com o qual o docente está familiarizado. Ou, na impossibilidade de serem adotadas em toda sua dimensão, acabam sendo usadas pelos professores fragmentadamente, sem que se alterem as relações internas e externas da escola, levando ao desencanto com qualquer nova proposta.

Relatos de alguns dos autores mencionados neste trabalho, como Hernández e Secretaria Municipal de Educação/SP, e outras experiências educacionais não registradas aqui mostram que sua utilização não só é viável, mas também transformadora, quando condições mínimas para a construção coletiva estão garantidas.

3. Desafios

a) *Analisar uma situação descritiva de adolescência com base no aprofundamento feito.*

Por exemplo:

- a música *Xote das meninas*, de Luiz Gonzaga — a gravação de Marisa Monte dessa música traz alguns elementos que podem tornar a discussão mais interessante;
- filmes sobre adolescência;
- romances de formação, tanto os clássicos como os contemporâneos.

b) *Com base na pergunta: Quem é o adolescente no Brasil de hoje?, escolher uma escola ou um bairro como referência e entrevistar adolescentes e adultos da região, caracterizando:*

- os tipos de unidade familiar;
- as atividades grupais de que participam;
- trabalhos que exercem, dentro e fora da unidade familiar;
- interesses e atividades culturais.

Com base nos dados obtidos sobre essa localidade ou escola e dos dados obtidos sobre os adolescentes no Brasil, levantar com a turma uma lista de temas científicos que podem ajudar a compreender e/ou agir nessa realidade.

c) *A literatura, o cinema e a dramaturgia trabalham a temática "ensino e aprendizagem" intensamente, examinando desde as relações dos indivíduos (romances de formação, as biografias) até o papel do professor, os adolescentes nas escolas, a própria instituição escolar, e criando rico arsenal de materiais que podem ser explorados para recuperar as dimensões apontadas no texto.*

Existem relatos e reflexões de cientistas sobre interesses e dificuldades que tiveram no aprendizado de Ciências Naturais.

Esses materiais podem ser analisados e comparados com as teorias de aprendizagem com que os alunos tiveram contato nas disciplinas específicas, elegendo-se, por fim, alguns princípios, a fim de utilizá-los na elaboração de atividades a ser executadas em sala de aula de Ciências Naturais.

d) *Acerca da temática "cultura prevalente e ensino de Ciências", uma proposta de trabalho pode ser eleger, com a turma, uma atividade profissional comum na região e ver como o conhecimento envolvido nela é trocado entre os profissionais e os aprendizes. Em uma oficina mecânica ou elétrica, um canteiro de obras, uma plantação agrícola, uma cozinha de restaurante, um barco de pesca, um salão de beleza, há sempre um ou uma "mestre" que conhece a fundo a atividade e a ensina aos filhos ou aos novos trabalhadores. Algumas localidades até contam com seu próprio especialista, que é procurado pelos outros trabalhadores, quando se encontram em dificuldade ou necessitam de informações específicas.*

Pode-se propor que façam entrevistas com essas pessoas, perguntando sobre o processo de trabalho, percebendo como tomam decisões e resolvem problemas, como explicam o porquê dos fenômenos e de suas ações pessoais, ouvindo-as com atenção e procurando descobrir como constroem seu pensamento. Esse exercício ajuda a treinar o ouvir e a perceber a diferença dos conceitos e procedimentos construídos no conhecimento prevalente para os científicos.

Não basta aos licenciandos saber quais conceitos já foram identificados como distantes do senso comum e levam a confusões com os conceitos científicos. O treino de ouvir, interpretar, seguir o raciocínio de uma pessoa que pensa com base em outra referência é essencial à posse da agilidade necessária nessa área, em sala de aula.

Outra sugestão, nessa mesma direção, é propor pequenas pesquisas, usando os recortes de faixa etária e/ou de grupo social, levantando concepções sobre alguns tópicos ou fenômenos a ser tratados no ensino de Ciências.

Outras sugestões que podem ajudar a entender a diferença entre conhecimentos e procedimentos da ciência e da cultura prevalente são: a análise de desenhos animados e de histórias em quadrinhos, bem como de efeitos especiais do cinema, identificando em que, como e por que contrariam interpretações científicas; a leitura ou dos textos originais dos que iniciaram novos caminhos nas Ciências Naturais, como Pasteur, Galileu, Newton, Darwin, ou das adaptações desses textos, além de obras históricas sobre eles, buscando os pontos centrais de seus argumentos e o porquê da resistência de seus contemporâneos. Esta sugestão permite perceber em que o conhecimento científico se afasta das percepções sensoriais mais imediatas e em que ele rompe com formas de pensar que ainda permeiam o caldo da cultura prevalente até os dias de hoje.

4. Leituras complementares

DELIZOICOV, D.; ANGOTTI, J. A. P. *Metodologia do ensino de Ciências.* São Paulo: Cortez, 1991. cap. 1 e 3. (Magistério).

CORTELLA, M. S. *A escola e o conhecimento:* fundamentos epistemológicos e políticos. São Paulo: Cortez, 2000. cap. 1-2.

FRACALANZA, H. *et al. Metodologia do ensino de Ciências.* São Paulo: Atual, 1989. cap. 4.

PONTUSCHKA, N. (Org.). *Ousadia no diálogo.* São Paulo: Loyola, 1993. cap. 1, cenas 1, 4 e 5.

SEVERINO, A. J. *Filosofia.* São Paulo: Cortez, 1991. Cap. 1-3. (Magistério).

4ª PARTE

ABORDAGEM DE TEMAS EM SALA DE AULA

I

Conhecimento e sala de aula

Epistemologia: área da Filosofia que estuda a questão do conhecimento. Tem como sinônimos: gnoseologia e teoria do conhecimento.
Empirismo: concepção epistemológica que pressupõe que a origem do conhecimento é a experiência sensível.
Racionalismo: concepção epistemológica que pressupõe que o pensamento, a razão, é a fonte principal do conhecimento humano.
Inatismo: concepção epistemológica que pressupõe a existência de algumas ideias inatas, ou seja, independentes de qualquer experiência anterior.
Positivismo: do ponto de vista epistemológico, é a concepção que pressupõe que só é válido o conhecimento proveniente da experiência sensível.
Para uma leitura introdutória sobre epistemologia, ver: SEVERINO, A. J. *Filosofia*. São Paulo: Cortez, 2000. cap. 7-8.

A sala de aula é local privilegiado do ponto de vista das relações que se estabelecem entre aluno e aluno, aluno e professor e destes com o conhecimento, uma vez que, cotidianamente, essas relações têm ocorrência sistemática, sendo planejadas com base em alguma perspectiva didático-pedagógica. Nesta parte, será considerado o aspecto cognitivo delas, lembrando, no entanto, que outros aspectos igualmente importantes, tal como o afetivo, estão presentes nas interações entre professor e alunos em sala de aula.

1. Dimensão epistemológica das interações

As teorias do conhecimento atribuem distintos papéis àquele que conhece, ao qual denominam *sujeito do conhecimento*, e àquilo que se quer conhecer, denominado *objeto do conhecimento*. A análise epistemológica realizada por distintos filósofos da ciência, mediante os mais variados enfoques, tem destacado que tanto a concepção empirista como a racionalista/inatista, enquanto bases para uma compreensão do problema do conhecimento, não se sustentam, particularmente quando são consideradas teorias científicas como a mecânica quântica, entre outras. A visão clássica de ciência, de caráter positivista, que tem na neutralidade do sujeito um de seus pressupostos básicos, passa a ser questionada, sobretudo a partir de meados da década de 30 do século XX.

Contribuições como as do filósofo Karl Popper, do cientista e filósofo Gaston Bachelard, do físico e historiador da ciência Thomas Kuhn e de Ludwik Fleck, médico e sociólogo da ciência polonês que foi contemporâneo de Popper e Bachelard e cuja obra tem sido recentemente estudada, acenam para uma compreensão da produção atual da ciência distinta daquela da visão clássica. Esses autores propõem modelos e teorias díspares para compreender os caminhos da ciência; entretanto, ao argumentarem sobre a inconsistência do pressuposto da neutralidade epistemológica do sujeito do conhecimento — como queria a visão do positivismo e do empirismo lógico — para explicar o surgimento

Karl Popper (1902-1994), filósofo austríaco, criticou a busca de um critério de enunciados empiricamente significativos, conforme defendia o Círculo de Viena. Dentre suas obras, destaca-se o influente livro *Lógica da descoberta científica*, publicado em 1934. O Círculo de Viena, composto de um grupo de filósofos, matemáticos, físicos, entre outros estudiosos, cujas atividades se iniciaram em 1907, na cidade de Viena, defendia uma concepção puramente empirista da ciência, conhecida como positivismo lógico ou empirismo lógico, afirmando que todo conhecimento possível pode ser obtido por intermédio da lógica, da matemática e das ciências empíricas.

Gaston Bachelard (1884-1962), cientista e filósofo francês, tem vasta obra publicada, contando com livros de poesia, além dos que versam sobre epistemologia, entre seus escritos. Crítico da concepção empirista, em uma de suas obras mais importantes, *A formação do espírito científico*, publicada em 1936, argumenta que, para haver o desenvolvimento do pensamento científico, é preciso superar o que denominou de obstáculos epistemológicos.

Thomas Kuhn (1922-1996), físico e historiador da ciência americano, publicou em 1962 sua obra de maior impacto, *A estrutura das revoluções científicas*, onde argumenta que a produção do conhecimento científico ocorre segundo paradigmas (padrões) compartilhados por comunidades de pesquisadores, que os empregam na solução de seus problemas de investigação.

Ludwik Fleck (1896-1961), médico e epistemólogo polonês, também tem vasta obra publicada, tanto na área da microbiologia e imunologia como na da epistemologia. Seu livro *La génesis y el desarrollo de un hecho científico*, publicado em alemão em 1935, também como uma crítica às posições epistemológicas do Círculo de Viena, tornou-se conhecido a partir de uma referência passageira de Thomas Kuhn no prefácio de seu livro.

de novos conhecimentos científicos, compartilham da ênfase ao pressuposto do papel fundamental que as interações não neutras entre sujeito e objeto exercem na produção de conhecimentos. Admitem, portanto, a participação quer do sujeito quer do objeto na gênese do conhecimento, descartando certa ordem de interpretações — e argumentando contra elas — segundo as quais a origem do conhecimento científico estaria nos objetos, mediante os quais o sujeito contemplativamente neutro, de modo conveniente e usando um método, descobriria as leis que governam o fenômeno a ser conhecido. É enfaticamente empregada e destacada a categoria descontinuidade na análise desses epistemólogos, em oposição à visão cumulativa que o empirismo lógico atribui à produção do conhecimento.

Assim, Kuhn (1975), pela introdução e uso do termo *paradigma*, argumenta que no desenvolvimento da ciência ocorrem rupturas. Trata-se

Paradigma: Modelo, padrão de conjugação verbal. Kuhn emprega o termo para analisar a produção de conhecimento científico, argumentando que os cientistas, durante o período de sua formação, estão apropriando-se de padrões de resoluções de problemas de investigação, ou seja, de paradigmas científicos aceitos e compartilhados pela comunidade de pesquisadores a que pertencem. Ao realizar uma investigação, afirma Kuhn, o cientista localiza, formula e soluciona problemas de acordo com os paradigmas vigentes, desenvolvendo o que o autor designa de "ciência normal". Em períodos históricos em que os paradigmas vigentes passam a não solucionar problemas localizados e formulados, não obstante o empenho da comunidade de cientistas em resolvê-los, esta se conscientiza de que tais paradigmas já não dão conta da solução dos problemas. Estabelece-se uma crise, com a consequente busca, pela comunidade, de outros paradigmas que possam solucioná-los. Nesse processo, após o surgimento e aceitação das soluções propostas, Kuhn sustenta que a comunidade passa a compartilhar de novo paradigma, ocorrendo o que ele denomina "revolução científica", cuja característica mais marcante é a mudança na visão de mundo do cientista. Essa revolução representa uma descontinuidade, um salto em relação ao que se concebia anteriormente, implicando profundas diferenças entre as compreensões contidas nos paradigmas velho e novo. Como exemplos dessa situação, pode-se mencionar a mudança do modelo geocêntrico para o modelo heliocêntrico, as formulações da mecânica clássica e quântica, o lamarckismo e o (neo)darwinismo. O caráter cumulativo da ciência seria, então, uma característica apenas dos períodos de "ciência normal", quando a ciência evolui por acréscimo de novos conhecimentos, mediante a solução de problemas. Numa perspectiva cumulativa, é como se o empreendimento científico constituísse uma construção que aumentasse à medida que mais "tijolos" (novos resultados de pesquisa) fossem acrescidos. Essa compreensão, fortemente enraizada na visão positivista da ciência, é contestada pelas teorias epistemológicas contemporâneas, para as quais há períodos em que, em vez de construção, estaria ocorrendo uma desestabilização do empreendimento anterior, com o surgimento de explicações novas. Na interpretação de Kuhn, quando ocorrem as revoluções científicas. Essas situações, conforme essa linha de argumentação, confeririam também um caráter descontínuo à produção do conhecimento científico.

do que ele denominou *revoluções científicas*, quando um paradigma é substituído por outro, tendo como uma das consequências a mudança na visão de mundo do cientista. O período de produção cumulativa, denominado ciência normal, ocorreria, então, na perspectiva kuhniana, apenas durante a vigência dos paradigmas compartilhados pela comunidade científica, que localiza, formula e soluciona seus problemas de pesquisa com base nesses paradigmas. A título de exemplos, as seguintes referências podem ser citadas, se quisermos destacar as rupturas que alguns paradigmas ocasionaram: os modelos geocêntrico e heliocêntrico para o movimento dos planetas; as mecânicas clássica, relativística e quântica; as teorias da evolução das espécies de Lamarck e Darwin, entre outras que, em maior ou menor grau, exigem compreensão de que a produção do conhecimento científico não se caracteriza apenas por seu caráter cumulativo.

Numa perspectiva semelhante à de Kuhn, temos a contribuição de Fleck (1986), cujo livro *La génesis y el desarrollo de un hecho científico* foi publicado em alemão em 1935, sendo bastante anterior à proposição kuhniana. Fleck, em vez de paradigma, emprega o termo "estilo de

Kuhn informa, na introdução de seu livro *A estrutura das revoluções científicas*, embora sem fornecer detalhes, a influência da leitura do livro de Fleck (1986) na elaboração das ideias contidas em seu livro. De fato, o significado do termo paradigma tem semelhança com o que Fleck denomina de estilo de pensamento — ou seja, conhecimentos e práticas, para o enfrentamento de problemas de investigação, compartilhadas por grupos de cientistas, que constituiriam coletivos de pensamento. Fleck, com base na análise histórica, do mesmo modo que Kuhn faria mais tarde, argumenta que os estilos de pensamento teriam fases de instauração, extensão e transformação. As duas primeiras ocorreriam quando alguma novidade científica — que inclui modelo, técnica experimental, teoria — é proposta e ampliadamente compartilhada pelos pares do coletivo de pensamento para a solução de problemas de pesquisa. Essas duas fases constituiriam um período que Fleck denomina de classismo, com papel semelhante ao que Kuhn denominaria posteriormente de ciência normal. Já a fase de transformação seria aquela em que o coletivo de pensamento se conscientiza das complicações (Fleck, 1986) de seu estilo, ou seja, se conscientiza da existência de problemas (tal como as anomalias kuhnianas) para os quais o estilo de pensamento que orienta a pesquisa não apresenta solução consistente. Segundo Fleck, essas complicações seriam uma das causas da mudança de estilo de pensamento, comportando também descontinuidades e rupturas. Muito embora este autor visasse, de início, considerar a produção na área médica, particularmente tendo como referência básica a microbiologia, da qual era pesquisador, ele ampliou sua proposição, generalizando-a de modo que contemplasse as demais áreas do conhecimento, também o daqueles coletivos não pertencentes a comunidades científicas.

pensamento" para designar conhecimentos e práticas compartilhadas por um "coletivo de pensamento" que realiza pesquisa em determinada área do conhecimento. Pretendendo que sua análise epistemológica se aplique também a coletivos de pensamentos que constituem tanto as várias especialidades científicas como os que compartilham de conhecimentos não originários das áreas científicas, Fleck argumenta em prol do uso ampliado da categoria estilo de pensamento e da dinâmica de disseminação deste, a qual, segundo sua análise, ocorreria mediante um processo de instauração, extensão e transformação dos estilos. Possibilita, portanto, que se estabeleçam considerações de caráter epistemológico também a respeito do saber prevalente dos alunos, objeto da 3ª Parte.

Com o emprego de outras categorias epistemológicas, tais como *obstáculos epistemológicos* e *rupturas*, mais adiante apresentadas, Bachelard igualmente se ocupa da análise de processos descontínuos que ocorrem tanto na apropriação de conhecimentos pelos estudantes como na produção científica.

Portanto, de acordo com as posições desses epistemólogos, *não* constituem referências adequadas as teorias do conhecimento que pressupõem quer a supremacia do *objeto*, como é o caso das empiristas, quer a supremacia do *sujeito*, como as idealistas, ao se deterem na busca de explicações para o surgimento do *conhecimento novo*, isto é, daquele que ainda não foi produzido e não está disponível para ser publicado e socializado, caso típico do processo de produção do conhecimento na área das Ciências, cuja característica mais marcante é o anúncio sistemático de resultados inéditos em publicações, em alguns casos, nada previsíveis. Assim, são essas teorias epistemológicas contemporâneas, cuja premissa básica é a de que o conhecimento tem sua origem na *interação não neutra entre sujeito e objeto*, que podem fundamentar de maneira mais consistente uma análise epistemológica.

Articuladamente, faz-se necessário que a base epistemológica para uma compreensão das relações dos alunos e do professor com o conhecimento tenha também como referência as teorias cuja premissa dispõe que o conhecimento ocorre na *interação não neutra entre sujeito e objeto*. Ainda que o conhecimento a ser trabalhado, por exemplo, no ensino fundamental e médio, esteja relacionado principalmente àquele já produzido, disponível e que constitui patrimônio universal — do qual são selecionados os conteúdos programáticos escolares —, não se justifica, tanto logicamente como considerando dados de pesquisa, que a premissa da interação do sujeito com o objeto possa ser descartada, no processo de apropriação do conhecimento, só pelo fato de ele já estar disponível. Particularmente em relação ao ensino de Ciências da Natureza, o fato de o aluno conviver e interagir com fenômenos que são objetos de estudo dessas Ciências para além dos muros das escolas, quer diretamente quer por relações mediatizadas, desautoriza a suposição de que uma compreensão deles seja obtida apenas por sua abordagem na sala de aula com os modelos e teorias científicas.

Assim, tanto na produção do conhecimento científico como naquela que origina o conhecimento do senso comum, é necessária a explicitação das concepções de sujeito e de objeto norteadoras das análises epistemológicas que supõem a interação como gênese do conhecimento.

O pressuposto assumido aqui é um *sujeito coletivo*, cuja constituição é caracterizada pelas esferas simbólica, social e produtiva, conforme considerações feitas na 3ª Parte. Isso significa que a preocupação é com um sujeito indivíduo (cada um de nossos alunos), que se constitui como sujeito coletivo à medida que interage, estabelecendo relações com o meio físico e social pelas quais se apropria de padrões quer de comportamento quer de linguagem, para uma abordagem do objeto do conhecimento. É, portanto, um sujeito *não neutro*, mas, para além da consequente diversidade das interações em que está inserido, é concebido como *ontológico*, ou seja, como possuidor de uma natureza que é comum a todos e a cada um dos seres humanos, incluindo nessa universalidade a capacidade de se constituir com um aparato cognitivo que lhe permita conhecer, caracterizando-se também como um *sujeito epistêmico*. Essa suposição de sujeito implica a qualidade das interações que o aluno já está tendo, quer no

> Ontologia: faz considerações sobre as condições de existência das coisas e do ser em geral, independentemente de suas particularidades. Ao afirmar que os seres humanos têm uma essência e ao especular sobre suas características comuns, estamos tratando de ontologia.
> Epistêmico: a consideração segundo a qual se atribui ao sujeito a característica de poder alcançar conhecimento é ontológica. Episteme: palavra de origem grega cujo significado é conhecer, saber, ciência. Assim, considerar o aluno como um sujeito ontológico e epistêmico é ter como pressuposto que qualquer aluno (indistintamente) tem a capacidade de apropriar-se de conhecimentos.

interior quer no exterior da educação escolar, e aquela que precisa ter na situação de ensino escolar, para apropriar-se dos modelos e teorias científicas. É fundamental, portanto, que a atuação docente dedique-se — e, em muitas situações, seja desafiada — a planejar e organizar a atividade de aprendizagem do aluno mediante *interações adequadas*, de modo que lhe possibilite a apropriação de conhecimentos científicos, considerando tanto seu produto — isto é, conceitos, modelos, teorias — quanto a dimensão processual de sua produção.

Pressupõem-se, também, *objetos não neutros*, isto é, objetos que estão em determinado contexto de relações que lhes confere uma *significação*. Esta, por sua vez, *pode mudar*, à medida que algo do contexto se altera. Algumas situações são bastante emblemáticas para destacar essas características: a estrutura microscópica da matéria, a reprodução biológica, o movimento dos corpos celestes, entre outros objetos de conhecimento de que a ciência se ocupa, comportaram, cada um deles, distintos significados associados aos modelos e teorias com as quais historicamente se realizam investigações. Igualmente, a significação atribuída em determinado momento histórico *não é, de modo necessário, universalmente compartilhada*, uma vez que os contextos que dão significação aos objetos não são absolutamente idênticos. Assim, por exemplo, o tempo, o espaço e a matéria, tidos como conceitos primitivos: ao ser considerados enquanto objetos de conhecimento, apresentam significados distintos, quando referidos aos vários modelos e teorias que, apesar de datados, ainda hoje convivem e precisam ser usados na solução de problemas de pesquisa. Referimo-nos aqui, especificamente, ao espaço euclidiano e aos curvos, ao tempo clássico newtoniano e relativístico, à massa clássica e à energia relativística. Por sua vez, num contexto em que os valores e as linguagens não são os mesmos daqueles compartilhados pelas comunidades científicas — situação típica do conhecimento do senso comum em que os alunos, sobretudo do ensino fundamental, estão cotidianamente imersos —, os fenômenos estudados pelas Ciências não têm as mesmas significações atribuídas pelo corpo de conhecimento científico, conforme podemos inferir com base na exposição da 3ª Parte.

Esses pressupostos têm implicações diretas na conformação da atuação docente, duas das quais merecem ser destacadas.

Primeiro, que o aluno, como sujeito cognoscitivo, estabelece relações com seu meio físico e social. O ambiente escolar, a sala de aula, seus colegas e professores, mesmo sendo apenas parte do meio em que o aluno está inserido, devem contribuir para sua formação enquanto sujeito ontológico e epistêmico. No entanto, a localização do aluno, relativamente aos domínios espacial, temporal e cultural, implica o fato de ele estar interagindo com um meio mais amplo do que o escolar e exige que não o consideremos, do ponto de vista da cognição, como uma "tabula rasa" que vai interagir com objetos do conhecimento somente na perspectiva da educação escolar. Em outros termos: por não ser um sujeito neutro, os alunos trazem para a escola e a sala de aula seus conhecimentos prévios ou sua cultura prevalente — conforme foi caracterizada na 3ª Parte —, anterior à aprendizagem escolar, como consequência de estar atuando fora dela também. Tais conhecimentos constituem um dos elementos do contexto de relações que dará significado aos objetos de conhecimento e de estudo que a escola tem como meta promover.

Segundo, que o processo de produção do conhecimento, de acordo com essas premissas epistemológicas, impede que se considerem os conhecimentos — incluindo os universalmente compartilhados, tais como as teorias científicas — como prontos, acabados e, sobretudo, absolutamente verdadeiros. É preciso, então, que as teorias, modelos, conceitos e definições com base nas quais se elaboram os conteúdos programáticos escolares reflitam, também, seu processo de produção, de modo que se explore a historicidade do conhecimento veiculado e se explicite seu caráter simultaneamente verdadeiro e provisório — o qual, sendo elucidativo e interpretativo para uma compreensão do real, constitui, portanto, uma verdade temporal. Em outros termos, os conhecimentos trabalhados na educação escolar são historicamente contextualizados e permitem interpretar o mundo físico e social e atuar sobre ele, que tem uma dinâmica de transformação realimentadora do processo de produção de conhecimento, de modo que também o transforme, sobretudo quando *novidades (novos conhecimentos)* são produzidas e apresentadas em *teorias e modelos* que alteram profundamente as interpretações já efetuadas do mundo físico e social.

É precisamente por constituírem *conhecimentos publicados e disseminados* que foram/são passíveis de ser *aceitos, rejeitados, reformulados, refutados, abandonados, algumas vezes até execrados*, quando considerados para uma compreensão do mundo físico e social e a atuação sobre ele. São conhecimentos assim caracterizados, mas nem sempre assim compreendidos ou abordados no processo educativo, que balizam os *conteúdos programáticos escolares.* Selecionados também por critérios *não neutros*, constituem referência para a elaboração dos programas das disciplinas das grades curriculares dos vários níveis de ensino. Presentes na educação escolar e contemplando as mais variadas finalidades, são trabalhados de distintas formas relativamente à abordagem, profundidade e frequência curricular. São referências, também, para a produção de conhecimentos inéditos, quando fundamentam pesquisas.

O complexo caminho percorrido entre o contexto de produção das teorias e modelos até sua inclusão no currículo escolar constitui um processo — algumas vezes denominado de *transposição didática* — influenciado por múltiplos fatores de distintas ordens. Os reflexos desse processo têm seu ponto culminante no planejamento das aulas e em sua execução, em que não é nada desprezível o papel desempenhado pelos livros didáticos e pelo professor. Entre outras consequências dessa transposição didática mais relacionada à atuação docente, está o possível não discernimento, pelo professor, da diferenciação fundamental entre *objetos do conhecimento* — nos quais são transformados os fenômenos que a ciência estuda para melhor compreendê-los — *e conhecimentos produzidos sobre esses objetos* — ou seja, as definições, conceitos, modelos e teorias, meios que a ciência, em sua trajetória

> Transposição didática: conceito criado pelo sociólogo Michel Verret em 1975. A partir de sua introdução na área da educação matemática, em 1985, por Yves Chevallard (1991), teve repercussão na área da Didática e de outras áreas de ensino. Uma análise sobre a transposição didática do conhecimento realizada desde o contexto de sua produção até o de sua disseminação — caso típico da educação escolar — confirma que, com frequência, a natureza do conhecimento é alterada.

investigativa, criou para uma compreensão da natureza. Ao se pretender veiculá-los na educação escolar, não se pode identificar um com o outro por simples justaposição; não podem, implícita ou explicitamente, ser considerados a mesma categoria. Há fenômenos a ser entendidos e há explicações, científicas ou não, para esses fenômenos.

Deverá haver critérios para que se estabeleçam os objetos e para que se selecionem os consequentes *conhecimentos* sobre eles produzidos, de tal modo que se tornem *conteúdos escolares*, conforme se argumentará e exemplificará adiante.

A polissemia do termo conteúdo e seu emprego no cotidiano escolar pode levar à interpretação dicotômica de que o conteúdo do conhecimento universal sistematizado constitui apenas produto dado, sem gênese processual, e que, além do mais, se reduz ao conteúdo veiculado por livros didáticos, pelos programas escolares já estabelecidos e pela prática docente, incluindo a que forma professores.

É essencial, portanto, que reflexões e discussões de cunho epistemológico estejam cada vez mais presentes nos cursos de formação de professores.

Conforme se pode depreender, as premissas epistemológicas aqui adotadas condicionam as práticas de ensino a ser usadas no âmbito da educação escolar. É necessário, portanto, que as concepções de *ensino/aprendizagem* e de *educação* estejam em sintonia com essa compreensão gnoseológica.

2. Dimensão educativa das interações

As análises dos educadores Paulo Freire (1921-1997) e George Snyders, além de contemplarem a concepção epistemológica em questão, constituem fundamentos que permitem estruturar práticas educativas relativas aos aspectos da *veiculação do conhecimento na educação escolar*, quando se levam em conta, explicitamente, na programação e no planejamento didático-pedagógico, duas categorias de conhecimento: o científico e o do senso comum, esta última fortemente presente no conhecimento prévio do aluno. Ambos os educadores, relativamente

Abordagem temática: perspectiva curricular cuja lógica de organização é estruturada com base em temas, com os quais são selecionados os conteúdos de ensino das disciplinas. Nessa abordagem, a conceituação científica da programação é subordinada ao tema.

a seus referenciais analíticos, propõem um ensino baseado em temas, ou seja, uma *abordagem temática* que possibilite a ocorrência de rupturas durante a formação dos alunos.

Os temas a que se referem (Freire, 1975; Snyders, 1988) são objetos de estudo a ser compreendidos no processo educativo e, na perspectiva epistemológica aqui adotada, constituem *objetos de conhecimento*. O aspecto mais significativo da proposta desses educadores a ser destacada no momento é a proposição que fazem quanto ao currículo escolar: a estruturação das atividades educativas, incluindo a seleção de conteúdos que devem constar na programação das disciplinas, bem como sua abordagem sistematizada nas salas de aula, rompe com o tradicional paradigma curricular cujo princípio estruturante é a *conceituação científica*, ou seja, um currículo concebido com base numa *abordagem conceitual*. Nas considerações que fazem esses educadores, a conceituação científica que deve ser abordada no processo educativo é subordinada tanto às temáticas significativas como *à estrutura do conhecimento científico*, das quais se selecionam os conceitos científicos que comporão os conteúdos programáticos escolares, conforme será aprofundado na 5ª Parte.

Abordagem conceitual: perspectiva curricular cuja lógica de organização é estruturada pelos conceitos científicos, com base nos quais se selecionam os conteúdos de ensino.

Na proposição snydersiana, tais temas articulam-se a uma análise sobre as contradições sociais e, por sua importância, emergência e universalidade, balizam, durante a elaboração do conteúdo programático escolar, a inserção de conhecimentos universais sistematizados — ou da cultura elaborada, na denominação do educador —, da qual fazem parte os conceitos, modelos e teorias produzidos pelas ciências. Segundo as considerações que faz, é mediante a cultura elaborada que se tornaria possível uma melhor compreensão dos temas e uma atuação na perspectiva das transformações.

Cultura primeira: ver, na 3ª Parte, considerações sobre os alunos e seus conhecimentos.

Essas transformações envolvem, segundo a argumentação de Snyders, processos de continuidade—ruptura. A transformação que envolve ruptura, a qual interessa mais imediatamente aqui explicitar, diz respeito à que ocorre entre a cultura primeira do aluno e a cultura elaborada. Para Snyders, essa cultura primeira, que o aluno já traz para a escola, está relacionada ao conhecimento do senso comum e o direciona em sua interpretação dos temas. É essa interpretação que precisa ser transformada, para que uma atuação no sentido de transformar as situações envolvidas nos temas possa ocorrer. Para tanto, de acordo com o educador, é necessário que a cultura elaborada, ou seja, as teorias científicas, em processo de ruptura com a cultura primeira, seja apropriada pelo aluno.

Com essa perspectiva, uma das tarefas da educação escolar aqui assumida é a de um trabalho didático-pedagógico que considere explicitamente as rupturas que os alunos precisam realizar, durante o processo educativo, na abordagem dos conhecimentos que, organizados com base em temas, se tornam conteúdos programáticos escolares. Faz-se necessário, portanto, como critério para a seleção dos conhecimentos universais que constituirão o rol dos conteúdos escolares, escolher aqueles que permitam uma interpretação, com base na cultura elaborada, dos temas eleitos para estudo. Na 5ª Parte, será apresentada uma opção para elaboração de programas que articulam temas e conceituação científica.

Dentre outras consequências da adoção dessas premissas epistemológicas e educacionais, destaca-se a seguinte, num alerta de Snyders:

> *Naturalmente, o conteúdo não será caricaturado sob a forma de alguns enunciados, alguns resultados, por muito exatos que sejam, que terão que ser engolidos como pastilhas... É ambição de nossa pedagogia que os alunos tenham acesso a conteúdos verdadeiros e que, ao mesmo tempo, os interessem e sejam sentidos como um auxílio no seu esforço para viverem e para conhecerem. E, então, o professor há de parecer-lhes também uma instância auxiliadora e não uma potência hostil...* (Snyders, apud Libâneo, 1987, p.13-14).

Essa interpretação de que os conhecimentos, tornados conteúdos escolares, não podem ser tratados como pastilhas a ser engolidas também é enfatizada por Freire, quando afirma que não devem ser depositados na cabeça dos alunos, como se esta supostamente estivesse vazia, como se fosse vasilhame vazio a ser preenchido.

Em vez disso, Snyders argumenta:

> *não nos ateremos a uma simples transformação do conhecimento, é "uma reforma do ser conhecedor que está em jogo", uma "catharsis" que será simultaneamente intelectual e afetiva... O simples bom senso, a observação comum constituem "obstáculos" ao conhecimento e isso porque o erro é "primário, normal, comum", responde a uma estrutura, possui consistência; essas ilusões correspondem a uma lógica, são "solidárias" umas com as outras e portanto tenazes. Daí a necessidade de uma espécie de "psicanálise" dos erros iniciais* (Snyders,1988, p.104).

Depreende-se, pois, a necessidade de um trabalho didático-pedagógico que, relacionando a cultura elaborada à interpretação dos temas, também articule explicitamente a cultura primeira que o aluno traz à escola, de modo que possa ser "psicanalisada", no dizer de Snyders.

3. Dimensão didático-pedagógica das interações

Aqui, cabe explicitar alguns aspectos da contribuição que Freire e seguidores têm dado para uma compreensão da atuação pedagógica com essa cultura que o aluno já detém.

Antes de tudo, é preciso conhecê-la! Todavia, não somente enquanto categoria de análise, uma vez que é com base no que seja explicitado pela "fala" do aluno que uma "psicanálise" de seu conhecimento poderá ser realizada. Daí a necessidade da apreensão, pelo professor, do conhecimento de que o aluno é portador.

É a apreensão do *significado* e *interpretação* dos temas por parte dos alunos que precisa estar garantida no processo didático-pedagógico, para que os significados e interpretações dados possam ser *problematizados*.

Porém, na perspectiva de uma educação *dialógica*, como a proposta por Freire, os significados e interpretações dos temas pelos alunos não serão os únicos que terão de ser apreendidos e problematizados; aqueles de que o professor é portador também precisam estar presentes no processo educativo. O diálogo a ser realizado refere-se aos conhecimentos que ambos os sujeitos da educação, aluno e professor, detêm a respeito do tema, objeto de estudo e compreensão. E aqui se pode compreender melhor o porquê da necessidade da estruturação curricular mediante a abordagem temática, que inclua situações significativas para os alunos, em vez de uma estrutura curricular que se organize apenas na perspectiva da abordagem conceitual.

> Dialógica: no diálogo implicado na educação dialógica, certamente ocorrem interações verbais e orais; no entanto, ele não se confunde com o simples conversar ou dialogar entre professores e alunos. A dialogicidade do processo diz respeito à apreensão mútua dos distintos conhecimentos e práticas que os sujeitos do ato educativo — alunos e professores — têm sobre situações significativas (cf. boxe) envolvidas nos temas geradores, com base nos quais se efetiva a educação dialógica. Cf. também o boxe dialogicidade tradutora, nesta parte, e redução temática, na 5ª Parte.

> Situações significativas: situações-problema que surgem como manifestações das contradições envolvidas nos temas. Diversamente das que se relacionam com os centros de interesse dos alunos, as situações significativas apresentam-se como desafios para uma compreensão dos problemas envolvidos nos temas distinta daquela oriunda da cultura primeira. Elas não encontram sua significação meramente na curiosidade dos alunos ou em sua vontade de conhecer; contudo, ao englobar essas características, delas se diferenciam à medida que, além disso, desafiam os alunos a não só melhor compreender, mas também atuar para transformar as situações problematizadas durante o desenvolvimento do programa de ensino.

Assim, por exemplo, se os alunos têm algo para dizer sobre racionamento de energia elétrica, poluição do ar e aids, é pouco provável que possam se pronunciar com igual desempenho, respectivamente, sobre: radiação solar, mudanças de estado da matéria, indução eletromagnética; mistura de substâncias, reações químicas; célula e processos imunológicos — que constituem, por pressuposto, conhecimentos do domínio dos professores de Ciências. Se os temas propostos como exemplos permitem algum nível de interação dialógica entre aluno e aluno e entre professor e aluno, aquela conceituação pertencente ao domínio da ciência é relativamente mais restritiva, à medida que constitui um conhecimento cujo portador é apenas o professor, quando ela ainda não foi apropriada pelo aluno. No entanto, na perspectiva da abordagem temática, os conceitos, modelos e teorias citadas precisam ser desenvolvidos no processo de ensino, uma vez que contribuem para melhor compreensão dos temas.

Em síntese: a abordagem dos conceitos científicos é ponto de chegada, quer da estruturação do conteúdo programático quer da aprendizagem dos alunos, ficando o ponto de partida com os temas e as situações significativas que originam, de um lado, a seleção e organização do rol de conteúdos, ao serem articulados com a estrutura do conhecimento científico, e, de outro, o início do processo dialógico e problematizador.

Pretende-se uma superação pedagógica dos obstáculos considerados por Snyders. O conteúdo empírico do conhecimento do educando, oriundo de sua vivência, de sua experiência constituída nas relações com a natureza e com os semelhantes — ou seja, sua apreensão das situações de vida coletivamente acumulada —, é valorizado por Freire, uma vez que, de acordo com sua argumentação, é com base nesse conhecimento empírico do aluno que se deve iniciar o processo educativo, embora esse conhecimento seja também analisado como uma "*limitação na possibilidade de perceber mais além*" (Freire, 1975, p.126). Por isso a ênfase desse educador na problematização da compreensão dos alunos sobre os temas, ou seja, na problematização do que se denominou de cultura primeira ou prevalente do aluno, ao ser acessada pelo professor.

> Freire defende o diálogo entre o conhecimento dos educandos e o dos educadores como uma das características fundamentais do ato educativo que visa a transformações. Associada a esse caráter dialógico, a problematização também desempenha papel fundamental, uma vez que Freire afirma que são os problemas e seus enfrentamentos a origem dos conhecimentos. O processo de codificação—problematização—descodificação constitui uma síntese das dimensões dialógica e problematizadora, que estruturam o ato educativo.

O processo de *codificação—problematização—descodificação*, proposto por Paulo Freire, estrutura a dinâmica da interação em sala de aula. Com base em um *código* que representa, mediante qualquer um dos múltiplos canais de comunicação, as situações envolvidas nos temas, esse processo deve ser planejado de modo que sejam exploradas tanto a *dimensão dialógica do ato educativo* como a *dimensão problematizadora do ato gnoseológico*. O que se pretende com esse processo é:

1) a apreensão pelo educador do significado que o sujeito-aluno atribui às situações — enquanto uma interpretação oriunda da imersão do educando em suas relações cotidianas —, de modo que possa ser problematizado sistematicamente;

Na 5ª Parte, são apresentados procedimentos com os quais é possível elaborar uma programação de conteúdos articulando temas, conceituação científica e sua abordagem em sala de aula.

2) a apreensão pelo aluno, via problematização — que explicitamente envolve a formulação de problemas a ser enfrentados —, de uma interpretação oriunda de conhecimentos científicos, a qual será introduzida pelo professor no processo de problematização e já foi previamente planejada e estruturada em unidades de ensino;

3) de acordo com a interpretação de Freire (1975), os pronunciamentos do educando relativos ao que seria sua cultura primeira refletiriam o nível de consciência dele sobre a situação representada. Supõe-se que sejam representativos do meio sociocultural com o qual os alunos mais frequente e predominantemente mantêm relações, conforme abordado na 3ª Parte. Seria, portanto, uma situação significativa vivida e apreendida segundo seus padrões de interação, para além das interpretações meramente individuais relativas apenas às idiossincrasias de algum aluno. O processo de codificação—problematização—descodificação tem como meta proporcionar subsídios para o enfrentamento e superação desse nível de consciência, que envolve rupturas. É precisamente nesse aspecto que a cultura elaborada, associada a essa dinâmica didático-pedagógica, tem seu papel a desempenhar.

Parece claro que, se as rupturas de que falamos anteriormente são as relativas à consciência dos alunos, elas também apontam para as que precisam ocorrer no sistema educacional, nos mais diversificados níveis de atuação. Em outros termos, a ação educativa, na perspectiva que aqui está sendo adotada, revela-se como um processo que, rompendo com práticas educativas já estabelecidas historicamente, vai promovendo as transformações necessárias.

"Método-conteúdo" e sua indissociação: refere-se à inter-relação existente entre gênese, localização, formulação e solução dos problemas, culminando com a construção de conhecimentos. Na 3ª Parte, foram abordadas características dessa indissociabilidade em relação aos conhecimentos dos alunos. Relativamente aos conhecimentos científicos, além dos aspectos caracterizados na 2ª Parte e nesta, veja na 5ª Parte os conceitos unificadores, com os quais se obtém uma visão estruturada da ciência.

Significa uma ruptura no "método-conteúdo" — indissociáveis — construído pelos alunos, a qual deverá ocorrer com sua apreensão do conhecimento científico, visto que este possui uma estrutura que implica também "método-conteúdo" — indissociáveis — construído durante a produção desse conhecimento. O caráter processual da produção dos distintos conhecimentos, portanto, não pode ser desconsiderado na atuação docente, durante o planejamento, a organização e a execução da atividade de apropriação do produto do conhecimento científico pelo aluno.

A prática educativa necessita ser desenvolvida segundo um modelo didático-pedagógico que estabeleça a seguinte articulação:

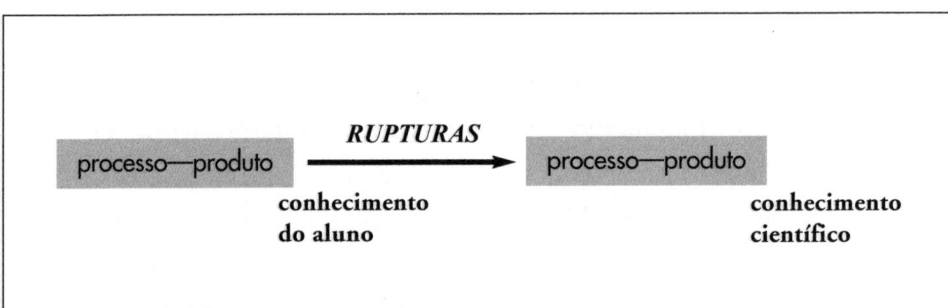

Numa interação que propicie a ruptura para a apreensão do conhecimento científico.

O caráter dialógico, com a qualidade de *tradutor*, deve ser uma das características fundamentais do modelo didático-pedagógico, cujo eixo estruturante é a *problematização dos conhecimentos*. Problematiza-se, de um lado, o conhecimento sobre as situações significativas que vai sendo explicitado pelos alunos. De outro, identificam-se e formulam-se adequadamente os problemas que levam à consciência e necessidade de introduzir, abordar e apropriar conhecimentos científicos. Daí decorre o diálogo entre conhecimentos, com consequente possibilidade de estabelecer uma dialogicidade tradutora no processo de ensino/aprendizagem das Ciências.

A problematização, como característica fundamental para a produção e apropriação de conhecimento, é assim enfatizada por Bachelard, cuja análise epistemológica fundamenta a proposta de Snyders:

> *Antes de tudo o mais, é preciso saber formular problemas. E seja o que for que digam, na vida científica, os problemas não se apresentam por si mesmos. É precisamente esse sentido do problema que dá a característica do genuíno espírito científico. Para um espírito científico, todo conhecimento é resposta a uma questão. Se não houve questão, não pode haver conhecimento científico. Nada ocorre por si mesmo. Nada é dado. Tudo é construído* (Bachelard, 1977, p. 148).

Bachelard, um cientista-educador, além de filósofo da ciência e poeta, tem vasta obra publicada, em que se nota claramente sua preocupação pedagógica, fruto de uma reflexão da prática do educador-cientista, interessado essencialmente na formação do pensamento científico, também entre alunos do curso pré-universitário. Para ele, a apropriação do conhecimento científico pelo aluno implica a superação do que denomina "obstáculos epistemológicos" para a formação do pensamento científico, os quais seriam "*os retardos e perturbações que se incrustam no próprio ato de conhecer, uma resistência do pensamento ao pensamento*" (Japiassu, 1976, p. 171).

O conceito de obstáculo epistemológico é, por isso mesmo, por ele empregado para uma interpretação tanto do desenvolvimento científico

Dialogicidade tradutora: a perspectiva dialógica envolvida no processo de codificação—problematização—descodificação articula-se a uma dimensão que precisa ser sistematicamente trabalhada: o esforço do professor de estar sempre procurando compreender a fala do aluno e o contexto em que ela se situa, se no de sua cultura primeira ou no do conhecimento científico que está sendo introduzido. De modo semelhante, o professor precisa ir conscientizando os alunos de que o conhecimento científico que está veiculando em suas aulas e do qual é portador também tem um contexto de produção distinto daquele da cultura prevalente ou primeira. Essa prática docente constitui, de fato, um desafio ao professor, uma vez que não se trata apenas de informar a existência de diferenças, mas também de ir fornecendo elementos contextuais que tornem possível ao aluno apropriar-se da visão de mundo em que a produção científica está inserida. O papel a ser desempenhado pelo professor, semelhante ao de um "tradutor", foi adaptado de uma proposição de Kuhn (1975), quando este argumenta que pesquisadores usuários de paradigmas distintos e incompatíveis precisam fazer uma tradução mútua para seus respectivos paradigmas, a fim de haver algum nível de comunicação. Cf. em Delizoicov (1991) maior detalhamento sobre o termo dialogicidade tradutora.

como da prática educacional (Bachelard, 1983). É também pelas rupturas que o conhecimento científico se constrói; de forma semelhante, é pelas rupturas que se passará do "conhecimento vulgar" para o conhecimento científico (Bachelard, 1977).

O não reconhecimento dos professores de que há também "obstáculos pedagógicos" para a formação do pensamento científico do estudante é criticado por Bachelard. Sua prática de educador parece tê-lo convencido, mais do que a outros, de que os "obstáculos" não podem ser negados, negligenciados, escamoteados, na tarefa educacional: "*Sempre me surpreendeu o fato de que os professores de Ciências, mais que os outros, não compreendam que não se possa compreender. Poucos são aqueles que aprofundam a psicologia do erro*" (Bachelard, 1977, p. 150).

Ao considerar que o estudante chega à aula de Ciências com conhecimentos empíricos já construídos, fruto de sua interação com a vida cotidiana, ele argumenta que, durante a educação escolar, não se trata de "*adquirir uma cultura experimental, mas de mudar de cultura experimental, de derrubar os obstáculos já amontoados pela vida cotidiana*" (Bachelard, 1977, p. 150).

É uma "psicanálise" dos "erros" iniciais — "erros epistemológicos" — cometidos pelos alunos na interpretação do objeto de estudo que Bachelard propõe como alternativa para a superação dos obstáculos, conforme o que também destacou Snyders:

> *Desse modo, toda cultura científica deve começar, como o explicamos extensamente, por uma catarse intelectual e afetiva. Resta depois a tarefa mais difícil: pôr a cultura científica em estado de mobilização permanente, substituir o saber firmado e estático por um conhecimento aberto e dinâmico e dialetizar todas as variáveis experimentais; dar, enfim, à razão razões de evoluir* (Bachelard, 1977, p. 151).

Um diálogo tradutor implica, então, um processo para obter o conhecimento vulgar do educando, e não apenas para saber que ele existe; é necessário trabalhá-lo ao longo do processo educativo, para fazer, como prescreve Bachelard, sua "psicanálise".

Em outros termos: é para problematizá-lo que o professor deve apreender o conhecimento já construído pelo aluno; para aguçar as contradições e localizar as limitações desse conhecimento, quando cotejado com o conhecimento científico, com a finalidade de propiciar um distanciamento crítico do educando, ao se defrontar com o conhecimento que ele já possui, e, ao mesmo tempo, propiciar a alternativa de apreensão do conhecimento científico. Busca-se a desestabilização das afirmações dos alunos. É a desestruturação das explicações contidas no conhecimento de senso comum dos alunos que se pretende inicialmente, para logo após formular problemas que possam levá-los à compreensão de outro conhecimento, distintamente estruturado.

Entre outras possibilidades de estabelecer uma dinâmica de atuação docente em sala de aula que contemple os aspectos aqui apresentados, a seguinte, que tem feito parte de algumas iniciativas educacionais, é fornecida como opção. Ela é caracterizada pelo que tem sido denominado de *momentos pedagógicos*, distinguindo três deles com funções específicas e diferenciadas entre si, a saber: problematização inicial, organização do conhecimento e aplicação do conhecimento.

Momentos pedagógicos: sua proposição encontra-se também no livro *Metodologia do ensino de Ciências*, de Demétrio Delizoicov e José André P. Angotti, Editora Cortez, 1994. Exemplos de seu uso podem ser encontrados em: a) *Física*, de Demétrio Delizoicov e José André P. Angotti, Editora Cortez, 1991; b) *Ousadia no diálogo*: interdisciplinaridade na escola pública, organizado por Nídia Pontuschka, Edições Loyola, 1993. Veja, entre outros, o texto de autoria de Marta Maria C. A. Pernambuco: "Quando a troca se estabelece"; c) *Ensino de Física*: conteúdo, metodologia e epistemologia numa concepção integrada, organizado por Mauricio Pietrocola de Oliveira, Editora da UFSC, 2001. Veja o capítulo "Problemas e problematizações", de Demétrio Delizoicov.

Problematização inicial

Apresentam-se situações reais que os alunos conhecem e presenciam e que estão envolvidas nos temas, embora também exijam, para interpretá-las, a introdução dos conhecimentos contidos nas teorias científicas. Organiza-se esse momento de tal modo que os alunos sejam desafiados a expor o que estão pensando sobre as situações. Inicialmente, a descrição feita por eles prevalece, para o professor poder ir conhecendo o que pensam. A meta é problematizar o conhecimento que os alunos vão expondo, de modo geral, com base em poucas questões propostas relativas ao tema e às situações significativas, questões inicialmente discutidas num *pequeno grupo*, para, em seguida, serem exploradas as posições dos vários grupos com toda a classe, no *grande grupo*.

Neste primeiro momento, caracterizado pela apreensão e compreensão da posição dos alunos ante as questões em pauta, a função coordenadora do professor concentra-se mais em questionar posicionamentos — até mesmo fomentando a discussão das distintas respostas dos alunos — e lançar dúvidas sobre o assunto do que em responder ou fornecer explicações. Deseja-se aguçar explicações contraditórias e localizar as possíveis limitações e lacunas do conhecimento que vem sendo expresso, quando este é cotejado implicitamente pelo professor com o *conhecimento científico que já foi selecionado para ser abordado*, conforme procedimento a ser apresentado na 5ª Parte. Em síntese, a finalidade deste momento é propiciar um distanciamento crítico do aluno, ao se defrontar com as interpretações das situações propostas para discussão.

O ponto culminante dessa problematização é fazer que o aluno sinta a necessidade da aquisição de outros conhecimentos que ainda não detém, ou seja, procura-se configurar a situação em discussão como um *problema* que precisa ser enfrentado.

Organização do conhecimento

Os conhecimentos selecionados como necessários para a compreensão dos temas e da problematização inicial são sistematicamente estudados neste momento, sob a orientação do professor. As mais variadas atividades são então empregadas, de modo que o professor possa desenvolver a conceituação identificada como fundamental para uma compreensão científica das situações problematizadas. É neste momento que a resolução de problemas e exercícios, tais como os propostos em livros didáticos, pode desempenhar sua função formativa na apropriação de conhecimentos específicos. No entanto, conforme se tem destacado, esse é apenas um dos aspectos da problematização necessária para a formação do aluno. Não raramente, há uma supervalorização da abordagem de problemas e exercícios desse tipo pela prática docente, em detrimento da localização e formulação de problemas de outra espécie, tais como os caracterizados no momento anterior e aqueles cuja abordagem é sugerida no momento seguinte.

Aplicação do conhecimento

Destina-se, sobretudo, a abordar sistematicamente o conhecimento que vem sendo incorporado pelo aluno, para analisar e interpretar tanto as situações iniciais que determinaram seu estudo como outras situações que, embora não estejam diretamente ligadas ao motivo inicial, podem ser compreendidas pelo mesmo conhecimento. Do mesmo modo que no momento anterior, as mais diversas atividades devem ser desenvolvidas, buscando a generalização da conceituação que já foi abordada e até mesmo formulando os chamados problemas abertos. A meta pretendida com este momento é muito mais a de capacitar os alunos ao emprego dos conhecimentos, no intuito de formá-los para que articulem, constante e rotineiramente, a conceituação científica com situações reais, do que simplesmente encontrar uma solução, ao empregar algoritmos matemáticos que relacionam grandezas ou resolver qualquer outro problema típico dos livros-textos. Independentemente do emprego do aparato matemático disponível para enfrentar essa classe de problemas, a identificação e emprego da conceituação envolvida — ou seja, o suporte teórico fornecido pela ciência — é que estão em pauta neste momento. É um uso articulado da estrutura do conhecimento científico com as situações significativas, envolvidas nos temas, para melhor entendê-las, uma vez que essa é uma das metas a ser atingidas com o processo de ensino/aprendizagem das Ciências. É o potencial explicativo e conscientizador das teorias científicas que precisa ser explorado.

II

Instrumentação para o ensino

Abordagem de temas em sala de aula

1. Aprofundamento para estudo

A) O QUE PENSAM OS ALUNOS SOBRE A CIÊNCIA? QUAL SUA CONCEPÇÃO EPISTEMOLÓGICA?

O professor pode aprofundar a compreensão de seus alunos sobre a natureza do conhecimento científico, iniciando pelo resgate e problematização da concepção que possuem. Uma atividade que propicia isso pode ser encontrada no livro *Em debate*: cientificidade e educação em Ciências, SE/Cecirs, 1996, de Regina Maria Rabello Borges. No capítulo 1, é apresentado o instrumento de pesquisa "Ideias sobre a natureza do conhecimento científico", especialmente elaborado para ser aplicado em sala de aula. No capítulo 2, a autora apresenta, em leitura introdutória, as posições dos epistemólogos que mencionamos nesta parte, entre outras que caracterizam as discussões epistemológicas contemporâneas.

B) EPISTEMÓLOGOS E SUAS TEORIAS DO CONHECIMENTO

Tendo como referências básicas, além do livro anteriormente citado, o livro *O que é ciência afinal?*, Editora Brasiliense, 1993, de A. F. Chalmers, e o v. 13, n. 3 de dezembro de 1996 da revista *Caderno Catarinense de Ensino de Física*, cujos artigos são dedicados à apresentação das posições epistemológicas de Kuhn, Popper, Lakatos, Feyerabend e Bachelard, grupos de licenciandos podem preparar seminários sobre os seguintes assuntos:

- Bacon e o empirismo/indutivismo;

- Popper e o falsificacionismo;
- Bachelard, os obstáculos epistemológicos e as rupturas;
- Kuhn, paradigmas e revoluções científicas;
- Feyerabend e o anarquismo epistemológico;
- Fleck e os estilos/coletivos de pensamento. (Cf. "Sociogênese do conhecimento e pesquisa em ensino: contribuições a partir do referencial fleckiano", v. 19, número especial, 2002, da revista *Caderno Catarinense de Ensino de Física*, artigo de Demétrio Delizoicov *et al.*; "Ludwik Fleck e a presente história das ciências", de autoria de Ilana Löwy, na revista *História, Ciências, Saúde – Manguinhos*, Rio de Janeiro, v. 1, n. 1, out. 1994.)

2. Exemplares

A) POLUIÇÃO DO AR

Contexto da atividade

A atividade a seguir, estruturada pelos três momentos pedagógicos, é exemplo que foi empregado (com pequenas adaptações) em curso de formação continuada de professores de Ciências da rede de ensino municipal de São Paulo, durante o ano de 1990, com o objetivo de explorar possibilidades e fornecer subsídios para uma prática educativa a ser desenvolvida com alunos do ensino fundamental (de 6º ao 9º ano). Um plano de ensino do tema "poluição urbana", em que esta atividade está inserida, é exemplificado na 5ª Parte, que visa fornecer subsídios para a elaboração de programas na perspectiva da abordagem temática. Como será visto nessa parte, os conceitos unificadores constituem um dos eixos estruturantes da programação. O conceito unificador escala foi explorado nesta atividade e permitiu sua estruturação. Esse conceito caracteriza uma das atividades da produção científica, a saber, a da mensuração e matematização das variáveis envolvidas nos fenômenos, relacionados respectivamente à precisão e exatidão das grandezas. Tais procedimentos — mensuração e matematização — e valores — precisão e exatidão — são de fundamental importância, uma vez que estão na gênese da ciência moderna e constituem um dos diferenciais entre o conhecimento prevalente do aluno e o científico.

Problematização inicial

A discussão inicial ocorre no "pequeno grupo" (até quatro pessoas). Cada grupo deve anotar a síntese das conclusões, para posterior apresentação e discussão no "grande grupo" (toda a turma). O professor organiza e atende os grupos, dimensionando o tempo para essa atividade de acordo com o andamento do trabalho e seu planejamento. Na discussão no "grande grupo", resgata as sínteses dos alunos, coordenando as discussões e desafiando-os a expor suas ideias. Explora posições contraditórias, sempre perguntando e solicitando aos alunos que se pronunciem. A meta é: 1) problematizar as falas; 2) ir direcionando para a introdução do que será abordado no momento seguinte — organização do conhecimento —, mediante outras questões, formuladas pelo professor, que serão objeto de estudo, ao se desenvolver o segundo momento. Esse aspecto da problematização inicial tem a função de procurar conscientizar os alunos das possíveis limitações e lacunas de seu conhecimento.

Baseie-se em suas observações e experiências do dia a dia e realize a seguinte discussão com seu grupo:

1) Você vive numa região onde há muito tráfego de automóvel, ônibus e caminhão? Já esteve numa região dessas? E em locais com indústrias? Tente, descrevendo, dar algumas das características dessa região com base no que você lembra de suas observações. Por exemplo:

a) Qual a cor dos prédios?

b) Qual a cor da poeira dos móveis? E das cortinas?

c) Como ficam as folhas das plantas?

d) As características são diferentes no verão e no inverno?

Descreva, também, outros detalhes que você tenha observado.

2) A seguinte notícia foi transmitida num jornal diário de uma emissora de rádio: "Cetesb informa: qualidade do ar em Cubatão é MÁ. No centro, a qualidade do ar é INADEQUADA".

a) Você sabe o que é Cetesb? (www.cetesb.sp.gov.br)

b) O que significa qualidade do ar "má"? E "inadequada"?:

Tabela 1: Alguns poluentes do ar e as principais fontes lançadoras

Poluente	**Fontes**
Monóxido de carbono	Indústrias, veículos (queima de combustível)
Dióxido de carbono	Indústrias, veículos (queima de combustível)
Dióxido de enxofre	Indústrias, veículos, residências, termelétricas (queima de combustível)
Partículas de mercúrio	Indústrias de cloro, plásticos, papel e combustíveis de veículos
Partículas de chumbo	Indústrias de tintas, automóveis
Óxidos de nitrogênio	Aviões, automóveis, incineradores, queimadas
Partículas de amianto	Automóveis (pneus)
Inseticidas	Lançamentos sobre as plantações, indústrias de inseticidas
Cloro	Indústrias de cloro e de inseticidas organoclorados, spray
Cimento	Indústrias de cimento
Hidrocarbonetos	Veículos, indústrias (queima de combustível)
Partículas de carvão	Veículos, indústrias (queima de combustível)

Fonte: CECISP. *Ciências ambientais para 1º grau*: 7ª e 8ª séries – Poluição.

Tabela 2: Composição da atmosfera seca

Componentes gasosos	Composição ppm (vol.)	Composição ppm (peso)
Nitrogênio	780.900	755.100
Oxigênio	209.500	231.500
Argônio	9.300	12.800
Dióxido de carbono	300	460
Neônio	18	12,5
Hélio	5,2	0,72
Metano	2,2	1,2
Criptônio	1	2,9
Óxido nitroso	1	1,5
Hidrogênio	0,5	0,03
Xenônio	0,08	0,36

OS OUTROS COMPONENTES GASOSOS DE ORIGEM NATURAL E DE CONCENTRAÇÃO VARIÁVEL SÃO:

- óxidos de nitrogênio: produzidos pelas descargas elétricas durante as tempestades;
- dióxido de enxofre; fluoreto de hidrogênio e cloreto de hidrogênio (erupções vulcânicas);
- sulfeto de hidrogênio: escapa das acumulações de gás natural ou dos vulcões;
- ozônio: formado fotoquimicamente ou por descargas elétricas.

Há ainda partículas sólidas ou líquidas de origem natural, constituídas de materiais do solo, da vegetação e do mar transportados pelo vento, bem como de poeiras meteóricas e de micro-organismos e pólen.

Organização do conhecimento

O problema da qualidade e da poluição do ar em cidades como São Paulo tem origem em várias fontes poluidoras, conforme dados da tabela 1. Nesta atividade, será considerada a poluição do ar decorrente da queima de combustível no motor dos veículos.

DESENVOLVER ESTE MOMENTO COM O MESMO PROCEDIMENTO ANTERIOR.

Analise a tabela 1 e responda às questões:

1) Que poluentes do ar decorrem da queima de combustível dos veículos?

2) Desses, você sabe identificar quais são gases e quais são sólidos?

3) Essas substâncias alteram a qualidade do ar? E a composição básica do ar, fica alterada? Explique. Consulte a tabela 2.

4) A quantidade de oxigênio (O_2) do ar fica alterada? Explique.

A tabela 3 fornece informações sobre alguns poluentes. Analise-a e responda às questões:

5) O que significa g/m^3 ? E mg/m^3? E ppm? E $\mu g/m^3$?

6) Que principais efeitos o monóxido de carbono (CO) ocasiona? Em qualquer quantidade? Explique, consultando a tabela 4.

7) Que principais efeitos o dióxido de enxofre (SO_2) ocasiona? Em qualquer quantidade? Explique.

8) E o chumbo (Pb)? Qual a origem do chumbo que fica no ar em consequência da queima de combustíveis?

Consultar:

GEPEQ. *Interações e transformações III*: química – ensino médio: química e a sobrevivência/atmosfera. Livro do aluno e guia do professor. São Paulo: Edusp, 1998.

MOZETO, Antonio A. Química atmosférica: a química sobre nossas cabeças. *Cadernos Temáticos de Química Nova na Escola*. Química ambiental, São Paulo, n. 1, p. 41-49, maio 2001.

QUÍMICA NOVA NA ESCOLA. Disponível em: <www.sbq.org.br/ ensino>.

SANTOS, Wildson L. P. (Org.). Poluição do ar: estudo dos gases. In: _____. *Química na sociedade*. Brasília: UnB, 2000.

Tabela 3: Algumas substâncias poluentes, suas particularidades e efeitos sobre a saúde, a vegetação, os animais, os materiais e a estética

	Origem antropogênica	Fontes	Dose	
A. Poluição causada pelo dióxido de enxofre – SO_2	Resulta da combustão do enxofre presente nos combustíveis, sobretudo de alto teor de enxofre (1 a 4%).	Transportes, domicílios, indústrias e outras.	Até 40 $\mu g/m^3$	
			De 40 a 50 $\mu g/m^3$	
			De 60 a 80 $\mu g/m^3$	
			De 80 a 100 $\mu g/m^3$	
			De 100 a 120 $\mu g/m^3$	
			500 $\mu g/m^3$	
			Limite admissível:	
B. Poluição causada pelo monóxido de carbono – CO	Resulta da combustão incompleta do carbono.	Combustão incompleta de combustíveis, cigarros, aquecimentos domésticos, automóveis, barcos a motor, indústrias etc.		
			117 mg/m^3	
			70 mg/m^3	
			35 mg/m^3	
			23 mg/m^3	
			12 mg/m^3	
			De 20 a 30% De 30 a 40% De 40 a 50%	
			De 50 a 60%	
			De 60 a 70%	
			80%	

<table>
<tr><th>Efeito</th><th>Considerações especiais</th></tr>
<tr><td>Sobre a saúde humana.
Sobre vegetação mais sensível.
Sobre materiais: corrosão de bronze, mármore.
Sobre a visibilidade, estética.</td><td>• O papel do SO_2 é insignificante perto da ação sinérgica.
• A sinergia de SO_2 mais a poeira levam ao aumento da mortalidade.
• Seus efeitos gerais são sobre a saúde, a vegetação, a estética, o odor, o conforto, a visibilidade.</td></tr>
<tr><td>Doenças respiratórias, sobretudo nas crianças.
Sobre a fauna e a flora aquática, acidificação dos lagos.
Aumento da mortalidade, hospitalização.</td><td>Método de combate ao SO_2: dessulfuração, dispersão (altas chaminés), uso de combustível de baixo teor de enxofre.</td></tr>
<tr><td>125 µg/m³ de SO_2 a não ultrapassar 30% do ano.</td><td></td></tr>
<tr><td>Porcentagem de transferência de hemoglobina em COHB por tempo de exposição
<table>
<tr><th>Em 1h</th><th>Em 8 h</th><th></th></tr>
<tr><td>3,6%</td><td>12,9%</td><td>• Afeta a atuação física (cérebro, músculos).</td></tr>
<tr><td>2,5%</td><td>8,7%</td><td>• Age sobre pessoas com problemas coronários.</td></tr>
<tr><td>1,3%</td><td>4,0%</td><td>Perturba o sono.</td></tr>
<tr><td>0,8%</td><td>2,8%</td><td>• Aumento do distúrbio cardiovascular.</td></tr>
<tr><td>0,4%</td><td>1,4%</td><td></td></tr>
</table>
Distúrbios segundo a taxa de carboxiemoglobina (COHB)
náusea
náusea/vômito
síncope
convulsão
coma
morte
suicídio com gás – 2/3 de COHB</td><td>• O monóxido de carbono está presente no ar naturalmente, à taxa de 0,03%. Seu aumento ocasiona distúrbios à saúde.
• O CO tem grande afinidade pela hemoglobina do sangue, que é transformada em carboxiemoglobina (COHB) e fica impedida de transportar oxigênio, o que causa perturbações psicológicas, físicas e sensoriais e pode levar à morte por asfixia.
• Um habitante da cidade tem normalmente de 1 a 2% de COHB e um fumante do mesmo lugar, de 4 a 10%.</td></tr>
</table>

	Origem antropogênica	Fontes	Dose	
C. Poluição causada pelo mercúrio – Hg	• Resulta da utilização do mercúrio no processo catalítico para síntese do acetileno (indústrias de resina de PVC). • Uso de fungicidas (tratamento de grãos de cereais). • Fins agrícolas (desinfecção com compostos de fenilmercúrio).		• O Hg é encontrado normalmente à proporção de: – 0,03 ppb (parte por bilhão) no mar; – 0,01 ppm (parte por milhão) no fitoplâncton. • 2 µg/grama de peso seco nos consumidores primários. • 5 µg/grama de peso seco no atum. • A partir de 0,3 mg/dia, para um adulto de 70 kg representa perigo à saúde.	
D. Poluição causada pelo chumbo – Pb	Tem origem industrial: • utilização como antidetonante nos combustíveis automotores; – bateria; – imprensa; – canalização de água; – tabaco; – indústria de alimentos (latas, tampas).		• A norma recomenda 50 µg/ml. • Limite aconselhável: 35 µg/100 ml. • Nos ambientes de trabalho, em regra, a a legislação tolera 200 µg/m^3 por uma semana de 40 horas.	

Fonte: Cetesb – *Educação Ambiental* – Guia do Professor – 1988.

Efeito	Considerações especiais
• Ação principal: afeta o sistema nervoso central. • Destruição das células nervosas centrais (de ação irreversível) • Afeta o embrião humano, fazendo notar efeitos sobre a primeira geração. • Análises feitas com populações de regiões acidentadas demonstraram: — 1960, Baía de Minamata, Japão (indústria). Em mais de mil acidentados notaram-se: paralisia, surdez, tonturas, perda da memória, tremores, alucinações, perturbação visual, salivação etc. – 1971, Iraque. Ingestão de pão cujo grão de trigo foi tratado com fungicida com mercúrio. Efeitos: sobre a visão, sobre o sistema nervoso central, rompimento do ciclo menstrual.	• É um metal pesado de efeito cumulativo nos órgãos, pois não é eliminado. • As vias de absorção são: – inalação (respiração); – oral (alimentação); – pele (cosméticos, medicamentos para sífilis); – placenta; – leite de mãe contaminada; – mucosa. • Os indicadores de absorção são: – sangue; – urina; – cabelo. • O mecanismo de ação é biotransformador.
• O chumbo é considerado o veneno do sangue, cuja ação recai na síntese da hemoglobina, causando saturnismo (anemia). • Fixa-se nas membranas dos glóbulos vermelhos, inibindo as enzimas necessárias à produção de hemoglobina. • Efeitos gerais: – polinevrite: inflamação do sistema nervoso superior; – nefrites: inflamação dos rins; – encefalites: inflamação irreversível no sistema nervoso; – efeito sobre fetos: partos prematuros e aberrações cromossômicas.	• O chumbo persegue também o cálcio por afinidade química. Entrando pelo tubo digestivo, alcança o sangue e atinge o sistema ósseo, provocando infecção óssea. • O chumbo é metal pesado; portanto, é cumulativo.

Tabela 4a: Desativação da hemoglobina por monóxido de carbono

CONCENTRAÇÃO DE MONÓXIDO DE CARBONO NO AR (ppm)	HEMOGLOBINA DESATIVADA (%)
0	0
50	7
100	14
200	27
300	37
400	45
500	51
600	56
700	61
800	65
900	68
1 000	70

Fonte: Cecisp: *Ciências ambientais para 1º Grau* – 7ª e 8ª Séries – Poluição. Veja instrução anterior.

Tabela 4b: Efeitos de CO sobre as pessoas

HEMOGLOBINA DESATIVADA (%)	SINTOMAS	CONCENTRAÇÃO DE CO (ppm)
0	Nenhum	0
1	Nenhum	10
2	Diminuição da capacidade visual	15
8	Dores de cabeça	60
14	Tonturas, fraqueza muscular	100
27	Vômitos	200
33	Inconsciência	270
65 a 70	Morte	800 a 1.000

Fonte: Cecisp: *Ciências ambientais para 1º Grau* – 7ª e 8ª Séries – Poluição

Deve-se ressaltar que, para adequada avaliação dos problemas da poluição do ar, é necessário considerar, minimamente, aspectos *quantitativos*, ou seja, *é preciso realizar medições e usar instrumentos de medidas*. Por outro lado, a elaboração e interpretação de tabelas e gráficos são alguns dos procedimentos científicos que precisam estar constante e sistematicamente presentes nas atividades educativas.

Apenas se deter nos aspectos qualitativos da questão — isto é, afirmar que há CO, SO_2, Pb presentes no ar, sem conhecer em que quantidade, e que, por isso, sua qualidade "faz mal à saúde", "polui", entre outras coisas semelhantes — em nada ajudará que se evitem os problemas de controle da poluição, quando a quantidade de poluentes presentes no ar for realmente crítica e não estiver sendo medida.

Comente a afirmação: *"Não devemos permanecer em garagens fechadas com motores de veículos funcionando"*.

A tabela 5 fornece dados de 1996, relativos à região metropolitana de São Paulo, sobre CO e SO_2. Analise-a e responda às questões:

9) Calcule as porcentagens de CO lançadas no ar em consequência da queima dos seguintes combustíveis nos motores dos veículos:

- gasolina;
- álcool;
- diesel.

10) Calcule as porcentagens de SOx (que inclui o SO_2) lançadas no ar em consequência da queima dos mesmos combustíveis em:

- motores de veículos;
- processos industriais.

11) Construa uma tabela, apresentando os dados sobre as porcentagens de emissão de CO e SOx ocasionada pela queima dos combustíveis considerados. Que aspectos você destacaria dessa tabela?

Tabela 5: Estimativa da emissão das fontes de poluição do ar na RMSP* em 1996

	FONTE DE EMISSÃO	
MÓVEIS	TUBO DE ESCAPAMENTO DE VEÍCULOS	GASOOL** ÁLCOOL DIESEL TÁXI MOTOCICLETA E SIMILARES
	CÁRTER E EVAPORATIVA	GASOOL** ÁLCOOL MOTOCICLETA E SIMILARES
	PNEUS	TODOS OS TIPOS
	OPERAÇÕES DE TRANSFERÊNCIA DE COMBUSTÍVEL	GASOOL** ÁLCOOL
FIXA	OPERAÇÃO DE PROCESSOS INDUSTRIAIS	
TOTAL		

Fonte: Cetesb

* Região Metropolitana de São Paulo.

** Gasool: gasolina com 22% de álcool.

*** Material particulado.

1 - 1990. 2 - 1996.

EMISSÃO (1.000 t/ano)				
CO	HC	NOx	SOx	MP***
952,1	81,4	50,9	7,7	3,8
266,0	30,9	19,0	-	-
271,5	44,2	198,3	17,2	12,4
41,0	3,6	2,3	0,4	0,4
36,4	4,8	0,3	0,3	0,1
-	128,7	-	-	-
-	31,0	-	-	-
-	2,6	-	-	-
-	-	-	-	6,0
-	24,4	-	-	-
-	5,1	-	-	-
38,6[1] (750)	12,0[1] (800)	14,0[1] (740)	16,3[2] (400)	25,9[2] (305)
1.605,6	368,7	284,8	41,9	48,6

Tabela 6: Estrutura do Índice de Qualidade do Ar

Índice	Nível de qualidade do Ar	Qualificação/ índice	SO_2 Média 24 h µg/m³	PTS Média 24 h µg/m³	Produto Média 24 h µg/m³
0		Boa (0 – 50)			
50	50% PQAR	Regular (51 – 100)	80(a)	80(a)	
100	PQAR	Inadequada (101 – 199)	365	240	
200	ATENÇÃO	Má (200-299)	800	375	65.000
300	ALERTA	Péssima (300-399)	1.600	625	261.000
400	EMERGÊNCIA	Crítica (>400)	2.100	875	393.000
500	CRÍTICO		2.620	1.000	490.000

Fonte: Cetesb

SO_2 – dióxido de enxofre

PTS – partículas totais em suspensão

PI – partículas inaláveis

CO – monóxido de carbono

O_3 – ozônio

NO_2 – dióxido de nitrogênio

PI Média 24 h µg/m³	Fumaça Média 24 h µg/m³	CO Média 8 h µg/m³	O_3 Média 1 h µg/m³	NO_2 Média 1 h µg/m³	Descrição dos efeitos sobre a saúde
50(a)	60(a)	4,5	80	100(a)	
150	150	9,0	160	320	Leve agravamento de sintomas, em pessoas suscetíveis, e irritação, na população sadia.
250	250	15,0	200	1.130	Decréscimo da resistência física e significativo agravamento dos sintomas em pessoas com enfermidades cardiorrespiratórias.
420	420	30,0	800	2.260	Aparecimento prematuro de certas doenças, além de significativo agravamento de sintomas.
500	500	40,0	1.000	3.000	Morte prematura de pessoas doentes e pessoas idosas. Pessoas saudáveis podem acusar sintomas adversos que afetam sua atividade normal.
600	600	50,0	1.200	3.750	

PQAR – padrão de qualidade do ar
(a) – PQAR anual

12) Você é capaz de prever (identificar) que sintomas (dor de cabeça, náuseas, outros) a população da cidade de São Paulo poderia apresentar com base nas informações da tabela 5?

Consultar também: EVANS, John. Monóxido de carbono: mais do que somente um gás letal. *Química Nova na Escola*, São Paulo, n. 9, p. 3-5, maio 1999.

13) Como a alta concentração de veículos numa região ou em grandes vias pode influir na qualidade do ar de outras regiões?

14) Como saber as condições da qualidade do ar em determinada região ou bairro da cidade?

A Cetesb deve medir localmente, com instrumentos de medidas apropriados, as quantidades de substâncias poluidoras presentes no ar em diferentes períodos do dia, nas várias regiões, bairros e vias de grande fluxo de tráfego. Os dados dessas medidas são analisados e devem ser divulgados pelos vários meios de comunicação.

A tabela 6 relaciona as quantidades de poluentes medidas e os respectivos padrões que definem a qualidade do ar. Analise-a e responda à questão:

15) Quando a Cetesb informa que em determinada região a qualidade do ar é "inadequada", o que isso significa? A qualidade do ar nessa região é "inadequada" sempre? Explique.

Aplicação do conhecimento

1) Suponha que, durante 24 horas, em determinada região, a qualidade do ar não se altere. Explique a que tipos de problemas a população dessa região pode ficar sujeita, se a qualidade do ar (não alterada durante 24 horas) for:

- REGULAR;
- INADEQUADA;
- MÁ.

2) Segundo os padrões definidos pela Cetesb, como seria classificada a qualidade do ar, se as medidas apresentassem os seguintes dados:

a) Relativos à emissão de SO_2 e partículas em suspensão durante 24 horas:

SO_2 (μg/m³)	PTS (μg/m³)	Produto (SO_2 x PTS)	
70	875		
350	200		
500	250		
900	385		

b) Relativos à emissão de CO durante 8 horas:

6 ppm: 12 ppm:

25 ppm: 33 ppm:

47 ppm:

B) AIDS

Contexto da atividade

Com algumas modificações, a atividade a seguir, preparada pelo professor Antônio Fernando Gouvêa da Silva, tem sido empregada em cursos de formação continuada de professores sobre o tema "aids". Um plano de ensino desse tema, no qual se insere esta atividade, é apresentado na 5ª Parte como exemplo de programa elaborado na perspectiva da abordagem temática. Os *conceitos unificadores* que estruturam esta atividade são *ciclos e regularidades*, bem como processos de transformação. Veja, na 5ª Parte, as características desses conceitos e as possibilidades que eles oferecem para a elaboração de programas de ensino com base em temas.

Problematização inicial

A discussão ocorre no "pequeno grupo" (até quatro alunos). Cada grupo deve anotar a síntese das conclusões, para posterior apresentação e discussão no "grande grupo" (toda a turma). O professor organiza e atende os grupos, dimensionando o tempo para essa atividade de acordo com o andamento do trabalho e seu planejamento. Na discussão no "grande grupo", resgata as sínteses dos alunos, coordenando as discussões e desafiando-os a expor suas ideias. Explora posições contraditórias, sempre perguntando e solicitando aos alunos que se pronunciem. A meta é: 1) problematização das falas; 2) ir direcionando para a introdução do que será abordado no momento seguinte — organização do conhecimento —, mediante outra/s questão/ões (formulada/s pelo professor) que será/ão objeto de estudo no desenvolvimento deste segundo momento.

PONTOS PARA DISCUSSÃO:

1. A aids é uma doença "moderna" ou "antiga"? Antes de o homem "descobrir" a doença, ela já existia? Explique.
2. Dizem que a aids é uma doença causada pelo progresso dos meios de comunicação. Você concorda com essa afirmação? Por quê?
3. O que é progresso para você? Você considera que nossa sociedade é mais evoluída que aquela em que nasceram nossos pais? Por quê?

Organização do conhecimento

Com base no artigo "A avó da aids faz 500 anos com 'boa saúde' ", *Folha de S.Paulo*, 5/2/95, apresentado a seguir, pode-se organizar este momento. Antes da leitura e discussão com os alunos, planejar seu uso em sala de aula. Fundamentalmente, são três os pontos a ser abordados pelo professor em seu plano, sintetizados nas seguintes questões:

1) Qual é o objetivo do autor?

2) Que conhecimentos, específicos ou gerais, são necessários para compreender e analisar o artigo? Notar que ciclos e regularidades, bem como processos de transformação sociais e naturais, no tempo e no espaço, são conceitos que estruturam uma compreensão do conteúdo do artigo, para além de conceitos mais específicos, tais como os de bactéria, epidemia e outros.

3) Em relação aos preconceitos sociais, qual das sociedades é a mais evoluída? Por quê?

Consulte: CAMARGO JÚNIOR, Kenneth Rochel de. Aids e a aids das Ciências. *História, Ciências, Saúde – Manguinhos*, Rio de Janeiro, v. 1, n. 1, out. 1994.

A sífilis, causadora de estragos comparáveis ao vírus da aids, continua a atacar

A avó da aids faz 500 anos com "boa saúde"

RICARDO BONALUME NETO
Especial para a Folha

Meio milênio depois de sofrer com uma nova e letal doença transmitida sexualmente, a civilização ocidental ainda não aprendeu como reagir a esse tipo de problema.

Faz 500 anos que a Europa sofreu a primeira epidemia de sífilis, uma doença venérea causada por uma bactéria espiroqueta, o *Treponema pallidum*.

As reações foram muito parecidas com o que aconteceria muito tempo depois com outra doença, causada por outro tipo de micróbio, o vírus HIV. Assim como aconteceu com a aids, preconceitos e falta de informação fizeram parte da carreira da sua "avó".

"Por causa da severidade de seu impacto, doenças epidêmicas poucas vezes puderam ser acomodadas nas estruturas emocionais com as quais as sociedades viviam", diz o historiador Richard Evans, da Universidade de Londres.

Evans se pergunta, meio de brincadeira, se não haveria uma "dramaturgia" que tende a se repetir com as epidemias novas.

Por exemplo, é comum achar que a transmissão de doenças é feita de pessoa a pessoa (e nem sempre é o caso).Também é comum a fuga do local infectado com a nova "peste" — como fizeram turistas americanos ao saber que a aids era comum do Haiti.

É também comum achar bodes expiatórios e estigmatizá-los. Já as vítimas acham que há algum complô externo contra elas.

A aceleração do tempo histórico no século 20 e os óbvios avanços da ciência permitiram aos pesquisadores comprimir a história da aids em bem menos tempo. Mas o que aconteceu com a sífilis permanece sendo o modelo.

Hoje as duas doenças coexistem e tendem a se concentrar nos mesmos grupos sociais. A sífilis não atinge mais a aristocracia ou os literatos e artistas; a aids tende, a longo prazo, a deixar de ser típica de "grupos de risco", como homossexuais, para ser mais uma doença da pobreza.

Os cientistas ainda não sabem dizer com certeza se a sífilis foi importada das Américas para a Europa ou se já existia ali e apenas se manifestou de modo mais característico em 1495.

Uma das teorias é que foram os marinheiros de Cristóvão Colombo, voltando de sua "descoberta" da América, que introduziram o *Treponema pallidum* na Europa. Essa teoria vem de 1539, segundo o historiador William McNeill, autor de um livro seminal sobre o papel das doenças na história humana, *Plagues and peoples* ("Pragas e povos").

Outros pesquisadores acreditam que a doença já existia e era confundida com a lepra, devido aos sintomas parecidos, como lesões na pele. Recentemente foi divulgada a teoria de que os *vikings* teriam a doença já há mil anos.

É difícil saber, pois as descrições antigas dos sintomas não são precisas o suficiente para um diagnóstico exato. Lesões em ossos de índios da época pré-colombiana seriam uma evidência da existência da sífilis na América.

Foi na cidade italiana de Nápoles, então cercada pelo exército francês do rei Carlos VIII, que apareceu a primeira epidemia. Como era previsível, foi chamada de "doença italiana" pelos franceses e de "doença francesa" pelos italianos.

O nome sífilis foi cunhado por um italiano, meio poeta, meio pesquisador, Girolamo Fracastoro (1483-1553), no poema "*Syphilis sive Morbus Gallicus*" (Sífilis ou doença dos gauleses).

Fracastoro acreditava que doenças infecciosas eram transmitidas por sementes invisíveis. Nesse sentido ele foi uma espécie de avô da bacteriologia.

Só no século 20 que se descobriu a bactéria causadora da sífilis. Uma trinca de alemães deu um golpe brutal nessa espiroqueta.

Fritz Schaudinn descobriu a bactéria causadora em 1905. No ano seguinte, Augustus von Wassermann desenvolveu um exame de sangue para detectar a doença. E em 1909 Paul Ehrlich descobriu o composto à base de arsênico.

A aids teve descobertas igualmente rápidas. Os casos apareciam cada vez mais na década de 80, e já em 1983 foi isolado o vírus. Falta apenas uma cura, que não significará porém que a doença "desaparecerá".

A sífilis, apesar de plenamente curável com antibióticos, sofreu um aumento de 132% de 1985 a 1990 entre os negros americanos. É o tipo de dado que tende a acirrar preconceitos, mas que mostra a deterioração da qualidade de vida nas grandes metrópoles dos EUA.

Epidemias de doenças venéreas têm algo diferente das outras, diz a pesquisadora Megan Vaughan, mesmo levando-se em conta que todas são de algum modo "socialmente causadas e socialmente construídas", uma análise puramente médica não dá conta de seu entendimento.

Isso ajuda a explicar por que a cura descoberta por Ehrlich chegou a ser criticada, pois "encorajaria o pecado". Certamente alguém dirá o mesmo quando a cura da aids for encontrada.

O homem se adaptou

A sífilis não chegou a ser uma ameaça à população europeia como foram as doenças introduzidas pelos europeus na América.

Sem prévio contato com os micróbios mais variados da Eurásia, os nativos americanos morreram aos milhões, vítimas de uma guerra biológica não declarada.

Já o impacto demográfico da sífilis na Europa não chegou a ser grande, segundo o historiador William McNeill.

"A população europeia continuou a crescer através do século 16, quando a doença estava no auge", afirmou.

Aparentemente aconteceu uma adaptação entre as duas espécies, o ser humano e a bactéria, que foi favorecendo as linhagens menos virulentas dela.

É a forma mais tradicional de "coevolução", com os dois organismos tendendo a criarem uma coexistência não tão conflitiva *[sic]*. Há quem diga que se toda a humanidade fizesse "sexo seguro" sempre, sem descuidar de usar preservativos, o próprio vírus da aids tenderia a ser menos virulento, levando mais tempo para matar.

Assim como aconteceu com a aids, a sífilis tornou-se notória ao matar as pessoas famosas. Foi o caso dos franceses Paul Gauguin, pintor, e Guy de Maupassant, escritor.

A bactéria foi particularmente letal entre aristocratas, que tendiam a fazer sexo em "grupos de risco" relativamente restritos. Uma vítima célebre foi o rei inglês Henrique 8°, que também contou com a cirrose no fígado como causa da morte. (RBN)

Folha de S.Paulo, 5 de fevereiro de 1995

Aplicação do conhecimento

Requer um procedimento análogo ao da problematização do conhecimento. Neste momento, caso haja necessidade e de acordo com seu planejamento, o professor fornece outras informações (textos e/ou explicações) para o desenvolvimento das atividades.

PONTOS PARA DISCUSSÃO:

1) Se a medicina construir medicamentos e vacinas para o tratamento da aids, todos terão acesso a eles? Por quê?

2) O que significa dizer que o homem se adaptou à bactéria da sífilis? Todos se adaptaram? O que é coevolução?

3) Diferencie adaptação natural de adaptação social.

4) Qual é a origem dos preconceitos sociais?

c) ENERGIA SOLAR E A TERRA

Contexto da atividade

Com pequenas alterações, esta atividade foi inicialmente proposta no livro *Física* (Cortez Editora, 1990), destinado aos docentes dessa disciplina que atuam nos cursos de formação de professores do magistério. Com o objetivo de fornecer subsídios para a atuação docente, o livro foi organizado em seis unidades, subdivididas num total de 21 tópicos estruturados com base no tema "produção, distribuição e consumo de energia elétrica", propondo-se uma programação para os três anos da disciplina de Física lecionada no ensino médio. Na próxima parte, serão apresentados o *programa de Física elaborado com base no tema proposto e a rede conceitual*, que fornece uma visão da síntese das relações entre tema, conceitos unificadores e conceituação científica que originou a programação. Como não poderia deixar de ser, o conceito unificador explorado foi energia, muito embora os conceitos *transformação, regularidades e escala* também tenham sido empregados para análise e estruturação do tema.

Tópico 4 (unidade 6): Energia solar e a Terra: fusão nuclear

Objetivos

Indicar ordem de grandeza de energia incidente e acumulada na Terra, oriunda do Sol. Descrever reações nucleares com liberação de energia resultante da fusão no Sol. Identificar energia liberada na fusão com perda de massa solar. Aplicar numericamente os conceitos e as novas relações em um exemplo.

Problematização inicial

Discussão em pequenos grupos:

1) Descrever três situações em que a energia solar seja imprescindível para a manutenção das pessoas de sua cidade.
2) De onde vem a energia do Sol? E das estrelas?
3) Como você diferencia um planeta de uma estrela?
4) O Sol será eterno ou deverá extinguir-se?
5) De onde vem a energia acumulada nos combustíveis fósseis?

Organização do conhecimento

O Sol é responsável por mais de 99% do balanço energético da Terra. Da energia solar incidente decorrem, em escalas de tempo breves e geológicas, a biomassa, os combustíveis fósseis e vegetais (como o álcool), a energia hidráulica e a eólica.

Como muitas outras estrelas (que, conforme a idade, assumem características diferentes), o Sol é muito quente, com temperatura média na superfície de 6.000 K, chegando a cerca de 2.10^7 K em sua região central. Nesta temperatura elevadíssima (interna), a matéria solar não é mais constituída de átomos (a energia supera em muito a energia de ligação atômica), mas sim de núcleos e elétrons separados, num estado a que chamamos plasma. Nessas condições, ocorrem reações nucleares, e não químicas, também pela ordem de grandeza da temperatura e da energia. Portanto, quando dizemos que o Sol está queimando, fazemos apenas uma analogia, pois, a rigor, não se trata de combustão, no sentido químico da energia térmica. A origem da energia solar é nuclear. As reações nucleares mais importantes que ocorrem no Sol podem ser descritas pelo seguinte modelo de cadeias de reações:

$$ {}^{1}_{1}H + {}^{1}_{1}H \longrightarrow {}^{2}_{1}H + e^{+} + \nu + \text{energia} $$

$$ {}^{1}_{1}H + {}^{2}_{1}H \longrightarrow {}^{3}_{2}H + \gamma + \text{energia} $$

$$ {}^{3}_{2}He + {}^{3}_{2}He \longrightarrow {}^{1}_{1}H + {}^{1}_{1}H + {}^{4}_{2}He + \text{energia} $$

Essas equações podem ser discutidas com os alunos que já têm alguma familiaridade com a linguagem e simbologia da Química. De qualquer forma, esclareça o que vêm a ser os dígitos à esquerda de cada elemento. Mostre a conservação dos números de massa.

Inicialmente, dois núcleos de hidrogênio (dois prótons ${}^{1}_{1}H$) reagem, formando um átomo de hidrogênio (${}^{2}_{1}H$), um pósitron (e+), que é um "elétron" de carga positiva, e um neutrino (ν). Um átomo de hidrogênio funde-se com outro próton, formando isótopo de hélio (${}^{3}_{2}He$) e fótons γ. Finalmente esses núcleos de hélio se fundem, formando o núcleo do isótopo normal (estável) de hélio (${}^{4}_{2}He$) e liberando também prótons (${}^{1}_{1}H$) para novas fusões.

Todos esses processos liberam grande quantidade de energia, que, nesta série, é da seguinte ordem:

$$ 26.10^6 \text{ eV ou } 26 \text{ MeV}. $$

A figura a seguir representa esquematicamente a fusão do hidrogênio em hélio.

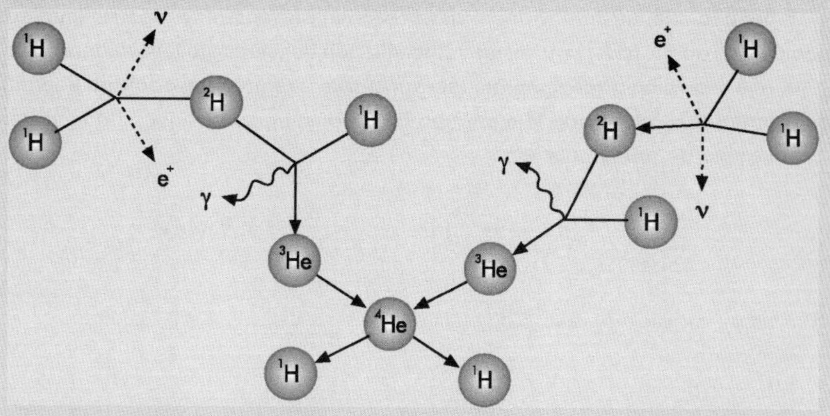

O neutrino (ν), partícula sem carga elétrica (de massa de repouso nula, à semelhança do fóton), interage fracamente com a matéria e emerge do Sol, levando cerca de 10% da energia emitida. O pósitron (e+), partícula igual ao elétron (com carga de mesmo módulo, porém positiva), pode interagir com o elétron, dando origem a dois fótons γ e aniquilando-se. Essa é uma reação de partículas produzindo energia de radiação, no interior do Sol. A radiação γ produzida interage com a matéria solar (que contém átomos até mesmo de elementos pesados, como o ferro, em pequena proporção). Ao chegarem à superfície, os fótons já não são do tipo γ, pois perderam energia nas interações internas. Eles constituem essencialmente frequências na faixa do visível (luz), além do infravermelho e do ultravioleta. Essa radiação atinge a Terra depois de viajar cerca de oito minutos, dando origem a outras formas de energia.

O quadro 4, mais à frente, deve ser então explorado com os dados numéricos. O professor deve trabalhar as ordens de grandeza, lembrando que a unidade é de potência, ou seja, de watts (joule/segundo).

Aplicação do conhecimento

Faça uma discussão com os alunos, explorando diferentes situações:

1) No processo de reações nucleares, o Sol tem uma perda de massa responsável pelo aparecimento de grandes quantidades de energia. Assim, a liberação de energia ocorre na fusão nuclear em consequência da perda de massa. Essa é uma das relações da relatividade, escrita na forma:

$$\Delta E = \Delta.m.c^2$$

É por isso que, em relatividade, devemos falar em massa de repouso (mo) das partículas e dos corpos, pois a massa identificada com energia tem valor relativo, conforme sua velocidade, que também varia com o referencial adotado (inercial ou próprio). Os fótons não têm energia de repouso, à semelhança do neutrino.

Exemplo de reação nuclear:

$$^{2}_{1}H + ^{2}_{1}H \longrightarrow ^{3}_{2}He + ^{1}_{0}n + 3{,}3\ MeV$$

Massa total inicial = 4,028200 u.m.a.

Massa total final = 4,024695 u.m.a.

1 u.m.a. = $1{,}66 \times 10^{-27}$ kg

1 MeV = $1{,}6 \times 10^{-13}$ J

Determinação da energia libertada:

$\Delta m = m_f - m_i$ = 0,003505 u.m.a. = $5{,}82 \times 10^{-30}$ kg

$\Delta E = \Delta mc^2 = 5{,}82 \times 10^{-30} \times 9 \times 10^{16}$ (J)

$\Delta E = 5{,}238 \times 10^{-13}$ J = 3,27 Mev

ΔE = 3,3 MeV, resultante de:

$\Delta m = 5{,}82 \times 10^{-30}$ kg

Fonte: OKUNO, E.; CALDAS, I. L.; CHOW, C. *Física para Ciências Biológicas e Biomédicas*. São Paulo: Harbra, 1982. cap. 13, seção 13.3.2; cap. 12, seção 12.3.

Leituras recomendadas:

ALVARENGA, B.; MÁXIMO, A. A relação massa—energia. In: ______. *Física*. São Paulo: Harbra, 1992, v. 2.

WEISSKOPF, V. F. A escada quântica. In: ______. *Indagação e conhecimento*: o universo físico de acordo com o conhecimento atual. São Paulo: Edart, 1975. cap. 7.

2) Escalas: relação entre temperatura e energia.
Explorar os dados.

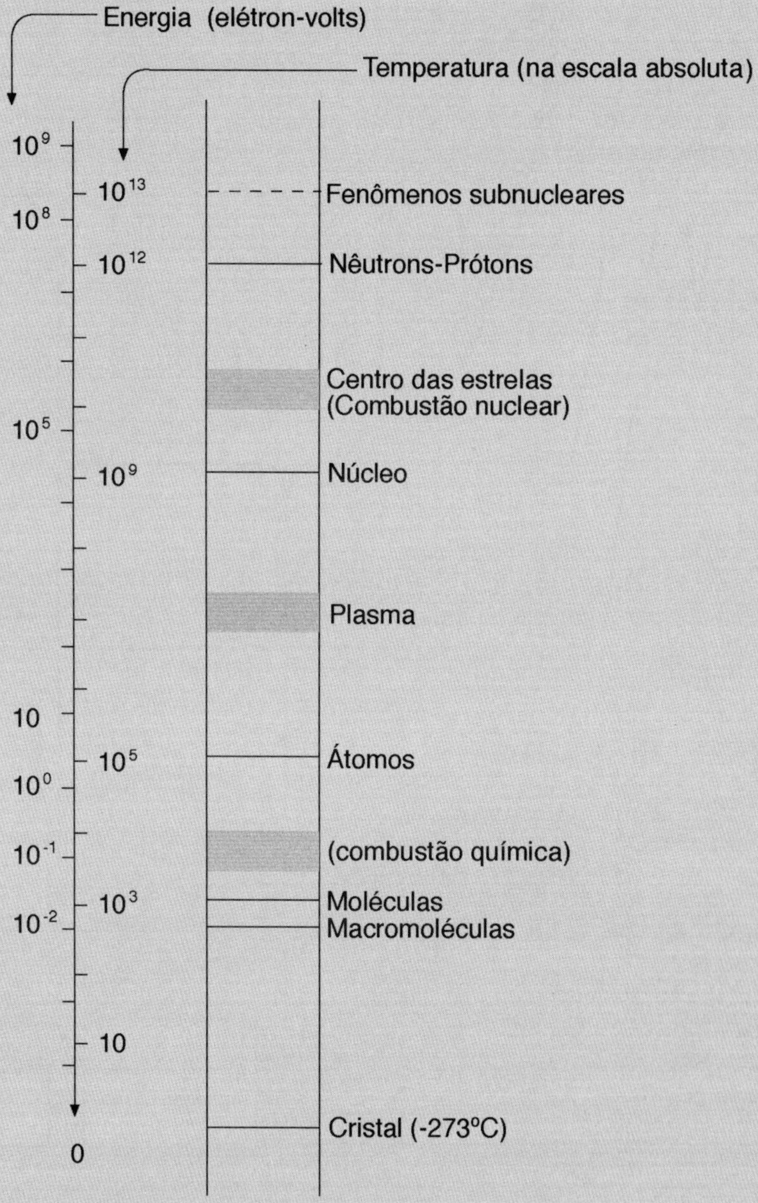

3) Explorar os vários fenômenos contidos no quadro.

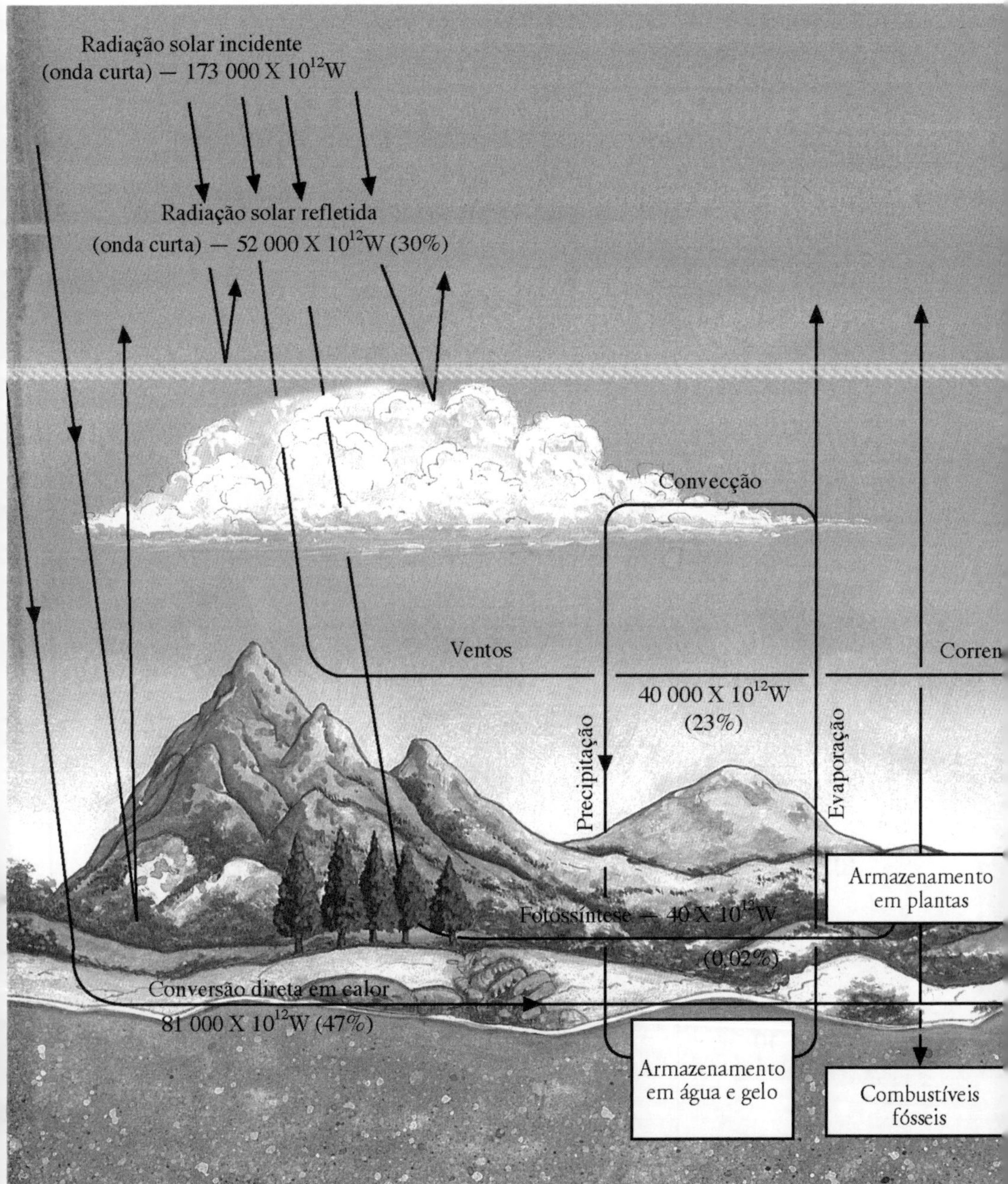

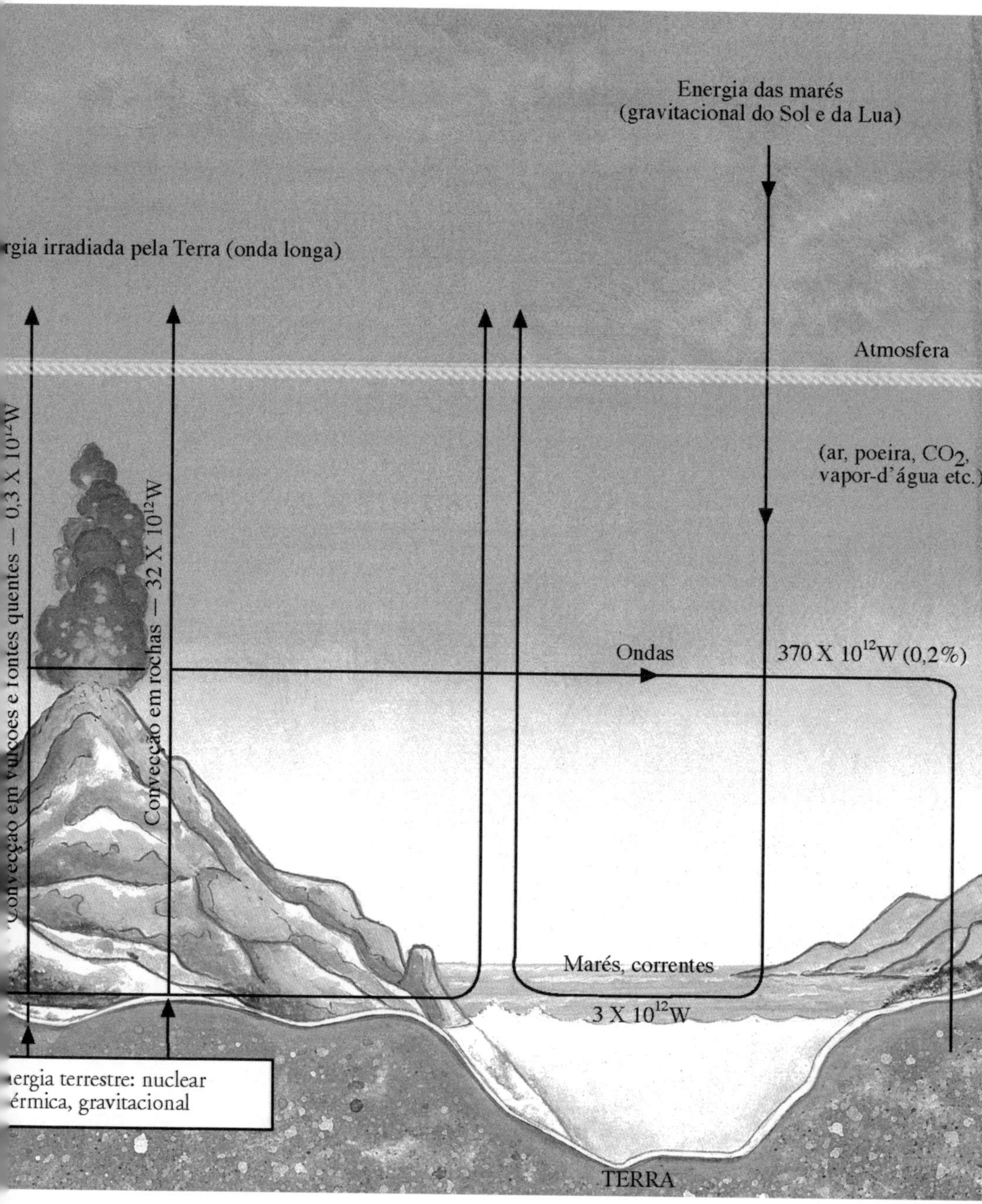

Energia das marés
(gravitacional do Sol e da Lua)
rgia irradiada pela Terra (onda longa)
Atmosfera
(ar, poeira, CO_2, vapor-d'água etc.)
onvecção em vulcões e fontes quentes — 0,3 X 10^{12}W
Convecção em rochas — 32 X 10^{12}W
Ondas
370 X 10^{12}W (0,2%)
Marés, correntes
3 X 10^{12}W
ergia terrestre: nuclear
érmica, gravitacional
TERRA

4) Escalas: estados eletrônicos (a) e estados nucleares (b).
Explorar os dados.

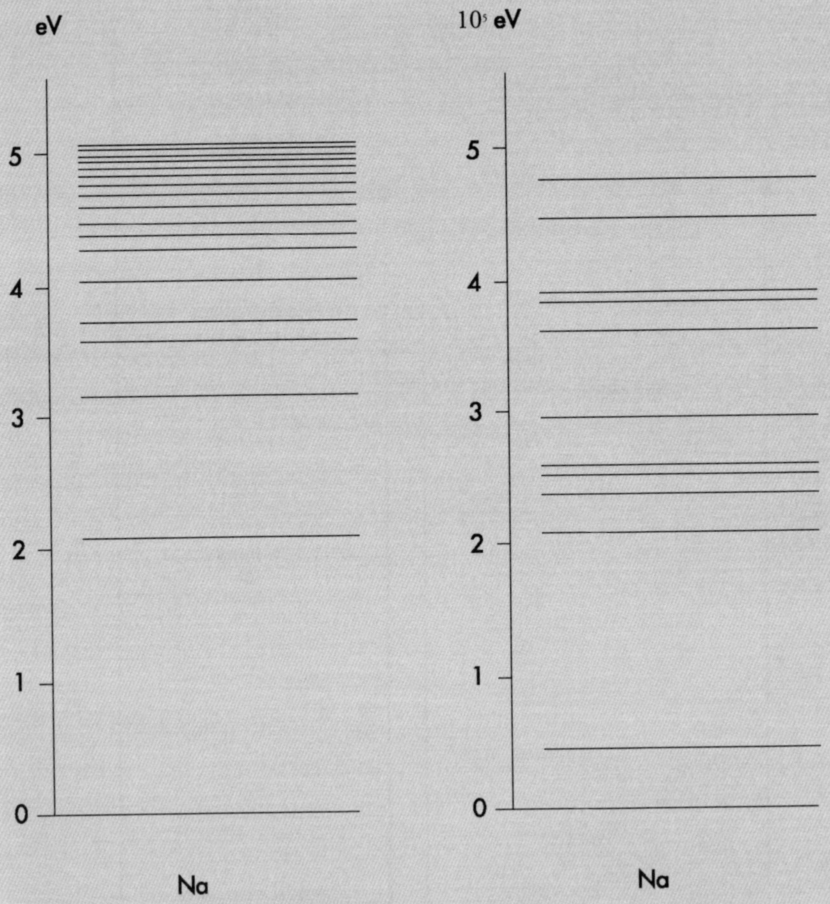

a) Estados eletrônicos

b) Estados nucleares

3. Desafios

a) Intensificar o uso de outros materiais instrucionais além do livro didático

Organizar materiais e atividades que facilitem e conduzam a aprendizagem é parte do cotidiano do professor ou dos que produzem materiais de apoio para professores.

A aprendizagem faz-se na ação, e é no trabalho que os conceitos são apreendidos. Portanto, a organização das atividades e materiais é orientada pela perspectiva de oferecer aos aprendizes o acesso a várias formas de lidar com conhecimentos, informações e conceitos, desafiando-os a usá-los, repetidamente e de diversas formas, em situações diferenciadas.

Os desafios são apresentados pelas problematizações. Em seguida, são propostas diferentes formas de construir o conhecimento necessário para responder ao desafio inicial, caracterizadas por possibilitarem diferentes tipos de ações aos aprendizes. Chega-se, então, às sínteses finais, em que os conceitos são usados com sua capacidade de explicar novas situações. Ou seja, após um período de assimilação, marcado por atividades diversificadas e uso sistemático, ainda que mecânico, dos conceitos ou raciocínios — momento em que a fixação predomina —, tenta-se proporcionar a acomodação ou internalização. Recursos empregados para isso são a extrapolação, a transferência para novas situações, em que os conceitos e procedimentos ganham uma função explicativa mais ampla; o desafio de serem utilizados para fundamentar o enfrentamento de novos problemas ou, ainda, inseridos em estruturas mais abrangentes.

Considerando as diferenças individuais, entre grupos e turmas de alunos e, sobretudo, reconhecendo que a possibilidade de explicitação dessas diferenças pode gerar o desequilíbrio nas estruturas internas dos indivíduos, uma das funções principais do professor é criar essa condição de instabilidade.

Quando se faz uso desses princípios gerais para a produção de materiais e atividades para sala de aula, descobre-se a possibilidade de empregá-los das mais variadas formas, incluindo aquelas totalmente imprevisíveis em sua elaboração original. Folhetos de divulgação de campanhas públicas, recortes de jornais, reportagens ou programas de TV, depoimentos e entrevistas de diferentes pessoas, textos didáticos, enciclopédias, textos de divulgação, literatura, originais de autores, artigos científicos, histórias em quadrinhos e músicas alternam-se em função de cada atividade, ora como desencadeadores e/ou como problematizações, ora para a construção de um conceito específico ou então para possibilitar uma síntese ou uma extrapolação.

Cada material vai adquirir sua função só depois de ser delimitado o papel que desempenha em cada momento de sua utilização. A diversificação das atividades, acompanhada da diversificação das linguagens (ver subseção Questões de linguagem, no Capítulo I da 5ª Parte), auxilia, de acordo com essa compreensão de aprendizagem, na superação de falsas dicotomias, como entre textos e experiências.

Pelo menos desde a década de 50, tornou-se consenso entre os especialistas que o ensino de Ciências depende de atividades experimentais. Os professores acreditam que, sendo as Ciências Naturais de cunho experimental, seu ensino não pode prescindir de um laboratório, mesmo que não seja utilizado. Contudo, na maioria das vezes, esse tipo de atividade, quando existe, tem a função de ilustrar a teoria ou introduzir o aluno no "método experimental", sendo apresentada como uma receita a ser seguida. Os próprios livros didáticos do ensino fundamental, contaminados pela necessidade de forçar a introdução do experimental, trazem descritas muitas atividades práticas inexequíveis, enquanto outras procuram provar a existência de fenômenos, quando, na verdade, está se tratando da construção de conceitos.

Ao se vincular a decisão da atividade proposta ao momento do processo, a observação e o experimento propiciam uma aprendizagem específica, podendo variar de forma e intensidade, em cada situação.

Outras formas podem também ser aplicadas, como a simulação, a analogia cuidadosa e jogos interativos, como o *role-playing*. Empregando recursos

Tipo de jogo em que são criados ambientes e situações que a cada jogada se alteram em função das decisões tomadas pelos jogadores, cada um dos quais representando um personagem diferente na situação.

como meios audiovisuais ou até mesmo textos e dinâmicas de grupo, podem-se criar situações de intervenção controlada, simulacros de "realidades virtuais". Surgem como necessidade e ganham sentido à medida que não são meras ilustrações, mas possibilidades de atuação, organizadas em função do momento de programação e do tipo de conhecimento que se quer explorar.

Um problema concreto que surge na hora de organizar as atividades e materiais é o de estabelecer sequências de conteúdos ordenados como pré-requisitos. Os estudos sobre inteligência artificial e neurologia estão pondo em questão se, do ponto de vista da construção do conhecimento, não se tem enfatizado demais o sequenciamento. O paralelismo afigura-se, muitas vezes, a estratégia mais conveniente para organizar e operar informações. Parece estar na hora de rever se as sequências consideradas indispensáveis para a aprendizagem de certos conteúdos o são, de fato. Explorar as possibilidades do paralelismo ainda é um desafio tanto para a pesquisa como para as práticas de aprendizagem.

b) Na 5ª Parte, é apresentado um plano de ensino sobre o tema "aids". Tomando-o como referência, elabore atividades que se fundamentem nos três momentos pedagógicos.

c) Elaborar atividades sobre o tema "poluição do ar", estruturando-as segundo os três momentos.

Baseando-se na atividade exemplificada, há inúmeras possibilidades de ampliar a programação de conteúdos escolares. Veja, na 5ª Parte, uma opção estruturada de programa do tema "poluição urbana". Esse tema engloba o da "poluição atmosférica", introduzido na atividade proposta. Como um desdobramento do que se abordou, pode-se explorar:

- doenças respiratórias: respiração;
- origem dos poluentes: combustão;
- efeito estufa.

Esta é outra qualidade dos momentos pedagógicos: ser um dos eixos estruturantes da programação, além dos conceitos unificadores.

Assim, a programação de um tema pode ser feita em atividades agrupadas e organizadas segundo os três momentos, estabelecendo uma sequência a ser desenvolvida. Neste sentido, pode-se falar em *momentos pedagógicos da programação*, além daqueles da sala de aula que estruturam cada uma das atividades.

É verdade que esta tarefa de agrupar as atividades segundo as características dos momentos — a saber: problematizar, organizar e aplicar conhecimentos — é flexível e relativa. No entanto, é possível relacionar as atividades que, resultando do desmembramento do tema, abordam predominantemente conhecimentos específicos, originários dos conceitos, modelos e teorias da ciência, como constituintes do momento da *organização do conhecimento da programação*. As atividades pertencentes aos outros dois momentos, então, são articuladas pelos professores programadores, de tal modo que se garanta a qualidade da *problematização* para a(s) atividade(s) inicial(is) sobre o tema abordado e a da aplicação para a(s) atividade(s) realizada(s) após a organização do conhecimento.

No tema "poluição do ar", que estamos explorando como exemplo, sem obviamente esgotar o assunto, teríamos:

Momento de programação	Atividade
Problematização inicial	Poluição do ar (exemplificada)
Organização do conhecimento	Doenças respiratórias: respiração
Organização do conhecimento	Origem dos poluentes: combustão
Aplicação do conhecimento	Efeito estufa

Pode-se associar o uso estruturado dos três momentos ao modelo de um fractal, ou seja, um elemento que, ao se repetir, oferece múltiplas possibilidades de construção de estruturas maiores, como resultado da diversidade de maneiras de organizar o uso repetido do mesmo elemento estruturado. No caso da programação dos conteúdos escolares, os três momentos dão a oportunidade da construção de uma estrutura de rede ou mapa, a qual, articulada aos conceitos unificadores, possibilita a elaboração de uma rede conceitual que sintetiza a programação. Exemplos desses mapas são apresentados na 5ª Parte.

d) Elaborar atividades sobre o tema "energia elétrica: produção, distribuição e seu consumo no Brasil".

São múltiplas as possibilidades de introduzir e desenvolver atividades sobre esse tema, como pode ser visto na proposta exemplificada na 5ª Parte. Por exemplo: uma atividade introdutória, constituindo a problematização inicial de programação (ver item c), poderia ser elaborada começando com algumas questões problematizadoras e prosseguindo com o uso sistemático e organizado de dados sobre a produção e usinas hidrelétricas, conforme sugerido a seguir:

- Sua região já esteve, durante algum período, sob racionamento de energia elétrica? Por quê? Discutiu essa situação com os alunos? Utilizou alguma vez a "conta de luz", ou a potência consumida por aparelhos domésticos, para estudos, reflexão e aprofundamento com seus alunos?

Subsídios para a elaboração da(s) atividade(s)

Informacões e dados sobre duas usinas hidrelétricas: Itaipu (Paraná e Paraguai) e Sobradinho (Bahia e Pernambuco):

	Capacidade (MW)	Fluxo máximo (m^3/s)	Fluxo de regime (m^3/s)	Potência da turbina (kW)	Rendimento máximo (%)
Sobradinho	1.050	13.265	2.060	178.000	95,0
Itaipu	12.600	33.000	8.280	740.000	94,5

Obter dados semelhantes para outras instalações regionais, tanto de hidrelétricas como de fontes distintas. Os endereços eletrônicos sugeridos a seguir são boas fontes para essa procura e localizações de interesse.

Discutir e comparar, à medida do possível, os rendimentos, segurança, custos... utilizando tarifas, taxas e multas da fornecedora de sua região.

DADOS E COMENTÁRIOS SOBRE CONSUMO DE ENERGIA ELÉTRICA NO BRASIL

A indústria em geral é o maior dos consumidores de energia elétrica, mesmo com o auxílio de combustíveis derivados do petróleo e gás natural. Certos produtos, como o cimento e o alumínio (desde o mineral bruto, fios e embalagens diversas até o papel-laminado), exigem grande quantidade de energia. O Brasil tem a terceira reserva de bauxita do planeta, entre as já prospectadas; a Companhia Brasileira de Alumínio (CBA) incorpora a geração de energia em suas instalações (cerca de 55%), a fim de minimizar os custos; a média mundial de geração própria da indústria de alumínio é cerca de 27%. O valor da tonelada do minério básico, a bauxita, é de 3 dólares; do metal processado é de 1.500 dólares e o do quilograma do material reciclado é cerca de R$ 2,00 (já é hábito, no Brasil, a coleta de latas de cerveja e refrigerante e estima-se que mais de 150 mil famílias sobrevivem desse trabalho em 2001).

CUSTO DO CONSUMO RESIDENCIAL NO ESTADO DE SC EM JUNHO/2001

Consumo – kWh	Preço: R$/kWh	Taxa: ICMS – R$
0 – 150	0,18773	3,38
> 150	0,22024	8,92

Com base na média do consumo pessoal dos alunos, propor que façam uma estimativa: para quantas residências, em média, uma usina (escolha uma delas) pode fornecer energia simultaneamente. Trabalhe com potências de dez. Lembre aos alunos a idealização desse cálculo, pois a usina fornece energia para o comércio, para a indústria e para a iluminação pública, e estes outros tipos de consumo não estão sendo considerados na estimativa. Com dados mais consistentes (radiografia), obter a média de consumo para os diversos setores da cidade ou região; mostrar os percentuais do consumo residencial.

Propor ainda a verificação do consumo médio mensal de energia elétrica em sua cidade, Estado e país; grupos de alunos devem auxiliar na realização dessa tarefa, que não precisa ser imediata. Lembrar que a situação de hoje provavelmente vai perdurar nos próximos anos; considerar os riscos de apagões e transtornos decorrentes no campo socioeconômico, cultural, do lazer...

Debater com os alunos as mudanças eventuais de comportamento, em casa e no trabalho, resultantes do racionamento. Montar um jornal com as notícias mais pertinentes sobre o abastecimento de energia elétrica em sua região.

Fontes impressas e imagéticas (consultar referências completas das obras na 6ª Parte, bibliografia final)

Filme didático da Enciclopédia Britannica sobre energia nuclear.

GOLDEMBERG, J. *Energia no Brasil.*

Jornais diários, revistas semanais e jornais de TV do período maio/julho de 2001 (sobre a crise de energia).

PIRES F. B.; VACCAR, F. Alta tensão por um fio. *Ciência Hoje*, Rio de Janeiro, n. 23, mar./abr. 1986.

TERRY, L. *et al.* Nas malhas da energia. *Ciência Hoje*, Rio de Janeiro, n. 23, mar./abr. 1986.

Fontes digitais

Ministério da Ciência e Tecnologia (MCT): <www.mct.gov.br>.

Centro de Estudos Estratégicos do MCT: link — MCT.

Ministério de Minas e Energia (MME): <www.mct. gov.br>.

Anatel – Agência Nacional de Telecomunicações: <www. anatel.gov.br>.

Rede Cidades Eficientes: <www.ibam.org.br/rcidades>.

Bracier – Comitê Nacional Brasileiro da Cier — Comissão de Integração Elétrica Regional: <www. bracier.org.br>.

Chesf – Companhia Hidroelétrica do São Francisco: <www.chesf.gov.br>.

Eletrobras: <www.eletrobras.gov.br>.

Furnas Centrais Elétricas S.A.: <www.furnas. gov.br>.

Hidroelétrica Itaipu Binacional: <www.itaipu. gov.br>.

CNAA – Usina Nuclear Angra 2: <www.abeuangra. com.br>.

Comissão Nacional de Energia Nuclear: <www.cnen. gov.br>.

Eletronuclear: <www.eletronuclear.gov.br>.

Energia alternativa: <www.terravista.pt/enseada/4804>. Página desenvolvida por alunos de Engenharia de Computação da Universidade Federal de Goiás.

Usina Termelétrica de Santa Cruz: <www.utesantacruz.hpg.com.br>.

Energia solar e energia alternativa:

- <www.pvportal.com.brazil/index.htm>. Institutos de pesquisa e universidades que trabalham com energia solar fotovoltaica no Brasil e em outros países.
- <www.geocities.com/energiasolar>. Informações sobre o Sol, unidades de energia e benefícios de um sistema de energia solar.
- <www.ipuc.pucmg.br/green>. Centro brasileiro para o desenvolvimento de energia solar. Desenvolvimento de *softwares* relacionados à área, consultoria a distância, ensaios de coletores solares, pesquisa e desenvolvimento de novas tecnologias.
- <www.labsolar.ufsc.br>. Dados sobre a radiação solar incidente no País e estudo das potencialidades e aplicações da energia solar como forma de energia alternativa.
- <www.mecanica.ufrgs.br/solar>.
- <www.energia-alternativa.com.br>. Energia solar, eólica e aquecimento de água, coletores e *boilers* solares, geração de energia elétrica. Página comercial com produtos, demonstrações, preços.

• <www.eolica.com.br>. Centro Brasileiro de Testes de Turbinas Eólicas – CBTTE: centro de pesquisa e desenvolvimento em energia eólica em diversas áreas, como sistemas híbridos, fazendas eólicas, qualidade de energia, eletrificação rural, aeroelasticidade, dinâmica estrutural, estudo dos recursos naturais, dessalinização, análises econômicas.

• <www.geocities.com/baja/dunes/9404>. Projeto de energia eólica dos alunos de eletrotécnica do Cefet/RJ.

• <www.energiapura.com>. Fórum de discussão e divulgação de fontes renováveis: solar, eólica, biomassa, carro elétrico...

Divulgação, comentários, debates, enquetes...

• <www.energiaatomica.hpg.com.br>. Informações sobre a Central Nuclear de Angra dos Reis, o acidente de Chernobyl, efeitos biológicos da radiação em seres humanos, acidente radioativo em Goiânia, lixo nuclear etc.

• <www.nuclear.radiologia.nom.br>. Página que aborda diversos temas sobre radiações ionizantes (alfa, beta, gama e X) e não ionizantes (celular), leis, normas e portarias...

• <www.nuclear2000.hpg.com.br>. Aplicações, raios X, gamagrafia, radioterapia, radiofármacos, radioesterilização, proteção, riscos.

• <radioativid.cjb.net>. Descoberta, características, efeitos da radiação, fenômenos de fissão e fusão.

Crise de energia, racionamento, sobretudo na imprensa:

• <racionamentoapagao.cjb.net/>.

• <noescuro.com.br>.

• <www.apagao.com.br>.

• <www.terra.com.br>.

• <www.ig.com.br>.

4. Leituras complementares

DELIZOICOV, D. Ensino de física e a concepção freiriana da educação. *Revista de Ensino de Física*, São Paulo, v. 5, n. 2, p. 85-98, dez. 1983.

SNYDERS, G. Satisfação de compreender, continuidade e ruptura em ciências. In: ______. *Alegria na escola*. São Paulo: Manole, 1988.

ZYLBERSZTAJN, A. *Resolução de problemas:* uma perspectiva kuhniana. In: ENCONTRO DE PESQUISADORES EM ENSINO DE FÍSICA, 6., 1998. Florianópolis. Atas... Florianópolis, 1998. (CD-ROM.)

5ª PARTE

TEMAS DE ENSINO E A ESCOLA

I

Escola, currículos e programação de Ciências

1. Cenas e questões de um cotidiano escolar

Este texto está baseado em situações ocorridas nas diferentes formas de assessoria a redes públicas de ensino. Como referência, é usada a cidade de São Paulo/SP. Particularmente, este relato deve muito ao trabalho desenvolvido pelo prof. Antônio Fernando Gouvêa da Silva.

Visões de área é a denominação dada aqui às referências básicas para o ensino das disciplinas constituintes do currículo escolar, tais como: PCNs, guias curriculares das Secretarias de Educação, livros de fundamentos para ensino, como os desta coleção. Em Ciências Naturais, parte dessa visão está explicitada na seção 3 deste capítulo.

No quadro-negro está o resumo das decisões acerca do programa da escola para o ano corrente. Sobre a mesa é só papel: o material trabalhado no ano anterior, as visões de área das várias disciplinas, o dossiê da realidade local, agora já atualizado com os dados obtidos nas diferentes tarefas ao longo do ano que se passou, livros diversos.

Ana e Fernando olham-se por cima da mesa e a moça ri do ar compenetrado do outro.

— É, agora chegou nossa vez, Fernando. Quero ver aquele esquema que você estava fazendo, quando estávamos discutindo a programação do ano. Acho que ali há boas ideias para começarmos. Mas, antes disso, vamos ver o que a Marisa fez com essa garotada no 7º ano.

— A Marisa é divertida. Vai virar especialista em 7º ano. Ficou com todas as turmas, do diurno e do noturno. Olhe aqui — diz Fernando, passando uma pilha de papéis para Ana. — Impressionante como ela conseguiu tratar de modo distinto cada uma das turmas e obter resultados diferentes, sempre com base em uma mesma programação. Estas são as avaliações finais da turma F, os alunos fora de faixa e repetentes... Veja que incrível! Conseguiram avançar muito mais que os alunos de 11 e 12 anos da manhã, que sempre foram considerados a turma mais forte.

Ana lê com atenção o material dos alunos no ano anterior. Vai, com Fernando, anotando as características de cada turma e onde é preciso aprofundar conteúdos já vistos. Durante esse processo, vão discutindo as mudanças ocorridas. Vários alunos passaram do diurno para o noturno. Houve pouca entrada de novos alunos e, surpreendentemente, também poucos deixaram a escola.

— A Marisa avançou bastante com estas turmas. Não vai ser fácil manter o ritmo que ela imprimiu. Sempre a achei tão quadrada... Juro que não esperava esse tipo de resultado. Acho que também o fato de a equipe dos professores de 7os anos ser muito coesa, além de sua qualidade, fez com que houvesse pouca evasão de um ano para o outro. Esse deslocamento de muitos alunos para o noturno sempre acontece. O pessoal começa a trabalhar cedo e o jeito é estudar à noite. Estou animada com esse quadro. Acho que este ano vai ser melhor que o ano passado.

— Tudo bem. Mas não esqueça que, com a chegada do cólera à região, temos muita coisa para preparar.

Os dois professores de Ciências retomam a programação do ano. O tema gerador escolhido para toda a escola é saneamento. O 8º ano decidiu começar o trabalho pelo cólera. Os primeiros casos já estavam ocorrendo na região. A desinformação é total. Mesmo Ana e Fernando precisaram ir atrás dos livros da faculdade, para achar alguma coisa. Márcia, a coordenadora pedagógica, já tinha passado no posto de saúde e pego alguns folhetos do Ministério da Saúde, mas, ainda assim, muitas dúvidas persistiam.

Ministério da Saúde (1977), Ministério da Saúde (1974), Secretaria de Estado da Saúde de São Paulo (1993).

Com os materiais coletados sobre a mesa, analisam a questão geradora do 8º ano: O cólera propaga-se igualmente em todas as regiões aonde chega o vibrião? Por quê?

Para responder a essa questão, o grupo de professores do ano constatou que seria necessário mapear o alastramento da epidemia, examinar as epidemias anteriores e verificar como se propagaram, compreender o ciclo do vibrião e os efeitos do cólera sobre o organismo, destacar a existência de portadores sadios e doentes em locais que não se tornam epidêmicos e/ou endêmicos. Com o trabalho feito para levantar o tema gerador, ficou claro para os professores que o cólera está ligado às condições de vida das populações, especialmente às condições de saneamento.

Organização Mundial de Saúde.

A concepção de doença da OMS foi o referencial adotado para compreender a situação: "Saúde é o estado de completo bem-estar físico, mental e social de uma população, e não mera ausência de doenças"; doença como resultado de um quadro multifatorial, envolvendo aspectos físicos, biológicos, econômicos, políticos e ligados a hábitos e costumes. Daí a escolha de uma questão geradora que permitisse desvendar, no quadro do cólera, a questão social envolvida na propagação da doença.

Um referencial deste tipo pode ser encontrado nos documentos de visão de área e em Ciências Naturais; a estrutura é dada pelos conceitos unificadores que serão tratados nas seções 2 e 3 deste capítulo.

Os professores das diferentes áreas retomaram o que já havia sido trabalhado nos anos anteriores e o que cabia desenvolver no 8º ano do ponto de vista da estrutura de área. Com base no desdobramento da questão geradora, nas condições dos alunos que comporiam suas turmas, no que cada área tinha como habilidades ou princípios a ser construídos com o ano, determinaram as questões geradoras de cada área, negociando quem se encarregaria de desenvolver cada um dos aspectos necessários para responder consistentemente à questão geradora escolhida.

Para Ciências, que Ana e Fernando estavam organizando, coube: "Por que e quando o vibrião do cólera causa doença?" O conceito que estavam focalizando era o de regulações. O trabalho de Marisa, no ano anterior, havia focalizado energia, e pelo menos os alunos mais velhos pareciam estar trabalhando bem com a ideia de conservação, mesmo quando esta se aplicava a conceitos abstratos. Entre os mais novos, o quadro variava: todos conseguiam trabalhar com conservação de massa e substância, grandezas mais palpáveis e diretamente observáveis; podiam identificar, por exemplo, o ciclo da água, do oxigênio e a cadeia alimentar em um sistema ecológico dado, sendo capazes de calcular aí trocas de energia. No entanto, para muitos, o conceito de energia ainda não era claro: aplicavam-no indistintamente para justificar qualquer tipo de modificação, tinham dificuldade em associar os valores numéricos das energias obtidas aos resultados esperados, supondo sua conservação como independente dos sistemas e condições escolhidas.

Sobre conceitos unificadores, ver seção 3 deste capítulo.

Fernando, impaciente, provoca Ana:

— Vamos começar pela problematização inicial realizada em conjunto por todos os professores de nosso ano. Isso já está planejado. A Márcia ficou de organizar os recortes de jornal e revistas e já trouxe os dados obtidos no posto de saúde. O Marquinhos, de História, e o Celso, de Geografia, estão organizando as perguntas para as entrevistas, e a Ana Lúcia, de Português, juntou-se com a Célia, de Artes, a fim de organizarem uma tabulação que acho que vai ser um barato. Com aquele bando de crianções que são seus alunos do diurno, quero ver você coordenando o *sketch* que as duas vão propor. E o pior ainda está por vir... Para responder a nossa questão, temos de necessariamente trabalhar com *feedback*. Você vai "rebolar" com essa meninada, que ainda não consegue nem trabalhar bem com energia...

— É só ir com calma, rapaz. Pode deixar que eu chego lá. Você escolheu certo. Com os alunos do noturno, vai ser mais fácil dar aqueles seus famosos voos. Mas meus aluninhos são mais organizados e interessados. Não estão tão desiludidos com a escola, como seus marmanjos. Pode apostar que não vamos voar tão longe, mas também eles não vão faltar duas semanas por estarem fazendo hora extra nem ficar me importunando para ir embora "porque ninguém é de ferro para ter aula sexta-feira à noite". Pode ter certeza de que você começa na frente, mas antes do fim do semestre já estamos juntos.

— Certo... — respondeu Fernando. — Quero ver... Vamos voltar a falar sério. No fim da problematização inicial, estaremos chegando com os alunos a nossa questão geradora. Será ótimo se pudermos, na aplicação do conhecimento conjunta, mostrar os

Cf. 4ª Parte, Capítulo I, seção 3.

mecanismos sociais de regulação do cólera. Eu estava pensando que, além de juntar com o que o Marquinhos (professor de História) já vai ter desenvolvido, demonstrando como as epidemias foram documentadas e se disseminaram em diferentes épocas, em função da organização social da população, e com o que o Celso (de Geografia) ficou de fazer, explorando a noção de pandemia e usando a ideia de espaço para analisar o "espaço do cólera", podíamos concluir dizendo como o cólera foi importante para a criação da epidemiologia como uma ciência.

Sem dar chance para Ana interromper, continua:

— Aí estaremos trabalhando com os vários tipos de regulação: os biológicos, que ficaram por nossa conta (ei, não podemos esquecer que precisamos conversar com o pessoal de Artes e Educação Física...); os geofísicos, que ficaram por conta dos geógrafos; os econômicos e políticos, que todos queriam pôr a mão e acabaram ficando prioritariamente com os "sociais". Acho que até agora o Marquinhos e o Celso ainda estão brigando para ver quem vai trabalhar o quê. Hábitos e costumes ficaram por conta das linguagens... Matemática ficou de vir conversar conosco. A parte de funções vai ser fácil de explorar, desde a problematização inicial. Mas pode esperar que o Zeca está rondando os diferentes grupos e daqui a pouco surge com alguma novidade. Você sabe, com aquele jeito de quem não quer nada, é ele que toca o grupo dos matemáticos: rapidinho ganha a Sônia, e a Ivani, isolada, não encontra outro jeito: mesmo esperneando, acaba acompanhando a proposta dos dois. Seria muito bom se pudéssemos começar a pôr em pauta a forma pela qual o conhecimento é produzido. Epidemiologia é só uma sugestão para caminhar nessa direção. Isso só vai dar certo se seus menininhos da manhã conseguirem chegar à ideia de regulação... Agora, sem brincadeira: você acredita que vai dar? Porque, se não, precisamos mudar e planejar em separado a turma da manhã e da noite.

Ana pensa um pouco e responde:

— Sinceramente, acho que sim. Vamos fazer uma programação geral conjunta. Minha ideia é fazer atividades e manter um ritmo diferente. Falei de brincadeira, mas é verdade que a turma da manhã é mais regular, tanto em relação ao estudo como em relação à frequência. Se eu acompanhar o ritmo deles e trabalhar com mais exemplos práticos, montando alguns modelos, eles chegam lá. Vamos começar pensando que é possível fazer um trabalho semelhante de manhã e à noite. Pode ficar sossegado;

se eu mudar os planos, deixo-lhe um recado e a gente arruma uma forma de conversar.

— Está certo. Não estou duvidando de sua capacidade. Só não quero perder tempo. Vamos lá. Imagine agora seus alunos ao final da problematização inicial, tendo analisado os recortes de jornal sobre o cólera no Brasil como um todo e aqui, tendo feito entrevista no posto de saúde e com o cara do balcão da farmácia da esquina, tendo ido à casa de alguns dos doentes e conversado com os vizinhos. Dando crédito à eficiência de nossos colegas, vamos supor que tenham conseguido chegar às questões geradoras. Portanto, estamos diante de turmas inquietas para entender por que e quando o vibrião causa doença. A essa altura, já estarão usando a palavra vibrião com a maior tranquilidade (é só nisso que todo o mundo fala), sem a menor ideia do que quer dizer... E provavelmente falando "a cólera" todo o tempo... E aí, qual vai ser nosso próximo passo?

Responde Ana:

— Não venha com mais uma de suas perguntas "inocentes". Sua cara já diz tudo. Você está louco para contar o que já pensou... Eu o conheço de outros carnavais. Tenho cá algumas ideias, mas antes quero ver esse folheto escondido embaixo de sua pasta.

Fernando, fazendo um muxoxo, entrega um folheto da Sabesp sobre rede de água e esgoto, com esquemas da rede na cidade e em casa, todo riscado a lápis.

Saneamento Básico do Estado de São Paulo.

Ana olha com cuidado, tentando entender aonde Fernando quer chegar. Vai aos poucos comentando, em uma tentativa de decifrar o pensamento do amigo:

— Espere um pouco. Não fale nada. Você assinalou aqui todas as válvulas. O ladrão da caixa d'água, deixe-me ver... Ei, um biólogo que está pensando física. Matei sua charada. Você está descobrindo as regulações da rede de distribuição de água e esgotos. Puxa! Que ideia legal! O Rubão ia curtir muito. Você não colou isso da tese da Alice? Joia. Acho que vai ser muito legal usar isso. Eu estava pensando no material que o Pablo montou naquele curso que a gente fez, lembra? Ele fez um modelo de *feedback* para explicar a respiração, mas acho que aquela maquineta serve aqui também. Estive olhando no Robbins, de Patologia. O vibrião libera enterotoxina, que gruda na parede do intestino, mas não a destrói. Ela se acopla aos receptores de membrana de

Pierson, Alice H. C. (1990).

Cotran, Kuman e Robbins (1991).

uma célula, interfere na adenilato ciclase, aumenta a AMPc e libera a secreção acumulada, com perda total de líquido e eletrólitos, mantendo a absorção normal. É claramente um problema de equilíbrio. Por sinal, o Robbins usa o tempo todo a cólera, no feminino...

Faz algum tempo que o Zeca entrou na sala e começou a folhear os livros sobre a mesa. Aproveita a pausa de Ana para intervir:

— Essa conversa de vocês parece grego. Só siglas e nomes estranhos. Biólogo é triste. Só sabe falar com um monte de nome feio. Quero ver vocês conseguirem traduzir isso em linguagem de gente. Ei! Espere um pouco. Deixe-me acabar. Agora não estou interessado nessas brigas de vocês. Se bem que é ótimo ouvir você dizendo que há um livro importante por aí usando a cólera, depois de uma semana aguentando vocês dois corrigindo a gente o tempo todo. Agora vão precisar se entender com o pessoal de Português... Mas o que eu queria era perguntar sobre essa fórmula que achei aqui. Tenho algumas ideias sobre ela. Se estou entendendo, é uma fórmula para estimar o número de pessoas que contrairão a doença. Estou certo?

Fernando e Ana largam os papéis em que estão trabalhando e tentam acompanhar o que Zeca está mostrando. Fernando confirma:

Veronesi, R. (1982, p. 1.209).

— Grande, você pegou a coisa certa. É quase isso. É uma tentativa, adaptando do Veronesi, de quantificar os fatores intervenientes na doença. Esse "k" é uma constante que acrescentei para tentar sintetizar as condições sociais. Coloquei-a como expoente porque, em minha opinião, tem uma influência mais acentuada do que as outras. Esta variável quantifica o número de vibriões, ou bactérias em geral, se você quiser estender a equação para outras infecções a que o sujeito está exposto; esta outra, a toxidade da bactéria e, por fim, em uma relação inversa, a resistência do sujeito; e assim por diante. Você não está pensando em usar isso, não?

Enquanto Fernando fala, Zeca vai escrevendo e desenhando esboços de gráficos. Ana, do outro lado da mesa, não consegue acompanhar o que os dois estão olhando, mas aproveita a deixa:

— Pode desistir, Zeca. Todas essas fórmulas de cálculo de população acabam chegando a uma exponencial. Não é possível trabalhar isso no 8º ano.

— Não? — pergunta Fernando. — Você não está vendo o que o Zeca está aprontando. Cara, isso é demais. É por aí mesmo! Você vai, por meio dos gráficos, chegar à exponencial!

E voltando-se para Ana:

— Não lhe falei que o Zeca ia aprontar alguma? Veja só — diz, passando as anotações de Zeca para Ana.

Contrastando com a animação de Fernando, Zeca, com toda a calma, explica:

— Eu estava atrás de um jeito de explorar gráficos e funções, como uma forma de juntar algumas coisas de geometria com álgebra, via analítica. Encontrei a deixa de que precisava. Ana, essa história de que não é possível ensinar exponencial ou qualquer outro tipo de função no ensino fundamental não pega comigo, não. Afinal, o raciocínio básico é sempre o mesmo. Se a gente for passo a passo, pode chegar aonde quiser. Com a vantagem de que essa fórmula proporciona um espaço legal para chegar com mais fundamento à discussão que estamos propondo para o AC (momento da aplicação do conhecimento)...

Sai devagar, leva o livro de Fernando na mão, falando em voz baixa, totalmente esquecido dos outros dois:

— Onde está a Sônia? Preciso mostrar-lhe isso.

Ana cai na risada.

— Só o Zeca. A esta altura, já nem lembra por que veio até aqui. Fernando, se você não for atrás dele, perdeu um livro...

— Deixe para lá. Com o Zeca eu me entendo. Voltando para nossas questões: vamos ter vários mecanismos de regulação que podemos explorar: esse hidráulico, o do ciclo do vibrião, que envolve, além do saneamento, a questão ambiental, os efeitos no organismo, que dependem do equilíbrio dos líquidos e dos eletrólitos, como você disse, passando pela sobrevivência do embrião no meio ambiente até chegar aos mecanismos sociais de controle da doença... Vamos passar de mecanismos intracelulares ao funcionamento de órgãos, ao equilíbrio geral do organismo como um todo, a suas relações com o ambiente, às relações do agente infeccioso com o ambiente, às relações sociais, à produção do conhecimento. Todos interdependentes e, de certa forma, autônomos...

Ana interrompe o pensamento de Fernando:

Sobre quantificação e medidas, ver o conceito unificador de escalas. In: Angotti (1990) e S.M.E. – SP (1991, v. 5) e outras referências citadas em *link* à página 258.

— Estou preocupada com a necessidade de quantificar. Repare: a questão de equilíbrio dos líquidos e eletrólitos depende basicamente das quantidades envolvidas, assim como os efeitos do ou da cólera (nessa ficamos enrascados) dependem da quantidade de vibriões que infectam o organismo. Só para lhe dar uma ideia, fui ver aquele vídeo do Ministério da Saúde e ouvi uma barbaridade.

Continuou Ana:

— O vídeo mostra os casos de cólera na Índia. Aquelas situações bem trágicas, os doentes em cama de lona furada com um balde graduado embaixo do furo para medir a perda de líquido, que sai aos borbotões. Uma hora, a câmera aproxima-se por baixo para mostrar a consistência do líquido e aparece o ânus todo ferido do paciente. A Márcia, que estava assistindo ao vídeo comigo, contou, toda impressionada, que as pústulas brancas no ânus eram colônias de vibrião saindo. Na hora passou batido, mas, quando o vídeo terminou, perguntei-lhe onde tinha conseguido aquela informação. Disse-me que foi a enfermeira do posto de saúde quem lhe contou. Cara, pense um pouco. Estamos falando de bactérias de 9 micrômetros, ou seja, 9 milionésimos de metro, só com microscópio é que é possível ver alguma coisa! Aquilo são pústulas formadas pelo atrito e diferença de acidez, causadas pela saída constante do líquido. E uma enfermeira, formada em curso superior, a mesma que explicava a doença em um folheto no qual o tamanho da bactéria era uma das primeiras informações, fala uma besteira dessas! Se não fizermos um trabalho sistemático, discutindo os valores numéricos que aparecem, acho que não adianta nem falar sobre eles...

Fernando, que estava acostumado com Ana, deixou-a falando sem parar, enquanto ele ia desenhando uma tabela no papel. No primeiro intervalo, disse:

— Dê uma olhada. Em cada coluna pode-se identificar um mecanismo de regulação, o qual, por sua vez, é regulado por um evento de escala superior. Veja aqui: o desequilíbrio gerado em uma escala é controlado por um evento que ocorre na escala seguinte. É como se cada desequilíbrio gerasse sempre duas possibilidades: a interrupção do processo (morte?) ou sua superação em uma escala mais ampla... — Continua pensando alto: — Você tem razão; se não considerarmos os fatores numéricos, não será possível entender, são as duas dimensões da noção de escala: a de medida e a de ordem de grandeza.

E a construção da tabela continua até a entrada de Márcia.

— Já terminaram? Precisamos reunir novamente todo o pessoal do 8º, para os ajustes finais e para amarrar, no mínimo, a primeira semana de aula.

Olhando as caras de desânimo e a bagunça da mesa, a coordenadora pedagógica propõe:

— Que tal passar na sala de leitura e ver também livros de ensino fundamental? Vocês têm mania de só buscar material alternativo e os livros de faculdade. Sei que estão criando coisas novas e isso é indispensável, mas sejam pragmáticos: usem também o material já disponível, nem que seja para complementar e criticar. Sei que é um barato e os alunos vibram com suas propostas, mas é difícil criar material novo para todas as aulas! Reunião geral da série daqui a meia hora.

— Vamos estabelecer rápido uma sequência e aí dividimos as tarefas: cada um pega um bloco a fim de organizar os materiais possíveis para cada atividade — diz Ana.

Ela continua, apontando as anotações sobre a mesa e anotando os resultados em uma folha em branco:

— Começamos nosso OC (momento da organização do conhecimento) por aqui, em seguida entra este tópico, depois este, e este outro, e assim chegaremos a sua preocupação com conhecimento no AC. Ali vai ser possível discutir a concepção de doença, incluindo aquilo aonde você queria chegar, a história da epidemiologia. Resolvido.

— Calma, menina. Deixe-me ver. Certo. Você começou usando o gancho da questão geradora, isto é, pelo vibrião. A continuação... — Fernando vai falando, enquanto lê as anotações. — *O.k.* Acho que talvez seja melhor inverter algumas sequências, mas no geral é isso aí. O resto a gente pode ir definindo, à medida que for selecionando os materiais. Vamos para a sala de reuniões enfrentar as outras feras.

Uma semana depois, o rapaz passa pela escola para pegar uns folhetos sobre cólera distribuídos na rodoviária, os quais tinham surgido nas turmas da manhã, e encontra Ana, em seu horário de trabalho conjunto, preparando uma das atividades programadas.

— Ei, venha olhar uma coisa. Veja este desenho do aparelho digestório. Odeio essas coisas que fazem nos livros. Está totalmente fora de escala! O estômago está do tamanho do fígado, o pâncreas parece um coração. Se a gente completar o contorno do corpo, o estômago vai ficar embaixo da axila e o intestino grosso começando no umbigo. Esse aqui, que pretende mostrar um corte, é mais louco ainda. Veja! Há um pulmão inteiro e o outro cortado, sem nenhuma indicação de como o corte foi feito. É por isso que nenhum aluno consegue reconhecer um órgão, quando o vê. O pior é que este já é o quarto livro que pego. É tudo a mesma coisa. Esse tipo de ilustração só serve para quem já fez dissecação. Fico louca da vida, quando vejo essas coisas.

Agora é a vez de Fernando rir:

— Isso me lembra uma amiga minha, médica, que morava em uma cidade do interior e foi a uma comunidade rural, onde havia casos de dengue, para ensinar como se prevenir da doença. Depois de meia hora "gastando o latim", passando *slides*, percebeu que o desinteresse era geral e que só não tinham ido embora por delicadeza. Terminou rápido, sem entender o que estava acontecendo, até que um dos agricultores, que a ajudava a arrumar o material trazido, lhe disse: "Olhe, doutora. Não precisa se preocupar, não. Aqui não há perigo de a gente pegar essa doença. Aqui não existe mosquito do tamanho de um cachorro como esse que a senhora mostrou aí para a gente, não".

— Depois dessa, ela nunca mais se meteu a sair falando para a população — continuou Fernando. — Disse que este país não tem jeito mesmo. Você agora está fazendo uma cara igual à dela, quando me contou o episódio.

— É, mas não vou deixar barato, não. E vai sobrar para você também. Vou propor a esses meninos irem ver as peças do corte de um açougue e a preparação de uma galinha caipira. Quero ver se você ainda se lembra das aulas de dissecação. Vamos retomar como é o organismo sem ter de matar nenhum animal em sala de aula.

Ao que Fernando responde:

— Está certo. Mas, antes, deixe-me tentar falar com um amigo meu que ficou trabalhando na Biociências, na Universidade. Quem sabe, se a gente programar com antecedência, consegue levar a moçada para ver, no laboratório de anatomia, aqueles bonecos desmontáveis. Aí vai ser possível entender as três dimensões. Parece também que, na Faculdade de Educação, estão formando um acervo de vídeos. Quem sabe a gente acha alguns que possam ajudar. Você já olhou as revistas de divulgação científica? Em geral, elas têm ilustrações mais cuidadosas e melhores do que os livros.

Diferentemente das cenas e questões do cotidiano escolar de uma escola, como o caracterizado na 3ª Parte, temos aqui outra perspectiva de atuação docente. Ela está fortemente relacionada a uma concepção progressista e transformadora de educação escolar, que tem como uma das características a renovação dos conteúdos escolares articulada ao trabalho com temas.

Na sequência, serão aprofundados aspectos que procuram fundamentar uma prática docente em sintonia com essa perspectiva educacional.

2. Temas e os conteúdos programáticos escolares

A prática e a reflexão de uma educação progressista cuja opção seja a estruturação curricular na perspectiva da abordagem temática — como é a que vem sendo trabalhada neste livro e contemporaneamente também tem sido proposta — remetem às contribuições pioneiras de Freire e Snyders. Na 4ª Parte, foram apresentados aspectos relativos às posições desses educadores diante da relação entre temas e conhecimentos — o prevalente dos alunos e os universais sistematizados — e possibilidades de tratamento em sala de aula, tendo como um dos parâmetros para a atuação docente o enfrentamento do processo continuidade—ruptura envolvido na apropriação de conhecimentos científicos pelos alunos.

> Por exemplo, a proposição contida nos Parâmetros Curriculares Nacionais (PCNs) estrutura o currículo da educação fundamental em *temas transversais* que estariam contidos em todos os programas das disciplinas. Por sua vez, cada disciplina também é internamente estruturada segundo *eixos temáticos*. Os PCNs propõem os seguintes temas transversais: "ética", "pluralidade cultural", "meio ambiente", "saúde", "trabalho e consumo". Para Ciências, são propostos os seguintes eixos temáticos: Terra e Universo, Vida e Ambiente, Ser Humano e Saúde, Tecnologia e Sociedade.

Snyders (1988) defende a exploração didática de temas significativos que envolvam

A quantidade de trabalhos sobre a tendência CTS é crescente, estando cada vez mais presentes em congressos da área de ensino de Ciências, conforme pode ser verificado nos anais dos eventos enunciados na 1ª Parte. Entre outras publicações, cf.: o volume 7, número 1, maio de 2001, da revista *Ciência e Educação*, editada pelo programa de Pós-Graduação em Educação para a Ciência (Unesp/Bauru), no qual a maioria dos artigos são dedicados à temática CTS; o artigo "O ensino de Ciências e as preocupações com as relações CTS", de Sílvia L. F. Trivelato, publicado na revista *Educação em Foco*, v. 5, n. 1, da Faculdade de Educação da UFF. Os PCNs contemplam aspectos relativos à CTS mediante dois temas transversais: "ética" e "trabalho e consumo", assim como mediante o eixo temático Tecnologia e Sociedade, da disciplina de Ciências.

contradições sociais e proporcionem a renovação dos conteúdos programáticos escolares. Quando se refere ao ensino de Ciências, destacam-se de sua análise, além do processo continuidade—ruptura — valendo-se do apoio de Bachelard —, fortes argumentos para a escolha de temas e conteúdos programáticos selecionados do conhecimento científico e a articulação entre eles. Dentre outros, esse educador enfatiza dois critérios para a definição de temas pela equipe de professores da escola: um diz respeito ao que ele chama de "fascínio" dos jovens pelos aparatos tecnológicos; o outro concerne à necessidade de discutir o problema do balanço benefício—malefício da produção científico-tecnológica. Nota-se uma aproximação dessas proposições com o que vem sendo apresentado por uma tendência reconhecida como ciência—tecnologia—sociedade — CTS.

Com base nesses dois critérios direcionadores da escolha dos temas que a escola possa vir a escolher como parte dos eixos estruturantes do currículo escolar, a programação da disciplina de Ciências, além de privilegiar e desenvolver conceituação científica pertinente, contribuirá com a exploração da interdependência entre os conhecimentos produzidos no âmbito da ciência e da tecnologia, conforme o que foi destacado na 2ª Parte.

Por sua vez, a categoria continuidade—ruptura, empregada por Snyders para destacar a necessidade de um ganho cultural por parte dos alunos, à medida que a escola promova a articulação entre temas, conhecimento prevalente do aluno e conhecimento universal sistematizado, tendo em vista a superação do senso comum, pode contribuir fortemente para a escolha de temas que dizem respeito ao processo de produção do conhecimento científico, como os explorados na

1ª e na 2ª Parte. Mediante considerações relativas à história, é possível localizar as épocas que constituíram processos de ruptura. Localizam-se, na história da ciência, cenários particularmente interessantes, geradores de novos modelos e teorias sobre o comportamento da natureza — modelos e teorias que alteraram profundamente a compreensão anteriormente vigente. A programação da disciplina de Ciências tem muito com que contribuir, ao explorar temas relativos às teorias e modelos comprometidos com revoluções científicas (Kuhn, 1975).

Relativamente às revoluções científicas e rupturas, cf. as seções *Dimensão epistemológica das interações e Aprofundamento para estudo*, na 4ª Parte.

Pensar, nessa perspectiva, o currículo escolar e a programação de cada disciplina — em nosso caso, a de Ciências — constitui um desafio. A adoção da abordagem temática representa também uma ruptura com a lógica segundo a qual os programas têm sido elaborados, a saber: a estruturação pela abordagem conceitual, que organiza os conteúdos escolares com base em um elenco de conceitos científicos.

Não se trata, obviamente, de subverter a importância de abordar a conceituação científica no processo educativo escolar. Contudo:

Por que se prioriza o ensino de determinados conteúdos?

Por que se omitem conteúdos igualmente importantes?

Trata-se, na verdade, do desafio de subverter os motivos e a justificativa da exclusão, atualmente existente no rol de conteúdos programáticos da disciplina Ciências, de um conhecimento científico sem o qual o aluno não terá referência para uma melhor compreensão e atuação na sociedade contemporânea.

Assim, se a apropriação da conceituação científica é imperativa ao longo da escolarização do aluno, é lícito perguntar:

Quais critérios direcionam a inclusão e a exclusão dos conhecimentos científicos produzidos, que são cada vez mais volumosos, relevantes e mesmo surpreendentes?

Quais conteúdos constarão ou não da programação da disciplina de Ciências?

Parece claro que o histórico uso exclusivo da abordagem conceitual como fator estruturante da programação impõe restrições ao avanço no enfrentamento do desafio mencionado anteriormente, até mesmo em razão da séria, forte e desconfortável limitação temporal do período de escolarização, limitação que impossibilita o desenvolvimento consistente de toda conceituação envolvida na produção do conhecimento científico. Tenha-se ou não consciência disto, a transposição didática realizada no âmbito escolar não só simplifica parte significativa dos conhecimentos universais produzidos, mas também exclui outro tanto da programação das disciplinas.

A estruturação da programação segundo a abordagem temática pode ser um dos critérios que ajudarão a equipe de professores a selecionar o que dos conhecimentos científicos precisa ser abordado no processo educativo. Trata-se, então, de articular, na programação e no planejamento, temas e conceitos científicos, sendo os temas, e não os conceitos, o ponto de partida para a elaboração do programa, que deve garantir a inclusão da conceituação a que se quer chegar para a compreensão científica dos temas pelos alunos. A abordagem dessa conceituação será efetivada durante o desenvolvimento das aulas, conforme o que foi apresentado na 4ª Parte.

Muito provavelmente, essa opção implica romper com a orientação adotada na formação inicial de graduação dos professores envolvidos, orientação que se caracteriza por omitir a tecnologia e os conhecimentos contemporâneos e privilegiar os conhecimentos clássicos, presos a uma suposta evolução contínua e acumulada do saber científico. A perspectiva que advogamos aqui aplica-se também, e com muito mais urgência, coragem e intensidade, às necessárias transformações de critérios, conteúdos e metodologias dos cursos de licenciatura em Física, Química, Biologia... O argumento da repetição sistemática dos conhecimentos para os diversos níveis de escolaridade e distintos níveis cognitivos ou do lema "devemos ensinar o que aprendemos, com metodologias mais inovadoras" é tão prejudicial à socialização do saber em ciência e tecnologia quanto a substituição dos conteúdos com uso monótono de uma metodologia, seja tradicional, seja inovadora.

Esse processo de articulação entre temas e conceitos científicos Freire (1975) denomina de redução temática, que é fruto do trabalho efetuado por uma equipe de especialistas. No caso da educação escolar, inclui os professores que, tendo como referência o conhecimento compartilhado por sua área específica, contribuem para uma análise dos temas eleitos para estudo e compreensão durante o processo educativo. Ou seja, definidos os temas com os quais a escola trabalhará, os professores, partindo dos conceitos, relações, modelos e teorias de sua área de conhecimento e deles fazendo uso, procuram melhor compreender o tema analisado. Ao mesmo tempo, é identificada a conceituação da qual o aluno precisa se apropriar, para uma compreensão cientificamente compartilhada do tema. Fica estabelecida, então, uma seleção de conhecimentos que vão compor o rol de conteúdos programáticos escolares. Estes, conforme se argumentou na 4ª Parte, serão desenvolvidos com base na dimensão dialógica e problematizadora, que pode favorecer a apropriação do conhecimento científico pelos educandos.

A redução temática é etapa integrante do que Freire (1975) denomina de investigação temática. Na perspectiva freiriana, os temas de estudo são obtidos mediante essa investigação, que tem como meta tanto obter os temas geradores quanto planejar sua abordagem problematizadora no processo educativo.

No terceiro capítulo do livro *Pedagogia do oprimido*, Freire descreve e analisa as etapas envolvidas nessa investigação temática, sendo a última, a redução temática, assim caracterizada pelo educador:

A dinâmica da investigação temática, da forma como foi exposta por Freire (1975, cap. 3), pode ser compreendida como um processo caracterizado por cinco etapas que, em constante interação entre si, se autoalimentam. Considerando a quinta etapa como aquela que ocorre em sala de aula, as quatro anteriores, realizadas por equipes de educadores, com auxílio de assessoria, quando se fizer necessário, são assim sintetizadas:

Na primeira, faz-se o *levantamento preliminar* das condições locais em que vivem os alunos e seus familiares. Constitui uma recolha de dados mediante fontes secundárias, de modo geral fontes documentais obtidas em órgãos governamentais e outras instituições sociais. Entrevistas com representantes, lideranças locais e pais de alunos complementam uma primeira aproximação às situações vividas pelos alunos. Na segunda etapa, em função da análise dos dados apreendidos, é feita a escolha de situações que sintetizam contradições a ser compreendidas pelos envolvidos no processo educativo: professores e alunos. Tais situações podem vir a ser temas geradores se, na terceira etapa, que Freire denomina de *círculo de investigação temática*, elas assim se revelarem. Na verdade, as situações escolhidas são apostas, ou hipóteses, que os educadores/pesquisadores fazem com base nos dados obtidos e analisados. A confirmação de que são ou não situações significativas para o coletivo de alunos e seus pais, transformando-se em temas geradores, é feita nesses círculos de investigação temática, dos quais participam também pais de alunos e outros representantes da localidade. A dinâmica da codificação—problematização—descodificação é planejada e usada pela equipe de educadores. Na quarta etapa, com os resultados que vão sendo obtidos, realiza-se a redução temática, cuja característica fundamental é a elaboração do programa e do planejamento de ensino. A adaptação desses procedimentos na esfera da educação escolar pode ser encontrada em: PONTUSCHKA, Nídia (Org.). *Ousadia no diálogo*. São Paulo: Loyola, 1993. Especialmente o capítulo "Significações e realidade: conhecimento – a construção coletiva do programa", de autoria de Marta M. C. Pernambuco, explora aspectos envolvidos na redução temática.

> *A sua última etapa [da investigação temática] se inicia quando os investigadores, terminadas as descodificações nos círculos, dão começo ao estudo sistemático e interdisciplinar dos seus achados...*
> *Estes temas devem ser classificados num quadro geral de ciências, sem que isto signifique, contudo, que sejam vistos na futura elaboração do programa como fazendo parte de departamentos estanques.*
> *Significa, apenas, que há uma visão mais específica, central, de um tema conforme a sua situação num domínio qualquer das especializações* (Freire, 1975, p. 134-135).

É, pois, nessa etapa, anterior à situação da sala de aula, que se inicia a programação, em termos de conteúdos específicos, da aprendizagem dos educandos.

A função do professor, aí, não é, então, desprezível. Eis o papel a ele atribuído por Freire:

> *Feita a delimitação temática, caberá a cada especialista, dentro de seu campo, apresentar à equipe interdisciplinar o projeto de "redução" de seu tema. No processo de "redução" deste, o especialista busca seus núcleos fundamentais que, constituindo-se em unidades de aprendizagem e estabelecendo uma sequência entre si, dão a visão geral do tema "reduzido"* (Freire, 1975, p. 135).

É a contribuição da cultura elaborada, na proposta snydersiana para a compreensão dos temas geradores, que entra em jogo nesse momento. O especialista, com base em sua análise, identifica e seleciona qual conhecimento universal é necessário. Portanto, há um problema também para ele, que terá de articular seus conhecimentos, tornando-os dinâmicos e instrumentos efetivos para a compreensão dos temas primeiramente para si próprio, de modo que possa construir um conteúdo programático escolar organicamente preparado, com base em critérios e especificidades estabelecidos por sua área de conhecimento e em informações obtidas da cultura primeira, em vista de sua superação. Esse trabalho envolve uma equipe multidisciplinar de especialistas, a qual pode se tornar equipe interdisciplinar, à medida que lidam com os vários prismas do conhecimento sobre um mesmo tema.

Mais importante ainda do que essa atuação do especialista durante a elaboração do currículo — sobretudo ao se pensar na escola pública — é a proposta de inclusão pelo próprio especialista, quando se fizer necessário, de outros temas que Freire denomina de "dobradiças".

Os "temas dobradiças" têm a função de facilitar a compreensão dos temas no conjunto da unidade programática, propiciando uma ligação; ademais, contêm as relações a ser percebidas entre o conteúdo geral da programação e a visão de mundo dos alunos.

A justificativa de Freire para a inclusão dos "temas dobradiças" é a seguinte:

> *Neste esforço de "redução" da temática significativa, a equipe reconhecerá a necessidade de colocar alguns temas fundamentais que, não obstante, não foram sugeridos (...) quando da investigação...*
> *Se a programação educativa é dialógica, isto significa o direito que têm os educadores-educandos de participar dela incluindo temas não sugeridos* (Freire, 1975, p.136).

Nota-se, portanto, com essa interpretação, a proximidade entre as perspectivas de abordagem temática propostas por Freire e Snyders, também em relação à elaboração da programação, e não apenas ao desenvolvimento do conteúdo em sala de aula (cf. 4ª Parte), onde, tanto em um como em outro, a dimensão problematizadora do conhecimento — o prevalente do aluno e o universal sistematizado — precisa estar garantida.

O desafio a ser enfrentado, então, na elaboração de programas das várias disciplinas e das práticas educativas desenvolvidas no interior da escola ou por ela organizadas, compondo o currículo escolar, é a articulação estruturada entre temas e conceituação científica, além do conhecimento prévio do aluno, o qual precisa ser obtido, problematizado e superado.

No que concerne às Ciências Naturais, propõe-se aqui a eleição de alguns *conceitos supradisciplinares*, que podem constituir balizas ou âncoras tanto para as aquisições do saber nessa área como para minimizar excessos de fragmentação do pensamento dos estudantes e, também, dos professores, uma vez que o ensino da disciplina ainda se distingue por envolver um conjunto de fragmentos de saberes que, embora associados, não são assim caracterizados nem discutidos.

A busca e identificação desses conceitos estão norteadas por parâmetros epistemológicos e pedagógicos (Angotti, 1993). São poucos, densos e determinados pela natureza crítica tanto do conhecimento em ciência e tecnologia (C&T) quanto das complexas relações de disseminação e transformação do saber que ocorrem na esfera educacional.

Trata-se do que tem sido denominado conceitos unificadores (Angotti, 1993). Eles podem dirigir as totalidades, sem descaracterizar as necessárias fragmentações. Unificadores porque aplicados, em larga escala, nos diferentes escopos das Ciências Naturais, chegando mesmo a construir pontes ou, pelo menos, elos para o conhecimento crítico em Ciências Sociais.

Os conceitos unificadores são complementares aos temas e carregam para o processo de ensino/aprendizagem a veia epistêmica, à medida que identificam os aspectos mais partilhados (em cada época) pelas comunidades de C&T.

3. Temas e conceitos unificadores na estruturação do programa de Ciências

São quatro os conceitos unificadores apresentados a seguir, caracterizados em seus aspectos mais amplos: *transformações, regularidades, escala e energia.*

TRANSFORMAÇÕES: da matéria viva e/ou não viva, no espaço e no tempo.

REGULARIDADES: categorizam e agrupam as transformações mediante regras, semelhanças, ciclos abertos ou fechados, repetições e/ou conservações no espaço e no tempo.
Regularidades, nesse sentido, são entendidas enquanto "regularidades de transformações". Constituem a contrapartida das transformações no conhecimento, sobretudo no conhecimento científico. Em poucas palavras, pode-se afirmar que a ciência trabalha dinamicamente o par transformações e regularidades (T&R). Em linguagem matemática, diz-se que várias

transformações (T) são dependentes (ou "função") de pelo menos uma regularidade (R), ou R = R (T).

ENERGIA: conceito que incorpora os dois anteriores, com a vantagem de atingir maior abstração, estar acompanhado de linguagem matemática de grande generalização e condensação, para instrumentalizar transformações e conservações, e ainda estar associado à degradação. Energia (E) é um sutil "camaleão" do conhecimento científico. Transforma-se, espacial e temporalmente, na dinâmica mutável dos objetos, fenômenos e sistemas, conserva-se na totalização das distintas formas e degrada-se porque uma de suas formas — o calor — é menos elástica ou reversível do que as outras. O aumento da entropia do universo e dos sistemas abertos (que trocam matéria e/ou energia com a vizinhança) não exclui os sistemas conservativos muito especiais que, por meio de regulações complexas — típicas dos sistemas vivos (naturais) e de produtos tecnológicos como a geladeira e os computadores —, mantêm constante o valor dessa grandeza ou mesmo o fazem diminuir, sempre à custa de maior aumento da entropia na vizinhança. A grandeza *energia* é uma ponte segura que conecta os conhecimentos específicos de C&T. Conecta-os também a outras esferas de conhecimento, às contradições do cotidiano permeado pelo natural, tanto fenomênico como tecnológico. É essa grandeza que pode e deve, mais do que qualquer outra, balizar as tendências de ensino que priorizam hoje as relações entre ciência, tecnologia e sociedade. Em linguagem matemática, escreve-se E = E (T, R).

ESCALAS: enquadram os eventos estudados nas mais distintas dimensões: sejam ergométricas, macro ou microscópicas, em nível espacial; sejam de durações normais, instantâneas ou remotas, em nível temporal; sejam, com auxílio dos três conceitos anteriores, transformações e regularidades analisadas por "faixas de energia" ou escalas energéticas. Escalas métricas, das quantidades extensivas, que não se restringem às ênfases estáticas dos mapeamentos, dos "atlas escolares", que parecem eternos e imutáveis. O quantitativo está mais

ZYLBERSZTAJN, A. *A conceptual framework for science education: investing curricular materials and classroom interactions in secondary school physics.* 1983. Tese de doutorado – Universidade de Surrey.

presente nesse conceito, aliado ao qualitativo. Em linguagem matemática, pode-se escrever: Escala (S) = S (T, R, E), obedecendo a relações de inclusão e compromisso entre os quatro conceitos, tomadas inicialmente pelo primeiro par (T&R) e incorporadas no terceiro: E, E (T, R). Do campo epistemológico ao pedagógico, podem-se localizar espaços intermediários de transição do conhecimento em Ciências Naturais. Do saber crítico de poucos ao saber democratizado e culturalmente inserido de muitos, da "ciência dos cientistas" à "ciência dos estudantes", há na classificação de Zylbersztajn (1983) a "ciência dos currículos" e também a "ciência dos professores de Ciências Naturais", sem esquecer a "ciência das crianças".

Os conceitos unificadores podem aproximar as várias ciências, mantendo os níveis de cognição preservados. Principalmente, podem-se criar vínculos e estreitamentos entre cientistas, professores e currículos, para que se estabeleçam diálogos com estudantes e crianças. Mais ainda, pode-se determinar que os "conteúdos" a ser definidos por *temas* significativos de amplo alcance e os conceitos unificadores sejam sistematicamente utilizados, para que as transferências ocorram, as desejadas apreensões ocorram e aí o conhecimento em Ciências Naturais possa vir a ser instrumento real de exercício para qualquer profissão, atividade da cidadania. Sobretudo, para que o nível de cultura elaborada seja mais partilhado.

A "ciência dos cientistas" que se pretende selecionar não é a que hoje está presente nos estudos escolares de Ciências Naturais. As contribuições dos epistemólogos, referidas e discutidas na 4ª Parte, não dão margem à cristalização do mecanicismo e do empirismo lógico.

Há características comuns aos conceitos unificadores, considerando seu uso educativo e pedagógico e, sobretudo, o fato de serem *um dos eixos estruturantes da programação da disciplina de Ciências Naturais.* Sua utilização deve ser trabalhada conjuntamente com os professores. Podem ser também, quando necessário, abordados separadamente com os alunos, em progressão e mesmo hierarquização; por exemplo, priorizando as transformações e regularidades com escalas qualitativas ou semiquantitativas, quando os níveis cognitivos ainda não permitem a interlocução via conceito de energia.

A prática usual de nossas aulas de Ciências é bastante parametrizada pelas classificações com base em tabelas — taxonomia —, sempre ancoradas no par *semelhança/diferença*. Exemplos clássicos são a tabela periódica dos elementos, na Química, os *movimentos de partículas com força resultante nula, constante e variável* bem como a *carta dos nuclídeos*, na Física, além das classificações dos animais e vegetais segundo as ordens e as classes, na Biologia, especialmente em Zoologia e Botânica.

Lições da história da ciência demonstram que grandes avanços foram conquistados mediante essas sistematizações em busca de categorias comuns dos objetos investigados, de modo a permitir a identificação, por agrupamento, dos mais variados conjuntos, pela via da semelhança e da diferença.

Na esfera do ensino/aprendizagem, contudo, tais classificações, embora muito úteis, não raro tendem a reforçar a compreensão estática e estratificada dos modelos e seu parentesco com o suposto real. Em consequência do uso sistemático das tabelas, prevalece a análise espacial estática das características dos objetos modelados. Quando, por exemplo, professores e alunos se debruçam sobre os contornos do mapa de um continente, dificilmente pensarão nas condições eminentemente dinâmicas do território mapeado, seja na escala geológica, seja na biológica, seja na cosmológica. O mapa é uma configuração do tipo "fotografia", ao passo que o território é muito mais do tipo "filme". Dessa forma, o comprometimento dos objetos com a dimensão do tempo é muito pouco contemplado nos estudos de Ciências.

Por outro lado, a análise dos processos e produtos de C&T, por meio do par transformações/regularidades, implica forçosamente a utilização explícita do tempo — nas escalas facilmente perceptíveis, bem como nas escalas remota e instantânea —, com maior possibilidade de compreensão, sempre com limitações, da dinâmica dos modelos e, consequentemente, maior fidelidade ao suposto real, sempre mutante.

Já foi dito que tais conceitos, além de unificadores, são supradisciplinares, ou seja, permeiam os escopos da Física, da Química, da Biologia, da Geologia e da Astronomia. Assim, na "ciência das currículos", podem orientar grupos de professores dessas disciplinas, no ensino médio e na graduação, e da disciplina de Ciências Naturais, no ensino fundamental.

Vão na direção das totalidades, das estruturações de conhecimento articuladas e dinâmicas, contra as fragmentações exageradas que a nada levam além de nomenclaturas, fórmulas, memorizações. Não vão atingir o conhecimento holístico por magia ou pelo somatório de superficialidades, não farão integrações a ponto de descaracterizarem as especificidades de cada um dos conhecimentos.

Não são teorias, mas nelas estão presentes e delas fazem parte, tanto das "velhas" como das atuais, mais aceitas. Farão parte ainda, seguramente, das futuras, que virão a substituir as atuais. São categorias que não serão descartadas no futuro e ajudarão a reestruturar o conhecimento do porvir.

No conflito entre matéria e forma, podem contemplar tanto uma como a outra. Nesse sentido, não priorizam necessariamente as "teorias atômicas", embora possam considerá-las. Aqui há o empenho em balancear melhor a tendência para o ensino de aspectos materiais dos fenômenos, em detrimento dos aspectos em que a matéria não está presente enquanto grupamento de partículas, no sentido clássico e macroscópico — por exemplo, as radiações, as ondas e todos os fenômenos de perturbações com transmissão de sinais, de energia pura, como as telecomunicações. Na terminologia da Física contemporânea, é mais conveniente priorizar o conceito massa—energia, da teoria da relatividade e quântica, do que somente massa, das teorias clássicas.

Esses conceitos não se prendem a modelos/estruturas, como muitos conceitos de Ciências Naturais que caracterizam modelos de "coisas", a exemplo do átomo, de moléculas, de células. São mais fluidos, não diretamente estruturáveis, embora participem das estruturações do conhecimento, da construção dos modelos e teorias. Na perspectiva educacional, também permitem a estruturação de programas de disciplinas e a busca de conteúdos renovados, a passagem do primeiro nível de cultura para o segundo (Snyders, 1988).

Com relação ao conflito entre conhecimentos em extensão e em profundidade, os conceitos unificadores também estão presentes nos dois níveis: são os níveis curriculares que definirão a profundidade com que serão tratados os tópicos derivados de temáticas. Se o objetivo é apresentar e discutir, no 8º ano, os elementos básicos constitutivos de um ecossistema, suas relações de interdependência e de reciprocidade no equilíbrio dinâmico em pauta, deve ser priorizada a ênfase nas transformações mais relevantes e nas invariâncias — consideradas as escalas de tempo adequadas — que contribuem para a manutenção do equilíbrio instável do sistema. Ponderações qualitativas e semiqualitativas das trocas de energia entre os subsistemas podem ser tratadas, desde que contribuam para a elucidação da compreensão da situação-problema em seu nível cognitivo apropriado, que para essa faixa etária é o de extensão.

O mesmo tópico, ao ser abordado junto aos estudantes de 2º ano do ensino médio, merece ser trabalhado por textos e imagens/simulações que enfatizem as transformações e as regularidades, com sucessivas mudanças de escala — acelerando ou retardando as durações dos eventos, ampliando ou reduzindo as dimensões do sistema e dos subsistemas — e, igualmente fundamental, com os devidos tratamentos quantitativos das relações de energia envolvidas: formalismo, equações das reações químicas e bioquímicas, reações típicas de fotossíntese, de respiração, composição e decomposição de materiais do sistema. Aqui, destaca-se o estudo em profundidade do assunto, sem, contudo, abandonar sua concepção anterior já alcançada em nível de extensão, sem retirar o objeto totalmente de seu contexto, sem fragmentá-lo a ponto de já não poder ser reinserido no mundo ao qual está integrado. O modelo enriquecido com a devida profundidade servirá, então, para melhor compreensão da realidade.

As relações, as imbricações entre conteúdos aparentemente distintos do escopo da disciplina de Ciências Naturais serão mais atingidas, principalmente, na extensão dos conhecimentos. Níveis desejáveis de profundidade, com abstração dos conhecimentos escolares de Ciências, deverão ser mais perseguidos e alcançados ao longo do ensino médio, mas aproximações sucessivas a esses níveis já podem ser buscadas a partir dos dois últimos anos do ensino fundamental.

Os conceitos reivindicam linguagem e simbologias tanto da expressão na língua materna como da expressão matemática. Por um lado, jamais se conseguirá o conhecimento estruturado em Ciências Naturais sem a utilização das duas linguagens; por outro, não se pode empanar a efetiva compreensão dos conceitos com os exageros dos formalismos ou das fórmulas matemáticas, que somente "estimulam" os estudantes a se distanciar dos conhecimentos da disciplina tratados em sala de aula. Conceitos e relações cotejados por intermédio de operadores lógico-matemáticos referem-se à causalidade e podem ser tratados com base em lógicas avançadas, para além da clássica, aristotélica.

Finalmente, destacam-se como características comuns dos quatro conceitos sua identificação e presença tanto no saber que domina o senso comum como no saber sistematizado, embora seus significados e sua compreensão sejam, na maioria das vezes, qualitativamente distintos. Enquanto constructos de nossa consciência individual, que encontra ressonância e reforço na coletiva, tais conceitos são pontes de transição de um saber para o outro.

A transição não se dá linearmente; conforme análise na 4ª Parte, uma ruptura ocorre na transição, e a reconceitualização ocorrerá na mudança, ou seja: uma releitura dos conceitos será realizada com os novos instrumentos adquiridos do conhecimento cada vez mais elaborado. Os conceitos transdisciplinares ou unificadores são poderosos auxiliares para o enfrentamento das tensões entre fragmentos e totalidades do conhecimento elaborado, particularmente quando consideradas na elaboração dos programas. Em que pesem as rupturas necessárias entre os saberes do senso comum e do elaborado, neste último é preciso um esforço para reduzir a atomização de cada uma das disciplinas da "ciência dos currículos" e da "ciência dos professores".

Obviamente, a tarefa de articulação entre temas e conceitos unificadores, visando à elaboração do programa e do planejamento, constitui um trabalho de equipe. Uma visão geral do processo de produção compartilhada da programação, na perspectiva de uma abordagem temática e conceitual unificadora, pode ser fornecida pelo esquema a seguir:

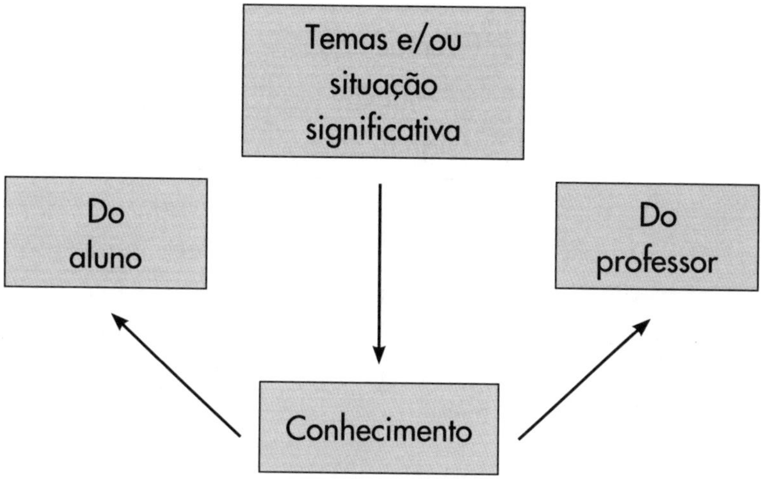

Definidos pela escola os temas ou as situações significativas a eles relacionadas, estes podem ser interpretados pelos conhecimentos de que os alunos dispõem. Um dos objetivos é a obtenção e problematização desses conhecimentos, mediante a dinâmica codificação—problematização—descodificação, apresentada na 4ª Parte. De certo modo, constituem também um conteúdo escolar.

A equipe de professores, por sua vez, utilizando os conhecimentos de sua área específica, precisa interpretar os temas ou as situações, que, assim, constituem também problemas a ser compreendidos — daí a necessidade de um trabalho em equipe. Perguntas-síntese, denominadas de questões geradoras (Pernambuco, 1993), convenientemente formuladas, auxiliam os professores na identificação dos conhecimentos de que os alunos precisam se apropriar para compreender os fenômenos, situações e temas da perspectiva do conhecimento científico.

No tocante aos professores de Ciências Naturais, o uso dos conceitos unificadores — que contêm a estrutura epistêmica do conhecimento científico, articulado às *questões geradoras* — permite a realização de análises e sínteses, com as quais se estrutura a programação escolar e se identificam definições, conceitos, modelos e teorias que comporão, também, o rol de conteúdos programáticos escolares. Inicia-se, então, a redução temática, cuja meta é a elaboração do programa de ensino.

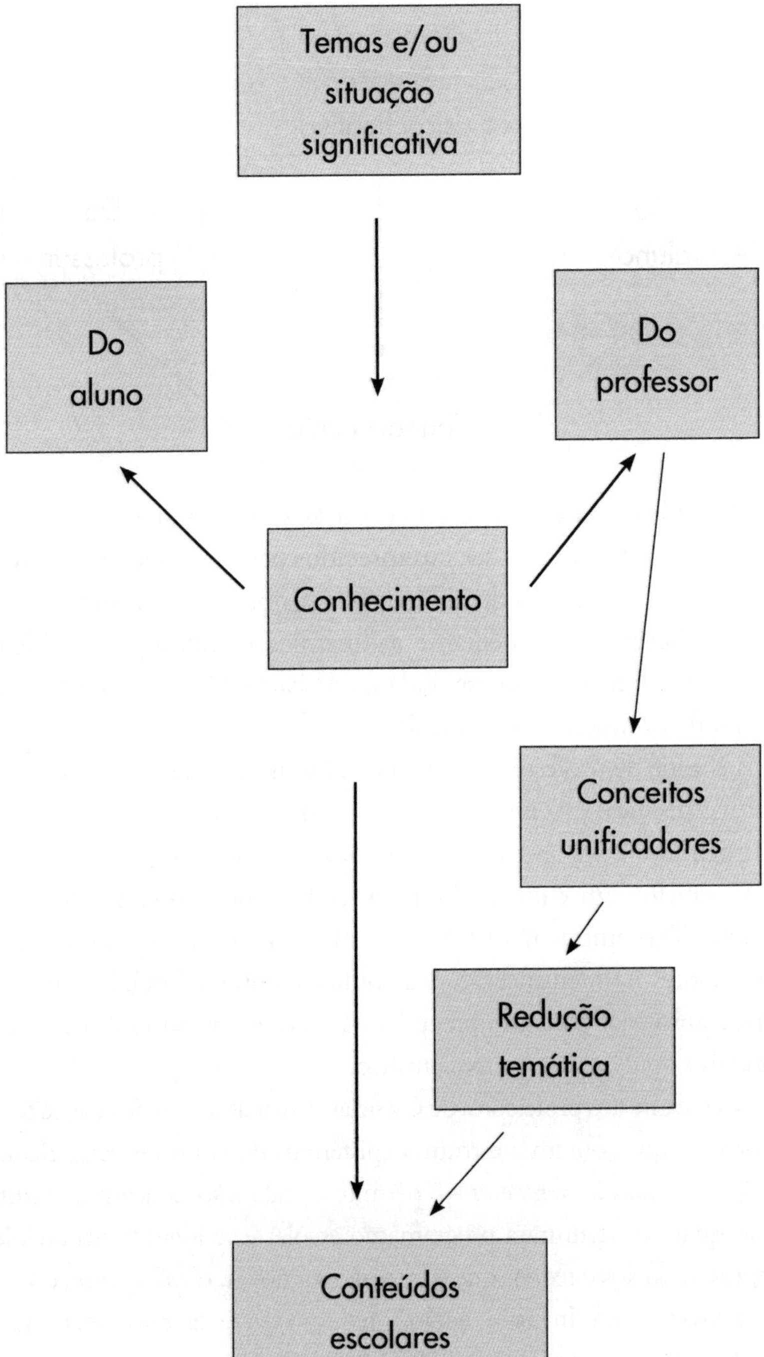
Temas e/ou
situação
significativa
Do
aluno
Do
professor
Conhecimento
Conceitos
unificadores
Redução
temática
Conteúdos
escolares

A construção de redes ou mapas conceituais permite visão global e estruturada do tema, agora contemplado pelo prisma do conhecimento científico. O planejamento das atividades de ensino/aprendizagem, incluindo-se, quando necessário, a produção de materiais didáticos, completa o processo de redução temática, que precisa ser dinâmico e constantemente atualizado, de modo que seja desenvolvido com os alunos na sala de aula. O uso dos momentos pedagógicos, apresentados na 4ª Parte, enquanto partes estruturantes das atividades, possibilita a problematização dos conhecimentos, quer os prevalentes do aluno, quer os universais sistematizados.

Ver esquema da página 226.

Pretende-se que a visão de mundo e a consciência do aluno sejam transformadas dinâmica e processualmente, à medida que, ao ir apropriando-se da conceituação científica, melhor interprete e se relacione com a natureza e com seus semelhantes.

4. Redução temática e atuação docente

4.1. ESCOLHER E ORGANIZAR MEIOS

Na prática escolar, tomam-se decisões a todo momento: ao planejar o ensino, ao preparar aula, na sala de aula. À medida que a escola, em um processo de trabalho coletivo, assume a responsabilidade pelo planejamento de suas atividades, torna-se cada vez mais necessária a explicitação dos critérios utilizados para decidir.

A compreensão da tarefa educacional como um processo de construção concomitante da relação de ensino/aprendizagem e do conhecimento culturalmente disponível, assim como o compromisso de lidar com a complexidade das situações envolvidas e de efetivar o papel transformador da educação, levam à necessidade de construir instrumentos e aprofundar reflexões gerais e específicas sobre a prática, em plena prática.

Conforme se tem destacado, são, em síntese, três grandes eixos balizadores que estruturam a atuação docente nessa perspectiva de educação: 1) o conhecimento que se quer tornar disponível; 2) as situações significativas

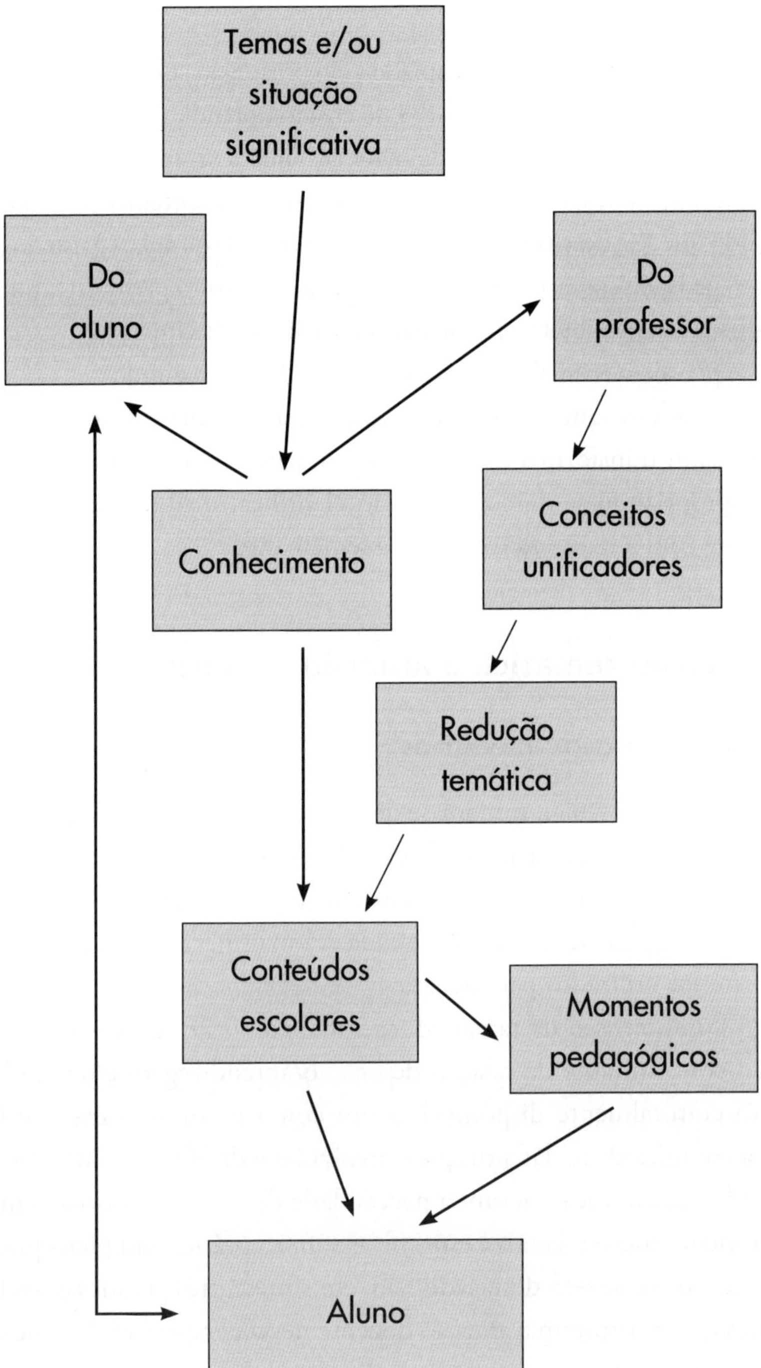
Temas e/ou situação significativa
Do aluno
Do professor
Conhecimento
Conceitos unificadores
Redução temática
Conteúdos escolares
Momentos pedagógicos
Aluno

envolvidas nos temas e sua relação com a realidade imediata em que o aluno está inserido; 3) os fatores ligados diretamente à aprendizagem.

O uso do tema gerador é só uma das formas de articular essas três dimensões.

Em primeiro lugar, à escolha do tema está ligada uma compreensão, um estudo efetivo da realidade local, tanto no que ela tem de vivencial — partilhado pelos alunos e pelos grupos sociais a que pertencem — quanto nas relações que permite estabelecer com a estrutura social vigente. Também ligada ao tema gerador, mas fortemente presente na redução temática, na elaboração propriamente dita do programa, está a releitura do conhecimento produzido na área de Ciências Naturais.

A criação de novos instrumentos e a busca de fundamentação são parte integrante e permanente tanto da atividade dos educadores — e, de certa forma, pesquisadores — desenvolvida na escola quanto da de outros pesquisadores que podem assessorá-la.

Em um quadro de referências e alternativas de materiais didáticos, cabe aos professores, que também são produtores de referências e materiais, tomar as decisões e organizar as atividades de suas salas de aula.

4.2. MEIOS E MATERIAIS: FONTES DE BUSCA

Os livros didáticos disponíveis no mercado, além de apresentarem deficiências já apontadas em vários trabalhos de pesquisa, estão organizados segundo sequências rígidas de informações e atividades. Têm sido usados como único material didático pelos professores, impondo um ritmo uniforme e a memorização como prática rotineira nas escolas. Sobretudo, servem como verdadeiras "muletas", minimizando a necessidade do professor de decidir sobre sua prática na sala de aula e preparar seu material didático.

A experiência de produzir materiais didáticos mostra que os professores têm certa razão, ao abrirem mão dessa responsabilidade. Necessita-se de tempo, de acesso a informações, de uma infraestrutura material para sua produção. Supondo que, muitas vezes, o professor esteja trabalhando com mais de uma turma ou mais de uma área do conhecimento com a mesma turma, torna-se impossível que possa produzir material inédito para todas as atividades propostas — o que, além de tudo, seria uma multiplicação irracional de esforços, pois, frequentemente, diferentes professores encontram situações que exigem respostas semelhantes.

Uma vez que o professor é, sobretudo, o organizador de uma atividade, quanto maior for seu acesso a alternativas de materiais, maior será a oportunidade de encontrar os mais adequados, assumindo a responsabilidade pela escolha, pelas adaptações necessárias e pela criação de novas alternativas, quando preciso. Dessa forma, preservam-se a responsabilidade e o aspecto criativo e prazeroso de sua atividade.

Uma alternativa que se apresenta é a organização de bancos de materiais, contendo projetos de ensino, dados técnicos sobre problemas locais, alternativas de materiais didáticos, como textos para alunos, experiências, vídeos e audiovisuais, livros para consulta e revistas de divulgação científica, além dos materiais produzidos por professores em sala de aula e os resultantes de pesquisas em ensino. Soma-se ainda à disponibilidade e ao armazenamento de informações uma assessoria em aspectos técnicos e de infraestrutura para a produção de novas alternativas.

Outra frente, ainda não aberta de todo, propõe associar a produção a um centro de apoio ao docente, com recursos de consulta, assessoria e infraestrutura para os professores das redes públicas.

O livro *Física*, de Delizoicov e Angotti (1991), traz uma lista de projetos de ensino, livros básicos, artigos publicados na Revista *Ciência Hoje*, relacionadas com ensino de Física.

Grupos do IF/USP e da FE/Unicamp já têm bancos de materiais montados: o da USP, na área de ensino de Física, e o da Unicamp, na área de teses e dissertações de ensino de Ciências Naturais em geral. Vários outros grupos, incluindo os responsáveis por revistas, têm posto à disposição de educadores subsídios alternativos produzidos com base em diferentes concepções.

4.3. Questões de linguagem

A relação entre conhecimento e linguagem é explorada por vertentes que vão da filosofia às teorias de comunicação. Sem querer escamotear as dificuldades de enfrentar uma questão tão ampla quanto fundamental, pode-se refletir sobre seus aspectos operacionais, como os que Ana levantou no diálogo exibido no início do capítulo.

No ensino fundamental, os alunos ainda têm dificuldade em lidar com a linguagem escrita. A oralidade, presente no cotidiano, admite supressões que não se encontram no texto e é complementada por gestos e expressões, os quais preenchem lacunas e reforçam ideias. A iniciação dos alunos no universo letrado é um dos objetivos básicos dessa etapa de ensino. Ao mesmo tempo, o domínio precário da escrita pelos alunos cria dificuldades para sua utilização na introdução de novos conhecimentos. Quem programa e executa atividades precisa assumir o compromisso de usar como ponto de partida a oralidade — mais presente na cultura prevalente e, portanto, mais rica para apresentar novos conhecimentos —, valorizando-a, e fomentar a prática de utilização dos códigos escritos, mostrando sua necessidade.

Em geral, somente nas aulas de linguagem se trata da relação oralidade—escrita e do uso da escrita como forma de expressão, isso quando não se restringem a mera transmissão de regras de gramática. Nas outras disciplinas, predomina o uso da oralidade, e os textos, quando aparecem, surgem somente como exercícios de fixação: escritos a ser copiados, "pontos" a ser decorados, questionários a ser respondidos com frases constantes nos textos que os precedem. Nessas disciplinas, a linguagem quase nunca tem um papel de expressão, seja de novas ideias a ser compreendidas, seja de registro de novos conhecimentos já adquiridos. Essa divisão de papéis na utilização da língua escrita, cujo uso específico se restringe às aulas de linguagem, talvez explique a dificuldade de muitos alunos, até os dos anos finais, para ler e escrever.

Quando se trabalha na perspectiva de um conhecimento que se constrói, a necessidade da pesquisa e do registro faz com que a utilização da escrita e da leitura seja uma constante, qualquer que seja a área de conhecimento em que se está trabalhando. Escrever e ler passam a ter significado, são instrumentos essenciais de comunicação e registro de um processo coletivo de produção. Da mesma forma, a necessidade de quantificar para entender torna significativo o conteúdo da Matemática.

Ana apontou algumas das dificuldades na utilização de outras representações gráficas ou visuais. Os livros didáticos usualmente tentam suprir as dificuldades de entendimento da escrita com a utilização de ilustrações. A compatibilização das ilustrações com as informações apresentadas já é, por si só, um problema, ainda que, nas edições mais cuidadosas, esteja resolvido. Os aspectos que Ana e Fernando levantaram dizem mais respeito à cultura prevalente, que interfere na interpretação dos alunos.

A maioria das ilustrações que se encontram nos bons livros é pouco explicativa para quem tem um primeiro contato com as informações a ser passadas. A utilização de cortes, de projeções bidimensionais, de perspectivas distorcidas e de ampliações torna os objetos tridimensionais irreconhecíveis para a maioria dos sujeitos que os veem pela primeira vez.

Mais do que isso, leva à construção errônea de conceitos, relações e dimensões. Quem só conhece o fígado pelos desenhos de aparelho digestório dificilmente tem noção de seu tamanho e de sua posição no organismo. A representação usual do sistema solar, em perspectiva, acentua a forma elíptica das órbitas, fazendo com que seja impossível perceber que a órbita terrestre é praticamente circular. Dadas as distâncias e tamanhos dos planetas, revela-se inviável a representação em escala do sistema solar. Esse aspecto é muito pouco assinalado nas representações usuais, dificultando a tarefa de compreender, por exemplo, a diferença entre as fases da Lua e seus eclipses ou por que é a inclinação dos eixos associada ao movimento de translação da Terra, e não a excentricidade, a responsável pelas estações do ano.

Detalhes como o tipo de árvore, as roupas e os objetos do ambiente fazem com que a tentativa de representar o cotidiano estabeleça distanciamento, em vez de proximidade.

Para quem produz materiais de ensino, aspectos como esses conduzem à necessidade de pensar em novas maneiras de representar. Para quem vai utilizar os materiais já existentes, são necessárias estratégias que permitam às dificuldades de compreensão ser explicitadas e resolvidas.

A dialogicidade, por propiciar uma interação constante, possibilita que a todo momento se façam ajustes na programação. Outro desafio, particularmente para quem produz material instrucional, é incorporar a interação ao material produzido. Uma primeira sugestão, já anunciada páginas atrás, é a de usar a diversidade, problematizando e criando a oportunidade de interação com base em diferentes meios. Contudo, o mais difícil é criar os desafios, envolver os destinatários como participantes, sem um contato pessoal direto. Os três momentos pedagógicos têm sido um instrumento eficaz de programação, quando existem tais contatos. Sem perder de vista os objetivos a ser alcançados, tornam o planejamento dependente das interações, das respostas que surgem ao longo do caminho. Sem dúvida, eles auxiliam na produção de materiais mais flexíveis, possíveis de ser adaptados a diferentes circunstâncias. Porém, a possibilidade de criar interações que permitam reajustes ao longo do tempo, a distância, é ainda uma questão.

II

Instrumentação para o ensino

Temas de ensino e a escola

1. Aprofundamento para estudo

A) Conceitos unificadores e seu uso

Os fenômenos/situações podem ter sua compreensão — e consequente programação e planejamento de ensino — estruturada pelo uso dos conceitos unificadores. Veja o exemplo:

- Fenômeno: Água fervente
- Conceitos unificadores: *transformação, regularidade, energia e escala.*
- Conceituação envolvida em:

— transformação: *estados da matéria, ebulição/evaporação, massa, temperatura, pressão, gases, vapor-d'água;*

— regularidade: *conservação da massa e composição molecular da água (não se altera após a transformação);*

— energia: *energia cinética, calor, calor específico-sensível e latente.*

— escala: *unidades, relações matemáticas entre as grandezas calor, temperatura, massa, calor específico.*

Outros exemplos que exploram fenômenos/situações mais complexas podem ser encontrados em:

DELIZOICOV, Demétrio; ANGOTTI, José A. Texto introdutório: produção, distribuição e consumo de energia elétrica. In: ______. *Física*. São Paulo: Cortez, 1990.

______. Aulas de Ciências. In: ______. *Metodologia do ensino de Ciências*. São Paulo: Cortez, 1990.

Com base nos conceitos unificadores envolvidos nos seguintes fenômenos/situações, identifique a conceituação científica necessária para sua compreensão.

- combustão, digestão, respiração
- circulação sanguínea
- dia, noite, ano, marés
- ciclos: da água, da dengue
- fotossíntese
- produção agrícola de grãos
- origem e obtenção de combustíveis fósseis
- motor a explosão
- degradação de manguezais
- poluição de rios florestais e urbanos
- lixo residencial e industrial
- enchentes
- redes públicas de esgoto e distribuição de água
- telefonia celular
- comunicação por rádio, TV e internet
- *laser*
- transgênicos
- clonagem
- destruição da camada de ozônio

2. Exemplares

Serão expostas as distintas formas pelas quais foram elaboradas reduções temáticas e os planos de ensino delas resultantes. As possibilidades plurais de efetivar e apresentar uma redução temática mantêm, no entanto, uma constância em seus elementos constitutivos: temas e/ou situações significativas, uso sistemático de conceitos unificadores e conceituação científica.

A) POLUIÇÃO URBANA

O exemplo a seguir, constituído de *rede* e uma *construção programática do tema* "poluição urbana", tem sido utilizado em cursos de formação continuada de professores, cujo objetivo é explorar e incentivar um planejamento de ensino e a elaboração de unidades didáticas na perspectiva da abordagem temática.

Com base nos conceitos unificadores, particularmente transformações e energia, implicitamente usados, a rede a seguir apresenta uma visão sintetizada de uma redução temática envolvendo fenômenos, situações e a principal conceituação científica relativa ao tema "poluição urbana".

Ao se identificar o uso da energia e suas transformações e degradação como uma das causas da poluição urbana, o conceito de *combustão* é evidenciado e inicia a análise, esquematizada pela rede, dessa redução temática.

A compreensão da combustão envolvida em processos *biológicos* e *não biológicos* permite identificar outros conceitos fundamentais na estruturação do tema e a relação dele com os fenômenos e situações. Assim, definem-se a *respiração*, a *fermentação* e a *fotossíntese* como conceituação que possibilita uma interpretação científica tanto de processos biológicos intervenientes na poluição como da relação desta com seus efeitos. Por sua vez, a atenção aos *resíduos* oriundos da combustão de processos não biológicos complementa os demais aspectos relacionados ao tema da poluição urbana.

Note-se que um terceiro eixo estruturante, associado aos outros dois — combustão biológica e não biológica —, dá uma visão ampliada do tema "poluição". Trata-se da *combustão e exploração dos recursos naturais* e das relações estabelecidas, na construção da rede, entre poluição, degradação do meio ambiente e suas consequências.

Obviamente, essa estruturação apresentada para a redução temática do tema "poluição urbana" comporta distintas programações de ensino, as quais exigem a elaboração e especificação de diferentes conteúdos programáticos escolares. Portanto, a definição dos conceitos científicos específicos e do respectivo tratamento didático, incluindo o matemático, a ser dispensado a cada um deles dependerá de outros parâmetros que precisam ser considerados na programação, tal como o nível de escolaridade em que o tema será abordado. Assim, no caso de um curso de formação docente, a conceituação científica envolvida estará sendo empregada, por exemplo, como uma aplicação do conhecimento para compreender e elaborar um programa de ensino para o tema "poluição", uma vez que o domínio da conceituação é da competência dos professores. Já no ensino fundamental, os conceitos científicos necessários para a compreensão do tema, como os de substância, de gás e de

calor, entre inúmeros outros, precisam ser localizados, explicitados e programados, para serem abordados ou revisitados durante a problematização do tema e a organização do conhecimento, quando então serão (re)introduzidos e desenvolvidos em sala de aula, conforme discussão na 4ª Parte.

No entanto, deve-se ressaltar que tão ou mais importante que a abordagem da conceituação específica é o uso constante e sistemático dos conceitos unificadores. Estes, ao serem sempre indicados como pontos de partida para a compreensão das situações e dos fenômenos estudados, auxiliam, de um lado, na apropriação da estruturação do conhecimento científico que é referência para os conhecimentos específicos (e pontuais), cuja relação com os conceitos unificadores precisa ser explicitada (cf. item *a* da seção *Aprofundamento para estudo* neste capítulo), e, de outro, na abordagem metódica e sistemática da análise dos fatos.

Exemplo de uma rede estabelecendo relações entre o conhecimento sistematizado e diferentes aspectos da realidade vivida

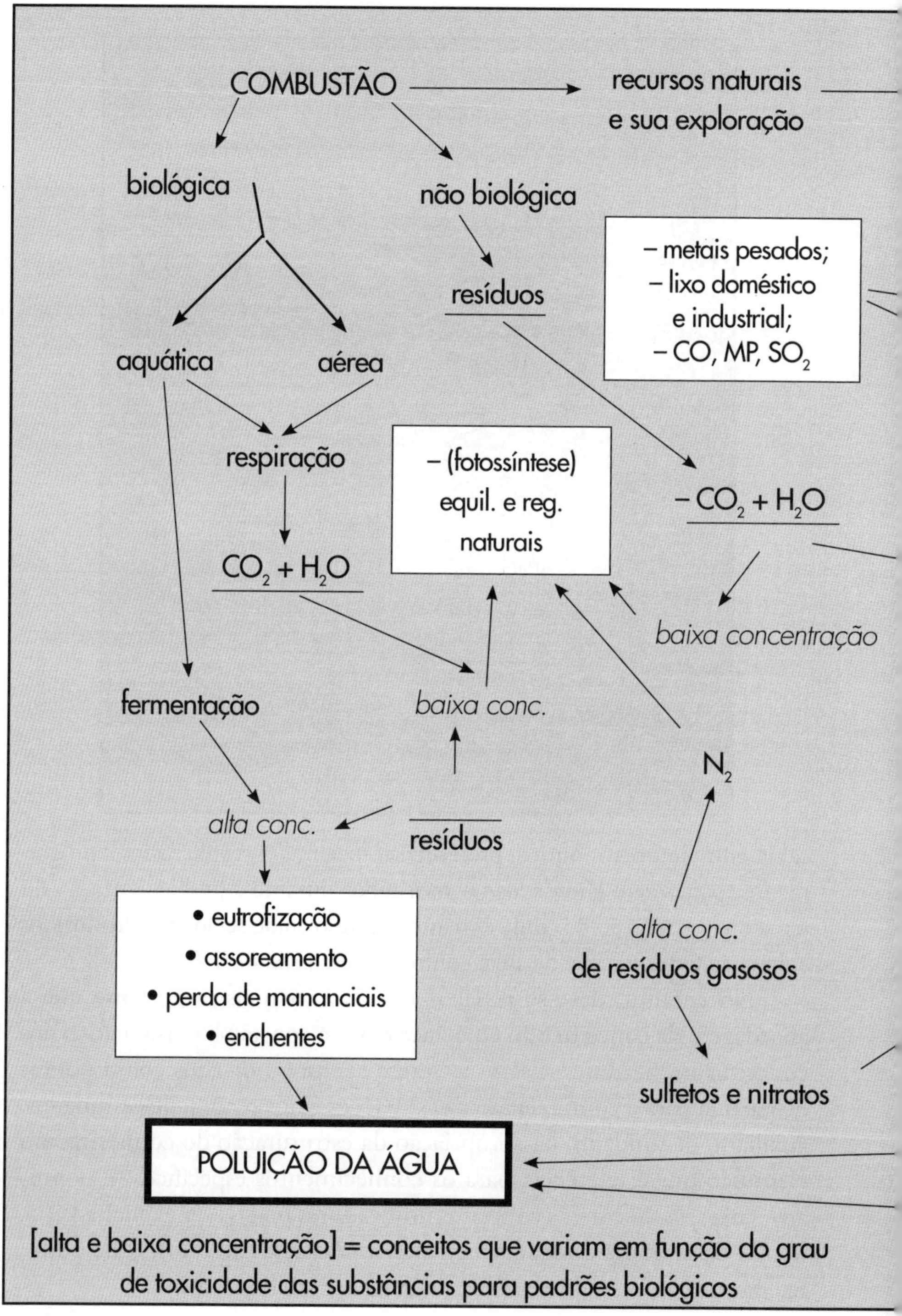

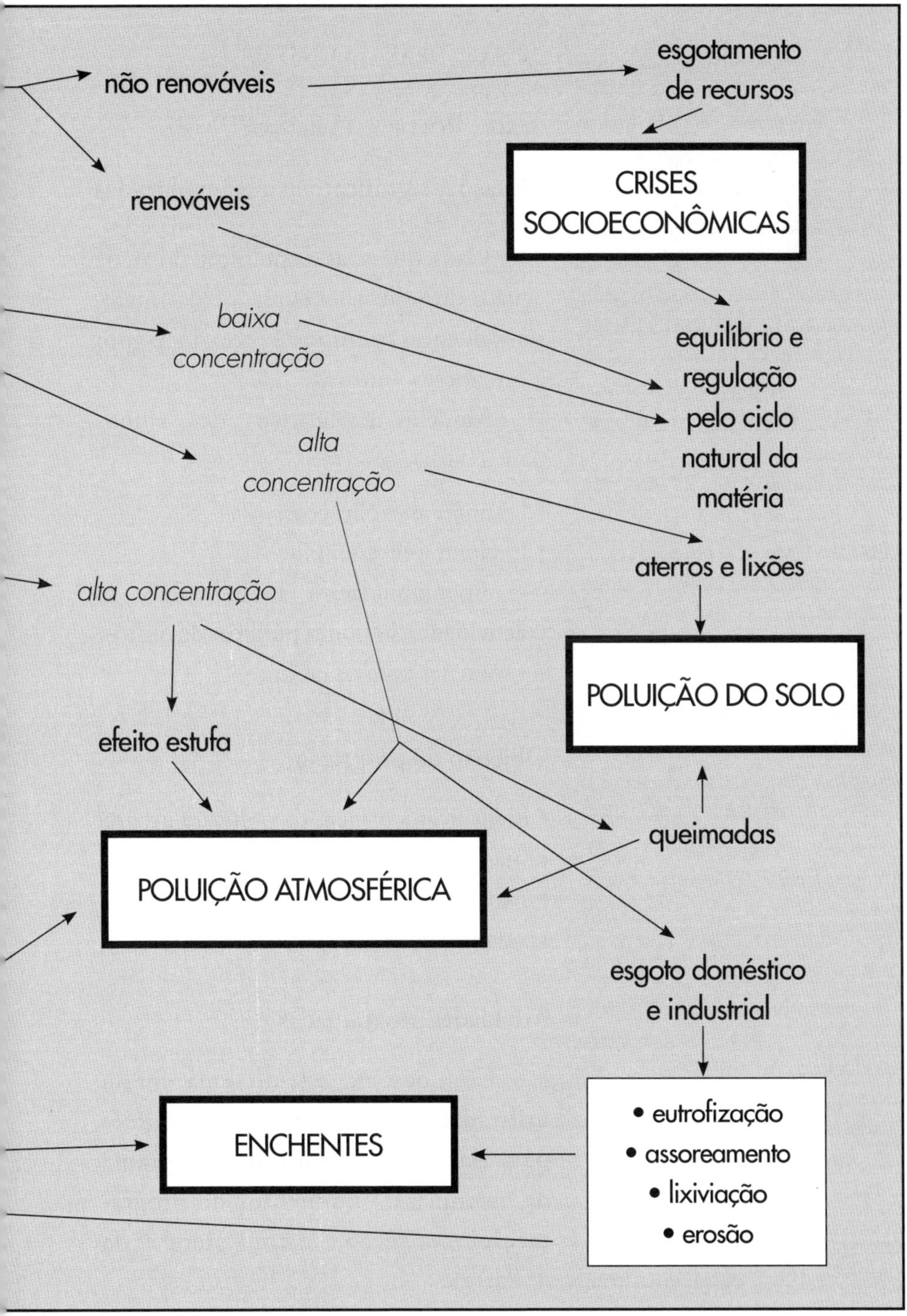
não renováveis
esgotamento de recursos
renováveis
CRISES SOCIOECONÔMICAS
baixa concentração
equilíbrio e regulação pelo ciclo natural da matéria
alta concentração
aterros e lixões
alta concentração
POLUIÇÃO DO SOLO
efeito estufa
queimadas
POLUIÇÃO ATMOSFÉRICA
esgoto doméstico e industrial
ENCHENTES
• eutrofização
• assoreamento
• lixiviação
• erosão

As seguintes referências básicas subsidiam a implementação desta programação em sala de aula:

- "Poluição do ar", na seção *Exemplares* da 4ª Parte.
- *Seção Desafios*, item c, da 4ª Parte.
- *Cadernos Temáticos de Química Nova na Escola – Química ambiental* n. 1, maio 2001. Publicação da Divisão de Ensino de Química da Sociedade Brasileira de Química.
- SOUZA, J. R.; BARBOSA, A. C. Contaminação por mercúrio e o caso da Amazônia. *Química Nova na Escola*. São Paulo, n. 12, p. 3-5, nov. 2000.
- TOLENTINO, M.; ROCHA-FILHO, R. C. Efeito estufa. *Química Nova na Escola*. São Paulo, n. 8, p. 10-14, nov. 1998.
- ROCHA-FILHO, R. C. Camada de ozônio dá Nobel. *Química Nova na Escola*. São Paulo, n. 2, p. 10-11, nov. 1995.
- KUCINSKI, B. O veneno nosso de cada dia. *Ciência Hoje*. Rio de Janeiro, v. 4, n. 22, p. 58-62, jan./fev. 1986.
- ZAMBRONE, F. A. D. Perigosa família. *Ciência Hoje*. Rio de Janeiro, v. 4, n. 22, p. 44-47, jan./fev. 1986.
- HUMERES, E. A chuva que não queremos. *Ciência Hoje*. Rio de Janeiro, v. especial Eco-Brasil, p. 15-17, maio 1992.

ESTEVES, F. A.; BARBOSA, F. A. R. Eutrofização artificial: a doença dos lagos. *Ciência Hoje*. Rio de Janeiro, v. especial Eco-Brasil, p. 48-53, maio 1992.

CASTRO, F. A. C. Árvore no chão ou enxofre no ar? *Ciência Hoje*. Rio de Janeiro, v. 20, n. 120, p. 38-45, maio 1996.

SÍNTESE DE UMA CONSTRUÇÃO PROGRAMÁTICA DO TEMA "POLUIÇÃO URBANA"

Situações significativas a ser exploradas

Consequências da poluição do ar, da água e do solo: enchentes, perdas materiais, doenças, transporte precário, esgoto a céu aberto, outros.

Modelos explicativos dos alunos para as situações

- Levantar as explicações.
- Explorar, por exemplo:

— responsabilidades: do indivíduo, da coletividade, do poder público, de outros;
— soluções para os efeitos.

Objetivo do programa

- Identificar a origem da poluição urbana e suas consequências.
- Atuar no sentido de minimizar as causas da poluição.

Atividades programadas

Com base na rede do tema, foram utilizados os momentos pedagógicos para elaborar e estruturar o programa de ensino (cf. "momentos de programação", na seção *Desafios*, item *c*, da 4ª Parte).

Problematização inicial da programação (visão dos alunos)

ATIVIDADE 1

1. Como a poluição interfere em sua vida?
2. O que polui e por quê? Quais os tipos de poluição?
3. Quais as consequências da poluição para a população?
4. De que forma poderíamos evitar a poluição?

Organizar as respostas, caracterizando:

I. tipos de poluição;
II. consequências da poluição;
III. explicações para os diferentes tipos de poluição;
IV. soluções percebidas para o problema.

Entre outras possibilidades de desmembramento desta atividade, veja na 4ª Parte, seção Exemplares, item Poluição do ar, parte da problematização originando atividade de sala de aula estruturada e desenvolvida segundo os três momentos pedagógicos. Outras atividades desse tipo, a ser elaboradas de modo similar ao exemplar apresentado e pertencentes à problematização inicial de programação, são, por exemplo:

- poluição da água;
- poluição do solo.

Organização do conhecimento da programação

ATIVIDADE 2

Conhecimentos específicos: origem dos diferentes tipos de poluição.

- Combustões completa e incompleta:
— não biológicas;
— biológicas.

ATIVIDADE 3

Conhecimentos específicos:

- queima de papel, de vela e de palha de aço numa balança (Delizoicov e Angotti, 1990, p. 78-85);
- modelos e explicações para os diferentes tipos de combustão;
- interpretações para a combustão: Stahl e Lavoisier;
- lei da conservação da massa.
- interpretações para a combustão: Stahl e Lavoisier;
- lei da conservação da massa.

ATIVIDADE 4

Conhecimentos específicos:

COMBUSTÃO

combustível + O_2 ⟶ (calor) CO_2 + H_2O + resíduos + liberação de energia

FERMENTAÇÃO (anaeróbica)

alimento ⟶ (energia ativação) composto pobre em energia + CO_2 + liberação de energia

RESPIRAÇÃO

alimento + O_2 ⟶ (energia de ativação) CO_2 + H_2O + resíduos* + liberação de energia

* resíduos = queima de proteínas (amônia)

OUTRAS ATIVIDADES PARA APROFUNDAR O TEMA

Conhecimentos específicos:

- evolução dos modelos atômicos e reações de oxirredução;
- escala de calor de cozimento;
- catalisadores e enzimas;
- resíduos dos diferentes tipos de combustão;
- efeitos e consequências dos poluentes sobre seres vivos (no ar, na água e no solo);
- extração dos combustíveis e recursos naturais renováveis e não renováveis;
- prioridades tecnológicas *versus* modelos socioeconômicos.

Aplicação do conhecimento da programação

ATIVIDADES

- Problematização, com base nos novos conhecimentos incorporados, das causas da poluição.
- Problematização de possíveis ações para minimizar as causas da poluição.

Aplicação do conhecimento da programação

ATIVIDADES

- Problematização, com base nos novos conhecimentos incorporados, das causas da poluição.
- Problematização de possíveis ações para minimizar as causas da poluição.

B) AIDS

São apresentados aqui, de autoria do professor Antônio Gouvêa, uma redução temática e um planejamento detalhado sobre o tema "aids", utilizados em cursos de formação docente promovidos por redes públicas de ensino. Conforme se perceberá, este exemplar articula-se com pontos característicos da abordagem temática numa perspectiva freiriana, explicitando-os. De fato, sua elaboração está em sintonia com as etapas da investigação temática, com a qual o autor tem orientado professores das redes públicas, visando à produção dos currículos escolares.

RELAÇÕES ENTRE FALAS:* PROGRAMAÇÃO PARA A ÁREA DE CIÊNCIAS

Questão geradora da área: Por que o tratamento individual do soropositivo é uma profilaxia social?

Conceitos: transformações, equilíbrios/desequilíbrios, regularidades e regulações

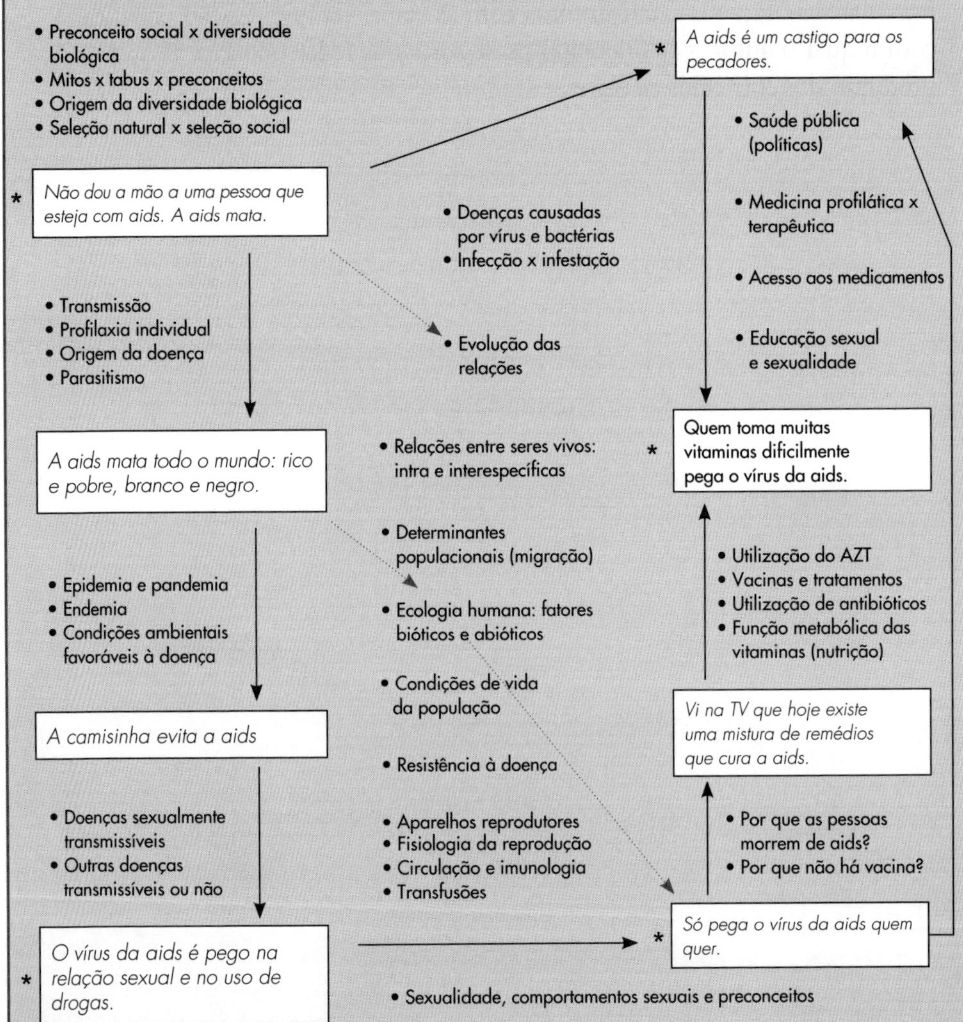

Tópicos envolvidos na organização programática proposta; recorte da sequência programática do tema gerador "aids"

Comentários iniciais:

- É importante ressaltar que a programação apresentada a seguir é apenas um dos caminhos possíveis, pois, dependendo das falas da comunidade e dos alunos durante a pesquisa inicial e da discussão nas atividades, pode-se adotar outra sequência ou mesmo outros tópicos demandados pelas problematizações.
- Cada unidade apresentada na programação pode ser subdividida em unidades menores, mas sempre contemplando os três momentos pedagógicos.
- Todas as atividades de estudo da realidade (ER, problematização inicial) e de aplicação do conhecimento (AC) são realizadas em grupo.
- Nos momentos de organização do conhecimento (OC), prioriza-se a utilização de textos.

TEMA GERADOR: AIDS COMO DOENÇA INDIVIDUAL

I – Aids como doença infecciosa

VI – Aids: doença e prevenção individual ou coletiva?

- Discutir a origem do preconceito contra os soropositivos.
- Discutir o histórico da doença, inicialmente associada apenas aos homossexuais, e o quadro atual.
- Relacionar os dados atuais sobre a pandemia da aids e comparar a evolução de outras doenças sexualmente transmissíveis.
- Comparar o índice de mortalidade da aids com o de outras doenças que afetam a saúde do brasileiro.
- Políticas públicas para a saúde com preocupação profilática x políticas médicas terapêuticas: quais são as mais adequadas?

V – A aids e o ataque ao sistema imunológico

- Doença como desequilíbrio orgânico: exemplificar com as doenças analisadas.
- Análise de um exemplo de hemograma (série branca e vermelha) de uma pessoa que apresenta alterações citológicas causadas por infecção.
- Caracterizar parasitas (infecções) intra e extracelulares — em que região atuam e como atuam.
- Ciclo da defesa imunológica (imunidade por anticorpos e celular: agente invasor > macrófagos > linfócitos (T e B) > anticorpos (defesa contra agentes extracelulares) e/ou linfócitos que atacam células parasitadas (defesa contra agentes intracelulares).
- Identificar em que situações o tratamento com a utilização de antibióticos é recomendado.
- Destacar o vírus HIV como um parasita intracelular de células sanguíneas e linfáticas relacionadas à defesa orgânica (ciclo de defesa orgânica comprometido pela destruição dos linfócitos T, responsáveis por desencadear a resposta imunológica contra os invasores).
- Discutir a origem da sigla AIDS e por que não é utilizada a correspondente em português (SIDA).
- Analisar o tempo de incubação do vírus (janela imunológica), os testes que acusam a presença de anticorpos (soropositivo), os tratamentos atuais (AZT, coquetel, inibidores virais etc.) e as alterações genéticas que os vírus sofrem (mutações frequentes impedem a produção de vacinas).

- Conceitos de doença: ausência de saúde x conceito amplo de ausência de bem-estar orgânico, intelectual, moral, material e sociocultural (OMS).
- Causas das doenças.
- Classificação das doenças orgânicas: adquiridas (físicas, químicas e biológicas), congênitas e hereditárias.
- Diferenciar, entre as doenças biológicas adquiridas, as transmissíveis das não transmissíveis.

II – Diferenciação dos tipos de doenças infecciosas e tratamento

- Diferenciar inflamação de infecção e parasitismo de infestação.
- Caracterizar as doenças infecciosas com base nos agentes patogênicos (bacterianos, viroses, micoses, protozooses, verminoses, doenças de pele), sempre acompanhadas de exemplos.
- Construir quadro com o tratamento geralmente utilizado para cada caso de doença infecciosa.
- Caracterizar a aids como virose.
- Fazer histórico do HIV (mencionar a possível origem, a disputa científica e econômica entre os laboratórios de diferentes países pela "descoberta").

III – Os sintomas, causas e diagnósticos das doenças infecciosas

- Caracterização geral da anatomia e da fisiologia dos principais sistemas do corpo humano (mencionar com destaque os órgãos explicitados pelos alunos, relacionando-os com as funções que exercem nos diferentes sistemas).
- Órgãos afetados, causas, sintomas e diagnóstico das doenças infecciosas.
- Relacionar os procedimentos clínicos e os exames laboratoriais (de sangue, de urina, de fezes, radiológicos, cardíacos etc.) com o diagnóstico das enfermidades que afetam os órgãos dos diferentes sistemas.
- Apresentação de quadro com os principais sintomas dos portadores do vírus HIV.

IV – Caracterização dos desequilíbrios orgânicos causados pelas doenças infecciosas

- Organismo como sistema aberto e dinâmico que realiza constantes trocas de matéria e energia com o meio (caraterizar os diferentes tipos de troca e o papel da alimentação e do oxigênio na obtenção de energia).
- Identificar os diferentes sistemas e órgãos envolvidos nas atividades realizadas (visão "macroscópica" do metabolismo).
- Como o alimento fornece matéria e energia? Como chega a cada célula do organismo?
- Níveis gerais de organização do organismo: sistema, órgãos, tecidos, células e moléculas (tomar um sistema como exemplo).
- Discutir sinteticamente o metabolismo celular, destacando, de forma geral, o papel desempenhado pelos diferentes sistemas orgânicos na aquisição/absorção, no transporte e na eliminação de substâncias assimiladas e excretadas pelas células — enfatizar o papel do sangue no transporte de substâncias.
- Equilíbrio orgânico mediante a manutenção dinâmica da regulação do sistema de trocas com o meio — papel do sistema nervoso e endócrino regulando o metabolismo geral e as trocas adaptativas com o meio.
- Equilíbrio orgânico com base nos sistemas de defesa contra invasores: a) defesas inespecíficas — pele, como barreira física natural, secreções das mucosas, com muco e acidez, como barreiras químicas etc. (retomar como as doenças infecciosas superam essas barreiras); b) sistema imunológico (anticorpos e células de defesa presentes no sangue e na linfa).

EXEMPLO DE RECORTE PROGRAMÁTICO – TEMA GERADOR: AIDS

Tópico programático: I – Aids como doença infecciosa

Estudo da realidade	Organização do conhecimento
1. Que tipo de doença é a aids? 2. Procure comparar a aids com outros tipos de doenças que você conhece. 3. Que é uma doença? 4. Explique a origem dos diferentes tipos de doenças mencionados. Quais tiveram uma origem semelhante à da aids? Sintetize as respostas.	• Conceitos de doença: ausência de saúde x conceito amplo de ausência de bem-estar orgânico, intelectual, moral, material e sociocultural (OMS). • Causas das doenças. • Classificação das doenças orgânicas: adquiridas (físicas, químicas e biológicas), congênitas e hereditárias. • Diferenciar, entre as doenças biológicas adquiridas, as transmissíveis das não transmissíveis.

Considerações gerais sobre a dinâmica das atividades

Procurar organizar, na síntese das respostas, as informações que os alunos já possuem sobre a doença, e caracterizar a origem das diferentes enfermidades mencionadas.	Procurar sempre exemplificar os tipos de doença, utilizando exemplos comumente observáveis.

Aplicação do conhecimento

Retomar o quadro inicial e propor que os alunos reavaliem o agrupamento inicialmente realizado.
Como a aids pode ser caracterizada? Por quê?
Síntese das respostas.

Caso surjam dificuldades na caracterização dos casos, propor novos exemplos, sempre retomando os critérios abordados em OC.

Tópico programático: II – Diferenciação dos tipos de doenças infecciosas e tratamento

Estudo da realidade	Organização do conhecimento
1. Como os diferentes tipos de doenças são tratados? 2. Cite algumas doenças que você já contraiu. Em que casos o uso de antibiótico foi prescrito? Por quê? Cite medicamentos que você conhece ou de que faz uso com frequência. 3. A aids tem tratamento? Sintetize as respostas.	• Diferenciar inflamação de infecção e parasitismo de infestação. • Caracterização das doenças infecciosas com base nos agentes patogênicos (bacterianos, viroses, micoses, protozooses, verminoses, doenças de pele), sempre acompanhadas de exemplos. • Construir quadro com o tratamento geralmente utilizado para cada caso de doença infecciosa. • Caracterização da aids como virose. • Histórico do HIV (mencionar a possível origem, a disputa científica e econômica entre os laboratórios de diferentes países pela "descoberta").

Considerações gerais sobre a dinâmica das atividades

É fundamental que, na síntese das respostas, as dúvidas e as contradições presentes nas falas dos alunos sejam registradas no quadro e nos cadernos, pois servirão de subsídios para a diferenciação das doenças infecciosas e as respectivas terapêuticas.

Ao discutir as inflamações, é importante mencionar a possibilidade do aparecimento da febre, da íngua e do pus, sempre destacando o papel de cada um dos fenômenos como sintomas dos processos orgânicos de defesa.
Mencionar como eram justificadas as mortes por aids antes de a doença ser identificada.

Aplicação do conhecimento

- Retomar as doenças infecciosas mencionadas no início da atividade 1 e identificar os agentes causadores.
- Análise das indicações presentes em bulas de remédios mencionados pelos alunos, relacionando-os ao tratamento dos diferentes tipos de doenças.
- Como são "tratados" os portadores do vírus da aids? Por quê? Síntese das respostas.

Os analgésicos e antitérmicos devem ser abordados apenas como medicamentos paliativos que inibem os sintomas das inflamações. Outros medicamentos devem ser sinteticamente caracterizados em função das indicações.

Tópico programático: III – Os sintomas, causas e diagnósticos das doenças infecciosas

Estudo da realidade	Organização do conhecimento
1. Como o médico identifica o tipo de doença apresentada pelo paciente? 2. Que tipo de procedimento o médico realiza quando está em dúvida sobre a identificação do tipo de doença? 3. Que exames médicos e laboratoriais você conhece? Em que situações foram realizados? 4. Procure mencionar os principais sintomas das doenças anteriormente apresentadas e mencione os órgãos que apresentavam alterações em seu funcionamento normal. Sintetize as respostas.	• Caracterização geral da anatomia e da fisiologia dos principais sistemas do corpo humano (mencionar com destaque os órgãos explicitados pelos alunos, relacionando-os com as funções que exercem nos diferentes sistemas). • Órgãos afetados, causas, sintomas e diagnóstico das doenças infecciosas. • Relacionar os procedimentos clínicos e os exames laboratoriais (de sangue, de urina, de fezes, radiológicos, cardíacos etc.) com o diagnóstico das enfermidades que afetam os órgãos dos diferentes sistemas. • Apresentação de quadro com os principais sintomas dos portadores do vírus HIV.

Considerações gerais sobre a dinâmica das atividades

É importante apreender o conhecimento que os alunos têm de anatomia e de fisiologia humana com base nas respostas dadas. Problematizar as dificuldades observadas nos modelos de funcionamento do organismo. Enfatizar as causas e os sintomas das doenças infecciosas.	A visão geral dos sistemas e órgãos pode ser proporcionada mediante a apresentação de um quadro sintético em que anatomia e fisiologia estejam sendo constantemente articuladas.

Aplicação do conhecimento

• Procurar estabelecer uma relação entre os sintomas, as causas e o tratamento das doenças mencionadas nas atividades anteriores. Pedir aos alunos que tragam de casa exames realizados, para identificar as condições dos sistemas e órgãos afetados e as doenças envolvidas nos casos.

• Os médicos sempre acertam o diagnóstico? Por quê?

• O que podemos fazer para minimizar os erros médicos?

• Que órgãos são afetados pelo HIV? Como a doença pode ser diagnosticada?

• O que significa ser soropositivo? O soropositivo é um doente? Sintetize as respostas

Discutir, na relação médico—paciente, a importância do esclarecimento e das informações que a ética médica exige.
A quem pertence a doença: ao médico ou ao paciente?

Tópico programático: IV – Caracterização dos desequilíbrios orgânicos causados pelas doenças infecciosas

Estudo da realidade	Organização do conhecimento
1. De que nosso corpo depende para não adoecer? Qual é a importância da alimentação nesse processo? 2. Exemplifique como uma doença infecciosa afeta o bom funcionamento orgânico. Como se contrai essa doença? 3. Como a aids é transmitida? Que órgãos são afetados pelo HIV? Sintetize as respostas.	• Organismo como sistema aberto e dinâmico que realiza constantes trocas de matéria e energia com o meio (caraterizar os diferentes tipos de troca e o papel da alimentação e do oxigênio na obtenção de energia). • Identificar os diferentes sistemas e órgãos envolvidos nas atividades realizadas (visão "macroscópica" do metabolismo). • Como o alimento fornece matéria e energia? Como chega a cada célula do organismo? • Níveis gerais de organização do organismo: sistema, órgãos, tecidos, células e moléculas (tomar um sistema como exemplo). • Discutir sinteticamente o metabolismo celular, destacando, de forma geral, o papel desempenhado pelos diferentes sistemas orgânicos na aquisição/absorção, no transporte e na eliminação de substâncias assimiladas e excretadas pelas células — enfatizar o papel do sangue no transporte de substâncias. • Equilíbrio orgânico mediante a manutenção dinâmica da regulação do sistema de trocas com o meio — papel do sistema nervoso e endócrino regulando o metabolismo geral e as trocas adaptativas com o meio. • Equilíbrio orgânico com base nos sistemas de defesa contra invasores: a) defesas inespecíficas — pele, como barreira física natural, secreções das mucosas, com muco e acidez, como barreiras químicas etc. (retomar como as doenças infecciosas superam essas barreiras); b) sistema imunológico (anticorpos e células de defesa presentes no sangue e na linfa).

Considerações gerais sobre a dinâmica das atividades

Problematizar os modos de transmissão do HIV com os sintomas anteriormente mencionados.	Dar destaque a um histórico resumido da observação das células pelo homem, à importância do desenvolvimento tecnológico na produção de lentes, para melhorar a observação, e a alguns exemplos de modelos citológicos construídos com base nas observações realizadas. A estrutura celular pode ser apresentada de forma genérica, destacando-se apenas as funções fisiológicas realizadas pelas membranas, citoplasma e núcleo. Representações esquemáticas sejam didaticamente utilizadas. Evitar modelos bidimensionais para representar as células.

Aplicação do conhecimento

- Quais são os papéis que o sangue desempenha em nosso organismo?
- Como os parasitas podem afetar o bom funcionamento do organismo?
- Como o vírus HIV pode interferir no equilíbrio orgânico?
- Por que pessoas bem nutridas, portadoras do vírus, podem demorar mais tempo para manifestar a doença?

Sintetize as respostas.

Destacar o papel do sangue na defesa do organismo e ressaltar que esse processo despende matéria e energia.

Tópico programático: V – A aids e o ataque ao sistema

Estudo da realidade

1. Por que algumas pessoas ficam doentes com mais frequência que outras?

2. Por que a doença põe em risco a vida dos pacientes?

3. Por que a aids mata? O que significa a sigla AIDS?

Sintetize as respostas.

Organização do conhecimento

• Doença como desequilíbrio orgânico: exemplificar com as doenças analisadas.

• Análise de um exemplo de hemograma (série branca e vermelha) de uma pessoa que apresenta alterações citológicas causadas por infecção.

• Caracterizar parasitas (infecções) intra e extracelulares — em que região atuam e como atuam.

• Ciclo da defesa imunológica (imunidade por anticorpos e celular: agente invasor > macrófagos > linfócitos (T e B) > anticorpos (defesa contra agentes extracelulares) e/ou linfócitos que atacam células parasitadas (defesa contra agentes intracelulares).

• Identificar em que situações o tratamento com a utilização de antibióticos é recomendado.

• Destacar o vírus HIV como um parasita intracelular de células sanguíneas e linfáticas relacionadas à defesa orgânica (ciclo de defesa orgânica comprometido pela destruição dos linfócitos T, responsáveis por desencadear a resposta imunológica contra os invasores).

• Discutir a origem da sigla AIDS e por que não é utilizada a correspondente em português (SIDA).

• Analisar o tempo de incubação do vírus (janela imunológica), os testes que acusam a presença de anticorpos (soropositivo), os tratamentos atuais (AZT, coquetel, inibidores virais etc.) e as alterações genéticas que os vírus sofrem (mutações frequentes impedem a produção de vacinas).

Considerações gerais sobre a dinâmica das atividades

Enfatizar o papel da nutrição na capacidade de manutenção do organismo em equilíbrio.

Caso o grupo tenha demonstrado interesse, é possível identificar os diferentes tipos de células responsáveis pela defesa do organismo com base na análise minuciosa do hemograma.

Não há a necessidade de se prender a uma identificação precisa de todo o ciclo da resposta imunológica, basta reconhecer a existência de células intermediárias no processo, que são justamente as afetadas pelo HIV.

Discutir como, ao longo do tempo, diferentes línguas foram adotadas como padrão pela ciência — explicitar as implicações socioculturais e econômicas dessas opções.

Pode-se discutir por que o vírus é um parasita intracelular, caracterizando a necessidade que demonstram ter do equipamento genético e das substâncias presentes na célula hospedeira para garantir sua reprodução.

Aplicação do conhecimento

- Se o HIV é um vírus, por que os soropositivos que começam a manifestar a doença são tratados com antibióticos?
- A aids é a responsável direta pela morte dos pacientes ou indiretamente os "deixa" morrer?

Por que ainda não há vacina contra aids?
Sintetize as respostas.

Pode-se agora discutir relações com outros tipos de imunidade e doenças que envolvem alterações no sistema imunológico: imunidade ativa e passiva, vacinação, transfusões sanguíneas, processos alérgicos etc.

Tópico programático: VI – Aids: doença e prevenção individual ou coletiva?

Estudo da realidade	Organização do conhecimento
1. Retomar as medidas preventivas para a aids e procurar explicar como evitam o ciclo de transmissão da doença. Que comportamentos sociais não transmitem a doença? 2. Diferenciar o soropositivo assintomático dos portadores que manifestam a doença. 3. A aids pode ser considerada uma doença "democrática", ao afetar todas as pessoas da mesma forma? Por quê? Sintetize as respostas.	• Discutir a origem do preconceito contra os soropositivos. • Discutir o histórico da doença, inicialmente associada apenas aos homossexuais, e o quadro atual. • Relacionar os dados atuais sobre a pandemia da aids e comparar a evolução de outras doenças sexualmente transmissíveis. • Comparar o índice de mortalidade da aids com o de outras doenças que afetam a saúde do brasileiro. • Políticas públicas para a saúde com preocupação profilática x políticas médicas terapêuticas: quais são as mais adequadas?

Considerações gerais sobre a dinâmica das atividades

Retomar as problematizações realizadas ao longo da programação e avaliar se ocorreram mudanças nas concepções sobre a doença.

É aconselhável a análise de tabelas e gráficos sobre a doença encontrados em jornais ou revistas de divulgação científica.
A comparação da pandemia da aids com outras doenças endêmicas brasileiras: que classes sociais utilizam o sistema público de saúde? A aids é a responsável pela maior morbidade? Por que as demais doenças que matam os brasileiros não recebem o mesmo destaque dado à aids?

Aplicação do conhecimento

• Apresentar, para análise, dados sobre o perfil atual dos portadores do vírus e discutir o motivo do aumento da doença entre mulheres casadas.

• Quais seriam as medidas socioculturais e econômicas mais eficientes para combater a doença?

Fazer uma campanha informativa na escola sobre a prevenção da aids.

Sintetize as respostas.

A análise crítica e aberta das campanhas oficiais de prevenção às doenças pode ser uma atividade de avaliação de sua eficácia.

c) Energia elétrica: produção, distribuição e consumo

Com base neste tema, foi estruturada uma proposta para o ensino da disciplina de Física na educação média. A programação dos conteúdos assim como subsídios para seu desenvolvimento ao longo dos três anos constituem o livro *Física* (Angotti e Delizoicov, 1990). O mapa conceitual e a ementa do programa gerado com base no tema "produção, distribuição e consumo de energia elétrica", a seguir apresentado, foram extraídos do livro referido.

Páginas 260 e 261

Página 262

Nessa redução temática articulada ao uso dos conceitos unificadores, priorizou-se a explicitação de conceituação científica específica durante a construção do mapa conceitual. Note-se que há várias possibilidades de iniciar a programação de Física e o decorrente ensino de seus conteúdos. Por exemplo, a opção de iniciar pela utilização, descrição e compreensão dos *aparelhos elétricos*, conforme a unidade 4 da ementa apresentada, leva ao desenvolvimento da conceituação relativa à eletrodinâmica, com a qual se exploraria o consumo de energia que os distintos aparelhos elétricos, particularmente os resistivos, demandam, com base tanto na energia por eles transformada — ou seja, nos dados relativos à potência dos aparelhos — como na relação desta com as demais grandezas elétricas envolvidas no processo de transformação de energia. Pode-se, ainda, iniciar pela discussão dos níveis de água nos reservatórios das usinas hidrelétricas, com o que se examinaria o ciclo da água na natureza, conforme a unidade 3 da ementa. Nesse caso, o papel primordial da radiação solar no transporte de energia também poderia ser a tônica da fase inicial do curso de Física no ensino médio, dando abertura à exploração, por exemplo, da conceituação envolvida na unidade 6 da ementa, com a qual se introduziriam noções de Física moderna, ao se procurar compreender que a energia transportada pela radiação solar provém da fusão nuclear da matéria solar. É evidente que sempre resta a possibilidade de iniciar pela perspectiva mais tradicional, ao se relacionar o nível de água dos reservatórios com a energia potencial gravitacional, o que leva à abordagem da conceituação relativa à mecânica, conforme a unidade 1 da ementa. O leitor poderá identificar as outras possibilidades de entrada que o tema e o mapa conceitual oferecem.

Note-se, ainda, que, além de um programa específico para a disciplina de Física, o tema possibilita uma abordagem multidisciplinar, à medida que se elabore uma redução temática que articule o tema em questão com os temas transversais "meio ambiente", "trabalho e consumo" e mesmo com os temas "saúde" e "ética". Assim, por exemplo, o impacto ambiental provocado pela construção de uma represa para usina hidrelétrica, a emissão de resíduos provenientes de uma usina termoelétrica que empregue combustível fóssil (cf. o tema "poluição urbana", exemplificado anteriormente), a análise do balanço risco—benefício de uma termoelétrica que se utilize de combustível nuclear (usina nuclear), assim como a importância da geração de energia elétrica para uma economia como a brasileira, permitem o estabelecimento de relações entre os temas transversais e as várias disciplinas do currículo escolar, tendo como eixo estruturante o tema "energia elétrica: produção, distribuição e consumo".

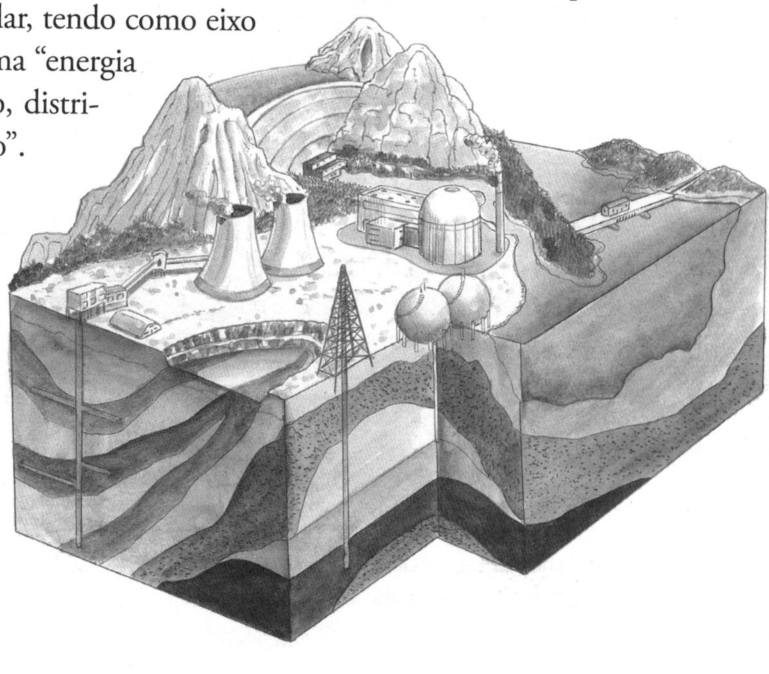

MAPA CONCEITUAL

Produção, distribuição e consumo de energia elétrica

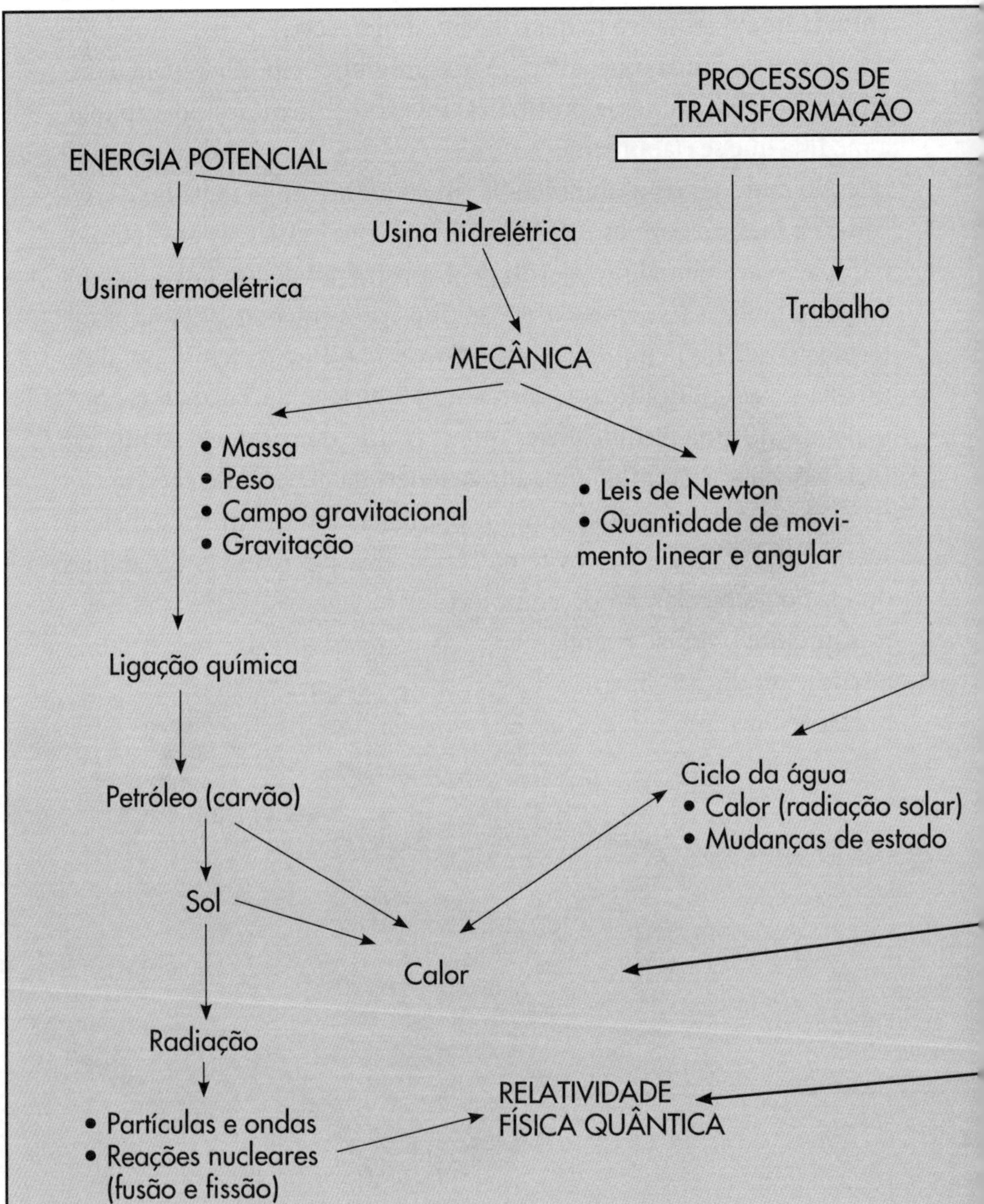

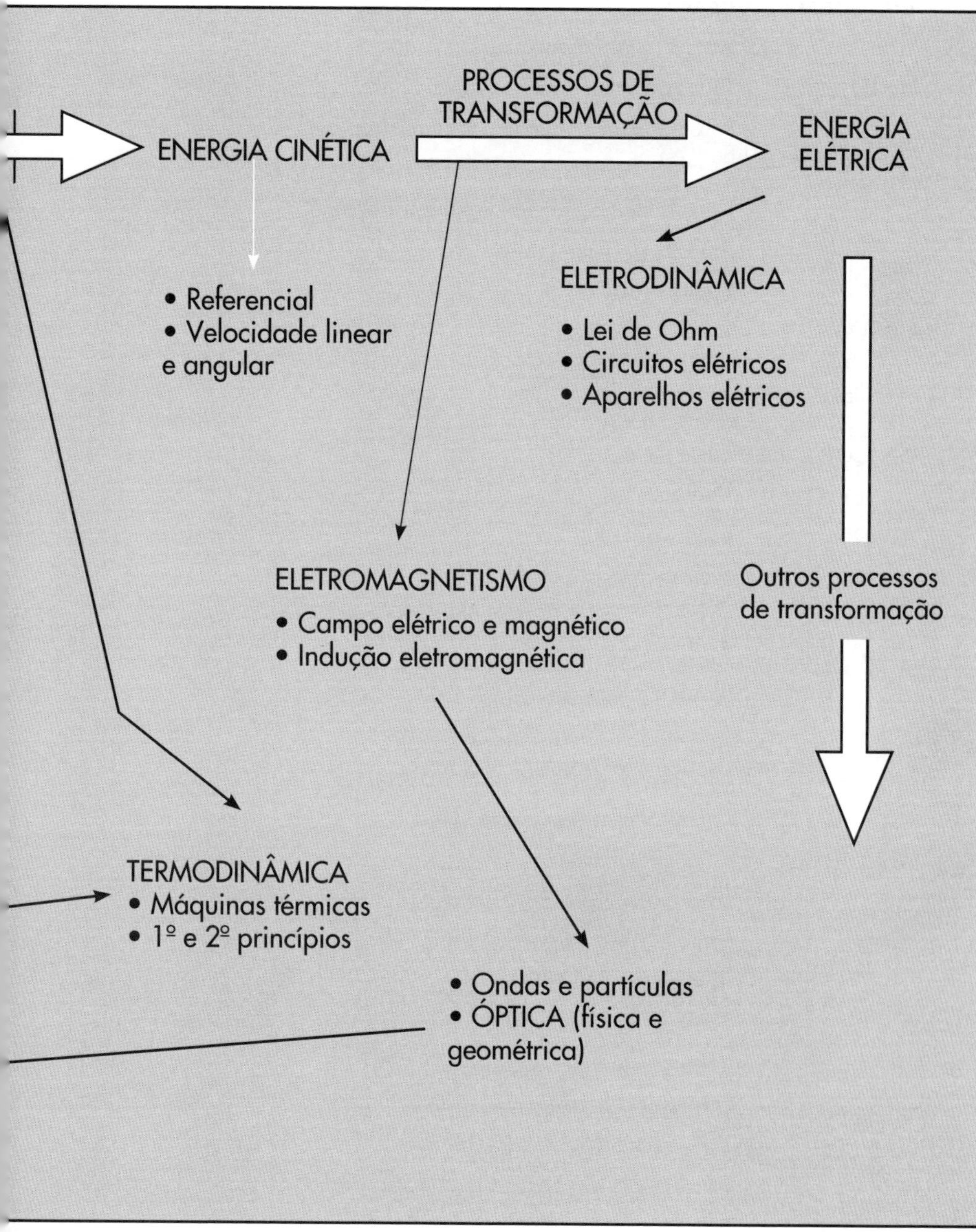
PROCESSOS DE TRANSFORMAÇÃO
ENERGIA CINÉTICA
ENERGIA ELÉTRICA
• Referencial
• Velocidade linear e angular
ELETRODINÂMICA
• Lei de Ohm
• Circuitos elétricos
• Aparelhos elétricos
ELETROMAGNETISMO
• Campo elétrico e magnético
• Indução eletromagnética
Outros processos de transformação
TERMODINÂMICA
• Máquinas térmicas
• 1º e 2º princípios
• Ondas e partículas
• ÓPTICA (física e geométrica)

EMENTA DO PROGRAMA

Unidades e tópicos

UNIDADE 1 — Queda-d'água
Massa, peso e campo gravitacional (tópico1)
Medidas de força — Leis de Newton (tópico 2)
Quantidade de movimento linear (tópico 3)
Trabalho e energia (tópico 4)
Potência (tópico 5)

UNIDADE 2 — Roda-d'água
Fluidodinâmica (tópico 1)
Rotações (tópico 2)

UNIDADE 3 — Ciclo da água
Radiação solar (tópico 1)
Calor como forma de energia (tópico 2)
Efeitos da troca de calor (tópico 3)
O calor trabalha — máquinas térmicas (tópico 4)

UNIDADE 4 — Energia elétrica
Aparelhos elétricos (tópico 1)
Aparelhos resistivos (tópico 2)
Modelo microscópico (tópico 3)
Circuitos elétricos (tópico 4)

UNIDADE 5 — Geradores e dínamos
Ímãs e corrente elétrica (tópico 1)
Indução eletromagnética (tópico 2)

UNIDADE 6 — Transporte de energia
Fenômenos ondulatórios (tópico 1)
Transporte de energia com e sem transporte de matéria (tópico 2)
Energia, matéria e ondas (tópico 3)
Energia solar e a Terra: fusão nuclear (tópico 4)

3. Desafios

Elaborar planejamentos escolares na perspectiva da abordagem temática.

4. Leituras complementares

ANGOTTI, J. A . *Fragmentos e totalidades no conhecimento científico e no ensino de Ciências*. 1991. Tese de doutorado – Faculdade de Educação da USP, São Paulo.

DELIZOICOV, D. *Conhecimento, tensões e transições*. 1991. Tese de doutorado. – Faculdade de Educação, USP, São Paulo.

PERNAMBUCO, M. M. *Educação e escola como movimento*. 1994. Tese de doutorado – Faculdade de Educação da USP, São Paulo.

PONTUSCHKA, N. (Org.) *Ousadia no diálogo. Interdisciplinaridade na escola pública*. São Paulo: Loyola, 1993.

6ª PARTE

TEMAS PARA ESTUDO E BIBLIOGRAFIA

Temas para estudo e bibliografia

Há consenso sobre a afirmação de que se vive, no Brasil, um período de transformações em praticamente todas as atividades profissionais, desde as consideradas mais simples até as mais intelectualizadas e as que exigem grande capacidade de liderança e organização. Instituições seculares como a escola — dos níveis elementares à pesquisa e pós-graduação — são corresponsáveis por transições como essa a que vimos assistindo e de que temos participado. Entretanto, a escola, no sentido mais amplo, é também uma das esferas responsáveis pela manutenção das tradições, sobretudo no que concerne às produções humanas mais marcantes ao longo da história, em todos os campos de conhecimento: Artes, Literatura, Filosofia, Ciência, Tecnologia... Tradição aqui se refere ao que deve ser mantido até para garantir as mudanças desejáveis, com maior ou menor grau de ruptura com o passado.

Por mais que uma sociedade, um grupo, uma nação estejam enredados no mundo contemporâneo, sempre haverá recursos, apoio e estímulo para que seus estudantes tenham acesso à beleza e à grandeza das chamadas obras-primas: uma escultura, ainda que de autor desconhecido, como a Vênus de Milo, poemas ou textos épicos, como a *Odisseia,* de Homero, ou *Os Lusíadas,* de Camões, as primeiras máquinas tipográficas (Gutenberg) e a vapor (Watt), bem como os livros e as ideias de autores que contribuíram decisivamente para a ciência a partir do século XVII, como Newton (Física e Astronomia), Lavoisier (Química) e Darwin (Biologia).

Mudar, por um lado, e manter, por outro, são tarefas precípuas da instituição-escola e, consequentemente, dos trabalhos do professor.

Todas as funções atribuídas ao trabalho didático-pedagógico não poderiam deixar de sofrer influência advinda da "terceira onda", da "revolução tecnológica", do "universo em rede" ou outro termo semelhante. Vários pesquisadores advogam certa submissão de todas as frentes de trabalho, lazer, organização, gestão... à ciência e tecnologia contemporâneas. Ainda que não muito presentes na escola média e fundamental, as discussões sobre essa era de mudança permeiam as atividades docentes, até porque estão muito presentes — não raro com estardalhaço — na imprensa.

Consideradas as demandas e pressões para a mudança de atitudes, valores, procedimentos, critérios para seleção de conteúdos tradicionais, novos e renovados, assim como a forte tendência que se constata para a educação continuada, para os estudos em equipe, cooperativos, ora presenciais, ora a distância, com utilização dos recursos das redes de TV e de computadores, há a consciência de que os *recursos bibliográficos* continuam sendo uma das principais referências para o aperfeiçoamento docente, sobretudo quando utilizados de maneira crítica e em equipe.

Há alguns anos inexistia o convívio com redes de TV a cabo, com CDs e DVDs, muito menos com redes de computadores, da Internet às redes internas. Não havia possibilidade de participar de teleconferências, de videoconferências, de programas da TV comercial interativos, de enviar e receber *e-mails*... Não havia nem sequer um conjunto amplo e diversificado de livros didáticos e paradidáticos para escolha e uso.

Hoje estão à mão todas essas possibilidades, algumas compatíveis com nossa formação e interesse, outras não. Afirmar e repetir que "este mundo não é o da escola onde atuo" ou que "isso está fora da realidade em que vivo e leciono" ajuda muito pouco. Basta lembrar a velha e boa "máquina de datilografia", da TV preto e branco, da telefonia fixa, lenta e pouco acessível, dos serviços pessoais das agências bancárias, da dificuldade para obter uma revista ou livro com boas ilustrações em cores...

Apresentaremos aqui alguns temas para estudo e discussão sobre questões de Ciências da Natureza e suas aplicações tecnológicas, assim como a bibliografia. Esta unidade lança desafios aos professores para que, cada vez mais, implementem suas reflexões e intervenções — de preferência em equipe, mesmo com encontros não presenciais, visando à troca de experiências e sugestões em favor da melhoria do ensino e da aprendizagem de Ciências e tecnologia, que permeiam a vida cotidiana. O conhecimento pode ser de grande auxílio na compreensão dos fenômenos e resultados recentes e antigos da tecnologia e no exercício dos possíveis benefícios, cotejados aos prejuízos eventuais, sobretudo no que tange aos produtos da tecnologia dirigidos ao consumo. Todos têm o direito de se munir de informações e de formação crítica para a aquisição ou venda de produtos disponíveis e para uma interpretação adequada de conteúdos: computadores, celulares, exames médicos simples e complexos, defensivos agrícolas, medicamentos, notícias científicas e fatos da mídia, propaganda, veículos, alimentos das linhas *diet* e *light*... Todos podem alcançar uma posição mais confortável, vinculada ao usuário inteligente, em contraposição ao "consumista ingênuo" ou mesmo "pouco inteligente".

As sugestões a seguir podem servir de estímulo à reflexão por parte do professor, para que ele, junto a colegas de profissão e interessados, estabeleça uma situação, um clima de estudos em sua cidade, em região próxima ou remota. Boa parte dos temas pode ser trabalhada com os alunos, em atividades extraclasse, ou em seminários de estudos em sala de aula. A bibliografia contém elementos para a organização dos trabalhos e referências de publicações e periódicos (em especial, *Ciência Hoje*). Para os alunos, além das obras citadas ao longo deste livro, pode-se estabelecer um início de estudos com o apoio de enciclopédias e publicações impressas e digitais, do tipo *Como funciona,* por exemplo.

O objetivo das sugestões é a apreensão, por meio da *abordagem temática,* de maior conhecimento ligado às grandes questões da ciência e da tecnologia atual e também de sua história, assim como a discussão das aplicações tecnológicas, tanto tradicionais quanto contemporâneas.

É necessário ressaltar que o conjunto dessas sugestões não deve contribuir para reforçar uma distorção do procedimento docente bastante presente nos últimos anos, decorrente, em parte, da suposta facilidade em obter material (de boa qualidade ou não) mediante consultas à rede *web*. Tem-se constatado que muitos professores de Ciências continuam firmes no compromisso com tópicos e sequências consideradas "paradigmáticas" no ensino dessas disciplinas, como os blocos: *ar, água e solo,* em Ciências; *cinemática de movimentos ideais, dilatação dos corpos, calorimetria, eletrostática e óptica geométrica*, na Física; *misturas, orbitais, tabela periódica,* na Química; *definições, nomenclatura e classificações*, em Biologia — sempre em detrimento de outros tópicos, não raro mais relevantes para o universo de formação inicial em Ciências.

Quando pressionados pelos alunos, que demonstram interesse por assuntos *diferenciados* (exemplos típicos: buracos negros, fulerenos, código genético), ou pelas evidências de alguma emergência (exemplos: acidentes nucleares, a crise atual de energia elétrica, chuva ácida, contaminação de regiões de garimpo por mercúrio, aditivos nos alimentos industrializados, camada de ozônio, efeito estufa, clonagem), os professores geralmente sugerem trabalhos extraclasse sobre tais assuntos, seja por consulta tradicional a obras de referência nas bibliotecas, seja pelo modismo contemporâneo da "pesquisa na Internet". Defende-se aqui justamente o contrário, porque os professores precisam conduzir os estudos dos assuntos mais *ausentes* dos livros e das aulas tradicionais, os quais contarão sempre com a contribuição e o interesse dos alunos, ao passo que os tópicos tradicionais, ditos "paradigmáticos", deveriam ser eventualmente remetidos para estudos extraclasse! Os envolvidos podem estender a lista, seja por seus interesses, pelas demandas regionais, seja pela evolução científico-tecnológica e suas relações com a sociedade.

Cabe lembrar, mais uma vez, que as orientações e sugestões dos Parâmetros Curriculares Nacionais (PCNs), particularmente os da segunda etapa do ensino fundamental (6º ao 9º ano), apoiam-se em grandes *eixos temáticos*, articulados com o específico conhecimento científico disciplinar — Física, Química, Biologia, Geologia, Astronomia... —, com a tecnologia e com os *temas transversais*. Por sua essência, estes não podem ser contemplados à luz de uma só disciplina científica ou mesmo didático-pedagógica, como a de Ciências Naturais, desse segmento da escolaridade básica.

As sugestões a seguir, sobre temas de estudo e discussão em geral menos abrangentes do que os *eixos temáticos* dos PCNs, visam reforçar e estimular a formação continuada e multidisciplinar do professor de Ciências de hoje e de amanhã. Alguns temas são acompanhados de um autor, reconhecido como um dos pioneiros em sua proposição e investigação.

TEMAS de estudo

Acaso e necessidade (Monod)

Acidentes nucleares

Aeroplanos, jatos e foguetes

Alças catalíticas (Maturana e Varella)

Alternativas de fontes e de escala ao modelo brasileiro de produção, distribuição e consumo de energia

Big bang (Gamow)

Biodiversidade

Biofísica e bioeletrônica

Biomagnetismo

Buracos negros e buracos de minhoca

Campo elétrico e o campo de indução magnética

Carta dos nuclídeos

Chuva ácida

Ciência dos povos antigos: Egito, México, Peru

Ciência grega

Ciência no Brasil

Ciência oriental: China e Arábia

Clonagem

Complementaridade (Bohr)

Controvérsias na interpretação dos fenômenos quânticos

Copérnico e a revolução heliocêntrica

Corpo humano e energia

Correntes marítimas e ventos alísios

Crise de energia elétrica no Brasil em 2001: dados e fatos, interpretações, conflitos de interesse

Darwin e evolução biológica

Descoberta do elétron e primeiros modelos atômicos

Dimensões: de férmions a parsecs

Durações: de milionésimos de segundo a bilhões de anos

Efeito estufa

Energia nuclear: possibilidades e limites

Espécies extintas

Exoastronomia

Fenômenos caóticos e sistemas complexos

Fenômenos de marés

Ferramentas e seus princípios de funcionamento

Física brasileira: descoberta dos mésons π

Física contemporânea e filosofia oriental (Capra)

Física médica: dos raios X à ressonância magnética

Fontes alternativas de energia

Fótons e evidências do comportamento corpuscular da radiação

Fractais

Fusão nuclear a frio?

Galileu e o surgimento do pensamento científico moderno

Hertz e a produção de ondas de rádio

Inércia e referenciais inerciais

Início da era da eletricidade

Início da era das comunicações

Início da era dos fármacos

Início das indústrias químicas

Inteligências múltiplas (Gardner)

James Watt e as origens das máquinas a vapor

Laser, fibras ópticas e hologramas

Lavoisier: flogisto e calórico

Marés

Mente e consciência

Mésons (Lattes)

Microcomputadores e microprocessadores, linguagens de máquinas

Microscópios (do óptico ao de tunelamento)

Missões de satélites não orbitados (a exemplo das Pionners e Voyagers)

Motor a explosão e motor elétrico

Movimento orbital da Terra, planetas e satélites

Nanociência

Nanotubos e fulerenos

Natureza da luz, o modelo ondulatório e o corpuscular

Natureza do calor e o princípio da conservação da energia

Nascimento, vida e morte das estrelas

Neoplatonismo (Penrose)

Newton, Descartes, Huygens, Harvey e seu tempo

Ordem, desordem (Prigogine)

Ordens implícitas e explícitas (Bohm)

Origens da cinética química

Origens da teoria quântica

Origens das teorias da relatividade restrita e geral

Panspermia

Paradigmas (Kuhn)

Partículas e evidências de seu comportamento ondulatório

Placas tectônicas e deriva continental; sismicidade

Princípio da exclusão (Pauli)

Projeto Genoma

Pulsares e quasares

Quarks

Radiação eletromagnética e riscos à saúde: antenas, celulares...

Radiatividade, aplicações diversas e efeitos indesejáveis

Refutações (Popper)

Relógios da natureza: físicos, químicos e biológicos

Satélites de comunicação: telefonia e TV

Satélites naturais do sistema solar

Síntese de Maxwell

Sociobiologia (Wilson)

Supercondutividade

Supercordas e a possibilidade de unificação da teoria quântica com a relativística

Táquions

Telefonia celular

Telescópios (da luneta aos orbitais: ópticos, ultravioleta, raios X...)

Teoria das cores

Teorias unificadas (Gell-Man)

Termômetros na história

Terremotos

Transgênicos

Usinas termelétricas, particularmente usinas nucleares

Vulcões

BIBLIOGRAFIA SUGERIDA

Livros, artigos, publicações paradidáticas e de divulgação científica

ARAÚJO, J. M. A. *Química de alimentos*: teoria e prática. Viçosa: Imprensa UFV, 1995.

AYALA, L.; NUDELMAN, C. No césio 137, um punhado de lições. *Sala de Aula,* São Paulo: Abril, n. 1, abr. 1988.

AZEVEDO, E. Genética humana no Brasil: passado e presente. *Ciência e Cultura,* v. 45, n. 5, p. 442-445, 1989.

AZEVEDO, F. *A cultura brasileira.* Brasília: UnB: Rio de Janeiro: UFRJ, 1996.

BARROS, F. S. Fusão a frio, esperanças e dúvidas. *Ciência Hoje,* Rio de Janeiro, n. 52, abr. 1989.

BENN, F. R.; MCAULIFFE, C. (Coord.). *Química e poluição.* Rio de Janeiro: Livros Técnicos e Científicos; São Paulo: Edusp, 1981.

BORGES-OSÓRIO, M. R.; ROBINSON, W. M. *Genética humana.* Porto Alegre: Artmed, 2001.

CAMARGO, K. R. Aids e a aids das ciências. *História, Ciências, Saúde – Manguinhos,* Rio de Janeiro, v. 1, n. 1, out. 1994.

CANIATO, R. *O que é astronomia.* São Paulo: Brasiliense, 1985. (Primeiros Passos, 45.)

CARVALHO, R. B.; MUNIZ, M. Árvore no chão ou enxofre no ar? *Ciência Hoje,* Rio de Janeiro, v. 20, n. 120, p. 38-47, maio 1996.

CASTELLS, M. *A era da informação*: economia, sociedade e cultura. A sociedade em rede. São Paulo: Paz e Terra, 1999. v. 1.

CHAMBOULEYRON, I. Eletricidade solar. *Ciência Hoje,* Rio de Janeiro, n. 54, jun. 1989.

COSTA, S. O. (Coord.). *Genética molecular e de micro-organismos* : os fundamentos da engenharia genética. São Paulo: Manole, 1987.

DAVIES, P. *O quinto milagre.* São Paulo: Companhia das Letras, 2000.

DIDEROT, D'ALEMBERT. *Enciclopédia.* São Paulo: Unesp, 1989.

EINSTEN, A.; INFELD, L. *A evolução da Física.* 2. ed. Rio de Janeiro: Zahar, 1966.

EL-HANI, C. N.; VIDEIRA, A. A. P. (Org.). *O que é vida?*: para entender a Biologia do século XXI. Rio de Janeiro: Relume-Dumará, 2000.

ENCICLOPÉDIA como funciona: todos os segredos da tecnologia moderna. São Paulo: Abril Cultural, 1984. 4 v.

EVANS, John. Monóxido de carbono: mais do que somente um gás letal. *Química Nova na Escola,* n. 9, p. 3-5, maio 1999.

FARIA, R. P. (Org.). *Fundamentos de Astronomia*. Campinas: Papirus, 1986.

FARIA, R. P. *Astronomia a olho nu*. São Paulo: Brasiliense, 1986.

FEYNMAN, R. P. *Deve ser brincadeira, sr. Feynman*. Brasília: UnB, 2000.

FIGUEIREDO, A.; PIETROCOLA, M. O. *Física, um outro lado*: um olhar para os movimentos. São Paulo: FTD, 1999.

______; ______. *Física, um outro lado*: faces da energia. São Paulo: FTD, 1999.

______; ______. *Física, um outro lado*: calor e temperatura. São Paulo: FTD, 1999.

______; ______. *Física, um outro lado*: luz e cores. São Paulo: FTD, 1999.

FREIRE JÚNIOR, O. *David Bohm e a controvérsia dos quanta*. Campinas: CLE: Unicamp, 1999.

FUCHS, W. *Física moderna*. São Paulo: Polígono, 1972.

GASPAR, A. *História da eletricidade*. São Paulo: Ática, 1996.

______. *Eletricidade e suas aplicações*. São Paulo: Ática, 1996.

______. *Experiências de Ciências para o 1º grau*. São Paulo: Ática, 1996.

GLEISER, M. *A dança do universo*. São Paulo: Companhia das Letras, 1997.

GOLDEMBERG, J. *O que é energia nuclear*. São Paulo: Brasiliense, 1983. (Primeiros Passos, 11).

______. *S.O.S. planeta Terra*: o efeito estufa. São Paulo: Brasiliense, 1990.

HAMBURGER, E. W. *O que é física*. São Paulo: Brasiliense, 1984. (Primeiros Passos, 131).

INSTITUTE FOR SCIENCE INFORMATION (Org.). *A internet como paradigma*. Rio de Janeiro: Expressão e Cultura, 1997.

INSTITUTO DE FÍSICA/USP. *Trabalho humano e uso de energia*. São Paulo: IF/USP: Cesp, 1986.

JAUCH, J. M. *São os quanta reais?*: um diálogo galileano. São Paulo: Nova Stella: Edusp, 1986.

LEITE, V. *Energia do Brasil*. Rio de Janeiro: Nova Fronteira, 1997.

LEVY, P. *Cibercultura*. São Paulo: Editora 34, 1999.

LEWIN, B. *Genes VII*. Porto Alegre: Artmed, 2000.

LIVI, S. B. B. Um visitante inesperado: a supernova 1987 A. *Caderno Catarinense de Ensino de Física*, Florianópolis, v. 4, n. 2, ago. 1987.

LUTFI, M. *Os ferrados e os cromados*: produção social e apropriação privada do conhecimento químico. Ijuí: Unijuí, 1992.

MOLION, L. C. B. Os vulcões afetam o clima do planeta. *Ciência Hoje*, Rio de Janeiro, v. 20, n. 120, p. 24-33, maio 1996.

MOZETO, Antonio A. Química atmosférica: a química sobre nossas cabeças. *Cadernos Temáticos de Química Nova na Escola.* Química Ambiental, n. 1, p. 41-49, maio 2001.

OKUNO, E. *Radiação*: efeitos, riscos e benefícios. São Paulo: Harbra, 1988.

______; CALDAS, I. L.; CHOW, C. *Física para ciências biológicas e biomédicas.* São Paulo: Harbra, 1982.

OLIVEIRA, D. L. *Ciências nas salas de aula.* Porto Alegre: Mediação, 1997.

OLIVEIRA FILHO, K. S. *Astronomia e astrofísica.* Porto Alegre: UFRGS, 2000.

PANEPUCCI, M. *et al.* Novas imagens do corpo: tomografia por ressonância magnética nuclear. *Ciência Hoje,* Rio de Janeiro, n. 17, mar./abr. 1985.

PAOLONI, L. Química e mecânica quântica: relação entre a estrutura lógica da química e a realidade molecular. *Química Nova,* v. 3, n. 4, p. 164-171, 1980.

PASCHOA, A. S. Usina nuclear: a questão dos rejeitos. *Ciência Hoje*, Rio de Janeiro, v. 29, n. 169, p. 40-47, mar. 2001.

PERELMAN, J. *Aprenda física brincando.* São Paulo: Hemus, 1970.

PICAZZIO, E. Meteoritos. *Ciência Hoje,* Rio de Janeiro, n. 22, jan./fev. 1986.

PINTO, I. R. A. *et al.* A energia que acende o céu. *Ciência Hoje*, Rio de Janeiro, n. 61, jan./fev. 1990.

PONTIN, J.; MASSARO, S. *O que é poluição química.* São Paulo: Brasiliense, 1993.

POSTMAN, N. *Tecnopólio*: a rendição da cultura à tecnologia. São Paulo: Nobel, 1994.

RABELO, A. L. Efeito estufa: uma ameaça no ar. *Ciência Hoje,* Rio de Janeiro, n. 29, mar./abr. 1987.

REEVES, H. *Um pouco mais de azul*: a evolução cósmica. São Paulo: Martins Fontes, 1998.

ROSA, L. P. A segurança em Angra I. *Ciência Hoje*, Rio de Janeiro, v. 9, n. 53, p. 24-32, maio 1989.

SAGAN, C. *Cosmos.* Rio de Janeiro: Francisco Alves, 1981.

SALOMÃO, R. P. *et al.* Como a biomassa de florestas tropicais influi no efeito estufa? *Ciência Hoje,* Rio de Janeiro, v. 21, n. 122, p. 38-47, ago. 1996.

SANTOS, L. H. S. (Org.). *Biologia*: dentro e fora da escola. Porto Alegre: Mediação, 2000.

SILK, J. *O big bang*: a origem do universo. Brasília: UnB: Hamburg, 1985.

SILVA, L. da. O inverno nuclear. *Ciência Hoje*, Rio de Janeiro, n. 30, abr. 1987.

SIMON, D. Caminhos e descaminhos da energia nuclear. *Ciência Hoje*, Rio de Janeiro, n. 8, set./out. 1983.

SIMON, D. Como funciona o reator de Angra. *Ciência Hoje*, Rio de Janeiro, n. 8, set./out. 1983.

SOUSA, V. M. *et al. Gestão da vida*: genoma e pós-genoma. Brasília: UnB, 2001.

TRAGTEMBERG, M. As belezas do arco-íris e seus segredos. *Caderno Catarinense de Ensino de Física,* Florianópolis, v. 3, n. 1, abr. 1986.

TUNDISI, J. G. Ambiente, represas e barragens. *Ciência Hoje*, Rio de Janeiro, volume especial, p. 40-46, 1992.

WEINBERG, S. *Os três primeiros minutos.* Rio de Janeiro: Guanabara Dois, 1980.

WILKIE, D. C. *Projeto Genoma Humano*: um conhecimento perigoso. Rio de Janeiro: Zahar, 1994.

Educação e ensino de Ciências: livros, artigos, teses, dissertações e trabalhos em congressos

ANGOTTI, J. A. P. Conceitos unificadores e ensino de Física. *Revista Brasileira de Ensino de Física*, v. 15, n. 1 a 4, 1993.

______; AUTH, M. A. Ciência e tecnologia: implicações sociais e o papel da educação. *Ciência e Educação*, Bauru, v. 7, n. 1, p. 15-28, 2001.

______; MION, R. A. e BASTOS F. P. Educação em Física: discutindo ciência, tecnologia e sociedade. *Ciência e Educação*. Unesp/Bauru (SP), v. 7. n. 2, p. 183-198, 2001.

AULER. D.; BAZZO, W. Reflexões para a implementação do movimento CTS no contexto educacional brasileiro. *Ciência e Educação,* Bauru, v. 7, n. 1, p. 1-14, 2001.

BASTOS, F. P. *Prática educacional diálogica e ensino de ciências naturais*. 1994. Tese de Doutorado, FE/USP, São Paulo.

BIZZO, N. *Ciências*: fácil ou difícil? São Paulo: Ática, 1998.

______. Graves erros conceituais nos livros didáticos de Ciências. *Ciência Hoje,* Rio de Janeiro, v. 21, n. 121, p. 26-35, 1996.

BORGES, R. M. R. *Em debate*: cientificidade e educação em Ciências. Porto Alegre: SE/Cecirs, 1996.

BRASIL. Ministério da Educação e Cultura. *Guia de livros didáticos*: 5ª a 8ª séries – PNDL – 1999. Brasília: MEC: PNLD, 1998.

______. ______. *Guia de livros didáticos*: 5ª a 8ª séries – PNDL – 2001. Brasília: MEC: PNLD, 2000.

______. ______. Ciências. In: ______. (Org.). *Definição de critérios para avaliação dos livros didáticos.* Brasília: MEC: FAE: PNLD, 1994.

CARVALHO, A. M. P.; GIL-PEREZ, D. *Formação de professores de Ciências*: tendências e inovações. São Paulo: Cortez, 1993.

CHASSOT, A. I. *Alternativas para um ensino (de Química) mais crítico.* Canoas: Ed. da Ulbra, 1995.

CORTELLA, M. S. *A escola e o conhecimento*: fundamentos epistemológicos e políticos. São Paulo: Cortez, 2000.

DELIZOICOV, D. *Conhecimento, tensões e transições.* 1991. Tese de doutorado — FE/USP, São Paulo.

______. Formação inicial do professor de Física. Revista *Educação em Foco,* Juiz de Fora, v. 5, n. 1, set. 2000.

______. O interacionismo na construção dos paradigmas. *Proposições,* Campinas, v. 1, n. 19, p. 84-94, 1996.

______; ANGOTTI, J. A. P. *Metodologia do ensino de Ciências.* São Paulo: Cortez, 1990.

FREIRE, P. *Educação como prática de liberdade.* Rio de Janeiro: Paz e Terra, 1983.

______. *Pedagogia do oprimido.* Rio de Janeiro: Paz e Terra, 1975.

______. *Pedagogia da autonomia*: saberes necessários à prática educativa. São Paulo: Paz e Terra, 1996.

FREITAG, B. *O livro didático em questão.* São Paulo: Cortez, 1989.

FROTA, P. R. O. *Velocidade, espaço e tempo*: uma investigação da atividade cognitiva a partir de estímulos sensoriais mediados pelo computador. 2000. Tese de Doutorado, PPGE/UFSC, Florianópolis.

GEPECISC — Grupo de Pesquisas em Ensino de Ciências Naturais — Santa Catarina. *Banco de dados de fontes bibliográficas para o ensino de Ciências.* Florianópolis: CED: UFSC, 1997.

HÉRNANDEZ, F.; VENTURA, M. *A organização do currículo por projetos de trabalho*: o conteúdo é um caleidoscópio. Porto Alegre: Artes Médicas, 1998.

KRASILCHIK, M. Inovação no ensino das Ciências. In: GARCIA, W. (Coord.). *Inovação educacional no Brasil.* São Paulo: Cortez, 1980.

______. *O professor e o currículo das ciências.* São Paulo: EPU: Edusp, 1987.

LEMGRUBER, M. S. Um panorama da educação em Ciências. *Educação em Foco,* Juiz de Fora, v. 5, n. 1, mar./ set. 2000.

LOPES, A. R. C. A disciplina Química: currículo, epistemologia e história. *Episteme,* Porto Alegre, v. 3, n. 5, 1998.

LUTFI, M. *Cotidiano e educação em Química.* Ijuí: Unijuí, 1988.

MALDANER, O. A. *A formação inicial e continuada de professores de Química*. Ijuí: Unijuí, 2000.

MARTINS, M. C. Projetos em ação no ensino de arte. In: FREIRE, M. *et. al.* (Org.). *Avaliação e planejamento*: a prática educativa em questão. Instrumentos Metodológicos II. São Paulo: Espaço Pedagógico, 1999. (Seminários)

MENEZES, L. C. (Org.). *Professores:* formação e profissão. Campinas: Autores Associados; São Paulo: Nupes, 1996.

______. *Formação continuada de professores de Ciências*. Campinas: Autores Associados; São Paulo: Nupes, 1996.

MION, R. A. *Investigação-ação* e *a formação de professores de Física*. 2002, Tese de Doutorado, PPGE/UFSC, Florianópolis.

______ e SAITO, C. H. (Orgs.). *Investigação-Ação*: mudando o trabalho de formar professores. Ponta Grossa: Planteta, 2001.

MOREIRA, M. A. *Teorias de Aprendizagem*. São Paulo: EPU, 1999.

______. *Uma abordagem cognitiva ao ensino de Física*. Porto Alegre: Ed. da Universidade, 1983.

MORTIMER, *Linguagem e formação de conceitos no ensino de Ciências*. Belo Horizonte: Ed. da UFMG, 2000.

PERNAMBUCO, M. M. C. A. Quando a troca se estabelece: a relação dialógica. In: PONTUSCHKA, N. (Org.). *Ousadia no diálogo*. São Paulo: Loyola, 1993.

______. Significações e realidade: conhecimento. In: PONTUSCHKA, N. (Org.). *Ousadia no diálogo*. São Paulo: Loyola, 1993.

______. (Org.). *Ousadia no diálogo*: interdisciplinaridade na escola pública. São Paulo: Loyola, 1993.

SALÉM, S.; KAWAMURA, M. R. *Banco de dados Fisbit*. São Paulo: IF/USP, 1996.

SANTOS, W. L. P.; SCHNELTZLER, R. P. *Educação em Química*: compromisso com a cidadania. Ijuí: Unijuí,1997.

SECRETARIA MUNICIPAL DE ENSINO DE SÃO PAULO. *Tema gerador*. São Paulo: SME, 1991. (Ação pedagógica na escola pela via da interdisciplinaridade.)

SNYDERS, G. *A alegria na escola*. São Paulo: Manole, 1988.

TRIVELATO, S. L. F. O ensino de Ciências e as preocupações com relações CTS. *Educação em Foco*, Juiz de Fora, v. 5, n. 1, p. 43-54, mar./set. 2000.

UNICAMP. *O ensino de Ciências no Brasil*: catálogo analítico de teses e dissertações (1972--1975). Coord. Jorge Megid Neto. Campinas: Cedoc/Faculdade de Educação, 1998.

USP. *Ensino de Física no Brasil*: dissertações e teses (1972-1992). Coord. Maria Regina Kawamura e Sônia Salem. São Paulo: Instituto de Física/USP, 1992.

______. *Ensino de Física no Brasil*: dissertações e teses (1992-1995). Coord. Maria Regina Kawamura e Sônia Salem. São Paulo: Instituto de Física/USP, 1996.

História e Filosofia da Ciência

BACHELARD, G. *A formação do espírito científico*. Rio de Janeiro: Contraponto, 1996.

______. *Filosofia do novo espírito científico*. Lisboa: Presença, 1976.

BERNAL, J. D. *Ciência na história*. Lisboa: Horizonte, 1976. 7 v.

______. *Ciencia e industria en el siglo XIX*. Barcelona: Ediciones Martinez Roca, 1973.

CARRERO, V. (Org.). *Filosofia, história e sociologia das ciências*. Rio de Janeiro: Fiocruz, 1994.

CHALMERS, A. F. *O que é ciência, afinal?* São Paulo: Brasiliense, 1993.

CHASSOT, A. *A ciência através dos tempos*. São Paulo: Moderna, 1994. (Polêmica.)

DUCASSÉ, P. *História das técnicas*. Lisboa: Europa-América, 1962.

EINSTEN, A.; INFELD, L. *A Evolução da Física*. 2. ed. Rio de Janeiro: Zahar, 1966.

FERNANDES, A. M. *A construção da ciência no Brasil e a SBPC*. Brasília: UnB, 1990.

FERRI, M. S.; MOTOYAMA, S. *História das ciências no Brasil*. São Paulo: Edusp: EPU, 1981.

FEYERABEND, P. *Contra o método*. Rio de Janeiro: Francisco Alves, 1974.

FLECK, Ludwik. *La génesis y el desarrollo de un hecho científico*. Madrid: Alianza Editorial, 1986.

GALILEI, G. *Duas novas ciências*. São Paulo: Nova Stella, 1986.

GAMA, R. *História da técnica e da tecnologia*. São Paulo: Edusp, 1985.

GAMOW, G. *Biografia da Física*. Rio de Janeiro: Zahar, 1963.

GOLDFARB, A. M. A. *Da alquimia à química*. São Paulo: Nova Stella: Edusp, 1987.

HANSON, N. R. Observações e interpretações. In: MORGENBESSER, S. (Org.). *Filosofia da Ciência*. São Paulo: Cultrix, 1975.

HEISENBERG, W. *Física e Filosofia.* Brasília: UnB, 1987.

HESSEN, B. As raízes sociais e econômicas dos *Principia* de Newton. *Revista de Ensino de Física,* São Paulo, v. 6, n. 1, abr. 1984.

HOLTON, G. *A imaginação científica.* Rio de Janeiro: Zahar, 1979.

IGLESIAS, F. *A Revolução Industrial.* São Paulo: Brasiliense, 1983.

JACOB, F. *Lógica da vida*: uma história da hereditariedade. Rio de Janeiro: Graal, 1983.

JAPIASSU, H. *Para ler Bachelard.* Rio de Janeiro: Francisco Alves, 1976.

JAPIASSU, N. *Questões epistemológicas.* Rio de Janeiro: Imago, 1981.

KOYRE, A. *Do mundo fechado ao universo infinito.* Rio de Janeiro: Forense Universitária, 1986.

______. *Estudos da história do pensamento científico.* Brasília: UnB, 1982.

KUHN, T. *A estrutura das revoluções científicas.* São Paulo: Perspectiva, 1975.

LAKATOS, I. *História das ciências e suas reconstruções racionais.* Rio de Janeiro: Edições 70, 1978.

_______; MUSGRAVE, A. (Org.). *A crítica e o desenvolvimento do conhecimento.* São Paulo: Cultrix: Edusp, 1979.

MASON, J. P. *História da ciência*: as principais correntes do pensamento científico. Rio de Janeiro: Globo, 1964.

MASTERMAN, M. A natureza de um paradigma. In: LAKATOS, I. (Org.). *A crítica e o desenvolvimento do conhecimento.* São Paulo: Cultrix: Edusp, 1979.

MAYR, E. *O desenvolvimento do pensamento biológico.* Brasília: UnB, 1998.

MONOD, J. *Acaso e necessidade.* Petrópolis: Vozes, 1982.

MOTOYAMA, S. Os principais marcos históricos em ciência e tecnologia no Brasil. *Sociedade Brasileira de História da Ciência,* São Paulo, n. 1, p. 41-49, jan./jun. 1985.

PIAGET, J.; GARCIA, R. *Psicogénese e história das ciências.* Lisboa: Dom Quixote, 1987.

POPPER, K. *A lógica da pesquisa científica.* São Paulo: Cultrix, 1975.

RADL, E. *História de las teorias biológicas.* Madrid: Alianza Editorial, 1988.

RONAN, C. A. *História ilustrada da ciência.* São Paulo: Zahar, 1987. 4 v.

ROSMORDUC, J. *História da Física e da Química.* São Paulo: Zahar, 1988.

SEGRE, E. *Dos raios X aos quarks.* Brasília: UnB, 1987.

SINGER, C. *Uma breve história da Anatomia e Fisiologia desde os gregos até Harvey.* Campinas: Ed. da Unicamp, 1996.

THÉODORIDES, P. *História da Biologia*. Lisboa: Edições 70, 1984.

VANIN, J. A. *Alquimistas e químicos*: o passado, o presente e o futuro. São Paulo: Moderna, 1994.

VIDAL, B. *História da Química*. Lisboa: Edições 70, 1986.

WEISSKOPF, V. F. *Indagação e conhecimento*: o universo físico de acordo com o conhecimento atual. São Paulo: Edart, 1975.

Contexto e relações da ciência

ANDERSON, S.; BAZIN, M. *Ciência e (in)dependência*. Lisboa: Horizonte, 1972. 2 v.

ARCHER, L.; BISCAIA, J.; OSSWALD, W. (Coord.). *Bioética*. Lisboa: Verbo, 1996.

ASHTON, T. S. *A Revolução Industrial*. Lisboa: Mem Martins, 1977.

AZEVEDO, F. (Org.). *As ciências no Brasil*. Rio de Janeiro: Ed. UFRJ, 1994. 2 v.

BOHM, D.; PEAT, I. D. *Ciência, ordem e criatividade*. Lisboa: Gradiva, 1989.

BONI, L. A.; JACOB, G.; SALZANO, F. (Org.) *Ética e genética*. Porto Alegre: Ed. PUC/RS, 1998.

BRACHIFONTAINE, C. P.; PESSINI, L. (Coord.) *Bioética*: alguns desafios. São Paulo: Loyola, 2001.

BROCKMAN, J. *Einstein, Gertrude Stein, Wittgenstein e Frankenstein*. São Paulo: Companhia das Letras, 1988.

______; MATSON, K. *As coisas são assim*. São Paulo: Companhia das Letras, 1997.

DYSON, F. *Infinito em todas as direções*. São Paulo: Companhia das Letras, 2000.

FOUREZ, G. *A construção das ciências*. São Paulo: Ed. da Unesp, 1995.

FREIRE JÚNIOR, O.; CARVALHO NETO, R. A. *O universo dos quanta*: uma breve história da Física moderna. São Paulo: FTD, 1997.

GOLDEMBERG, J. *Energia, meio ambiente e desenvolvimento*. São Paulo: FTD, 1989.

GOLLOP, T. R. O descompasso entre o avanço da ciência e da lei. *Revista USP*, São Paulo, n. 24, p. 54-59, 1995.

GREENE, B. *O universo elegante*. São Paulo: Companhia das Letras, 2001.

HELLMAN, H. *Grandes debates da ciência*. São Paulo: Ed. da Unesp, 1998.

HERRERA, A. *Ciencia y política en América Latina*. México: Siglo XXI Editores, 1981.

HOBBELINK, H. *Biotecnologia – muito além da revolução verde*: desafio ou desastre? Porto Alegre: Pallotti, 1990.

IGLESIAS, F. *A Revolução Industrial*. São Paulo: Brasiliense, 1983.

MADDOX, J. *O que falta descobrir*: explorando os segredos do universo, as origens da vida e o futuro da espécie humana. Rio de Janeiro: Campus, 1999.

MAYOR, F.; FORTI, A. (Org.). *Ciência e poder*. Campinas: Papirus; Brasília: Unesco, 1998.

PENA, S. D. Conflitos paradigmáticos e a ética do Projeto Genoma Humano. *Revista USP*, São Paulo, n. 24, p. 68-73, 1995.

PENROSE, R. *O grande, o pequeno e a mente humana*. São Paulo: Unesp: Cambridge, 1999.

PRIGOGINE, I.; STENGERS, I. *A nova aliança*. Brasília: UnB, 1984.

RIFKIN, J. *O século da biotecnologia*. São Paulo: Makron Books, 1999.

RUMJANEK, F. D. *DNA, identidade e paternidade*. Rio de Janeiro: Espaço Jurídico, 1997.

______; RINZLER, C. M. C. Os exames de DNA nos tribunais. *Ciência Hoje*, Rio de Janeiro, v. 29, n. 169, p. 24-30, mar. 2001.

SBPC. Os autos de Goiânia. *Ciência Hoje*, Rio de Janeiro, encarte do n. 40, maio 1988.

______. Como enfrentar os problemas éticos do Projeto Genoma Humano? – Debate. *Ciência Hoje*, Rio de Janeiro, v. 17, n. 99, p. 31-35, abr. 1994.

SCHWARTZMAN, S. *Formação da comunidade científica no Brasil*. São Paulo: Ed. Nacional, 1979.

______. A árvore da ciência. *Ciência Hoje*, Rio de Janeiro, n. 15, nov./dez. 1984.

THUILLIER, P. O contexto cultural da ciência. *Ciência Hoje*, Rio de Janeiro, v. 9, n. 50, p. 18-23, jan./fev. 1989.

WEBER, R. *Diálogo com cientistas e sábios*. São Paulo: Cultrix, 1986.

ZATS, M. Os dilemas éticos do mapeamento genético. *Revista USP*, São Paulo, n. 24, p. 46-53, 1995.

ZIMAN, J. *O conhecimento público*. Belo Horizonte: Itatiaia; São Paulo: Edusp, 1979.

Ensino médio: parâmetros, subsídios e manuais

ALVARENGA, B.; MÁXIMO, A. *Física*. São Paulo: Harbra, 1992. 3 v.

______. ______. *Física*. São Paulo: Scipione, 1997.

AMABIS, M. e MARTHO, G. *Conceitos de Biologia*. Vols. 1, 2 e 3. São Paulo: Moderna, 2002.

BLACKWOOD, O.; HERROS, W.; KELLY, W. *Física na escola secundária.* Brasília: Inep/MEC, 1962.

DELIZOICOV, D.; ANGOTTI, J. A. P. *Física.* São Paulo: Cortez, 1991.

FROTA-PESSOA, O. *Os caminhos da vida* – Biologia no ensino médio. Vols. I, II e III. São Paulo: Scipione, 2001.

FUNBEC. *Laboratório básico polivalente de ciência para o 1º grau*: manual do professor. Rio de Janeiro: MEC: Fename: Premen: DEF, 1978.

GASPAR, A. *Física.* São Paulo: Ática, 2000. 3 v.

GEPEQ. *Interações e transformações*: Química para o 2º grau. Livro do aluno e guia do professor. São Paulo: Edusp, 1993.

______. *Interações e transformações II*: Química para o 2º grau. Livro do aluno e guia do professor. São Paulo: Edusp, 1995.

______. *Interações e transformações III*: Química – ensino médio: química e a sobrevivência/atmosfera. Livro do aluno e guia do professor. São Paulo: Edusp, 1998.

GONÇALVES, C. *et al. Física e realidade.* São Paulo: Scipione, 1998. 3 v.

GREF. *Física 1*: mecânica. São Paulo: Edusp, 1990.

______. *Física 2*: física térmica e óptica. São Paulo: Edusp, 1992.

______. *Física 3*: eletromagnetismo. São Paulo: Edusp, 1995.

MAIZTEGUI; SABATO. *Física.* Porto Alegre: Globo, 1972. 2 v.

MEC–SEMTEC. *Parâmetros Curriculares Nacionais do ensino médio (PCNEM):* Ciências da Natureza, linguagens e tecnologias.

PEQS. *Química na sociedade.* Brasília: UnB, 1998.

RAW, I.; MENNUCI, L. e KRASILCHIK, M. *A Biologia e o homem.* São Paulo: Edusp, 2001.

UNESCO. *Novo manual da Unesco para o ensino das Ciências.* Lisboa: Estampa, 1973. (Biblioteca de Ciências Pedagógicas)

Baptistão

Os autores são licenciados em Física (USP), mestres em Ensino de Ciências (USP) e doutores em Educação (USP). Lecionaram no ensino fundamental e médio e dedicam-se à formação de professores nas licenciaturas e a projetos de formação continuada, em parceria com Secretarias de Educação.

Demétrio Delizoicov e José André P. Angotti, professores do Centro de Ciências da Educação da UFSC, atuam no Programa de Pós-Graduação em Educação Científica e Tecnológica e no Programa de Pós-Graduação em Educação dessa universidade, onde têm orientado teses e dissertações. Entre 1979 e 1981, implantaram um Projeto de Formação de Professores de Ciências, desenvolvido em cooperação com o Ministério da Educação da Guiné-Bissau e o Institut de Recherche, Formation, Éducation e Développement (Paris), com apoio financeiro do Fundo Europeu de Desenvolvimento, adaptando para a educação escolar a proposta de Paulo Freire. Angotti tem se dedicado também à produção de material didático com multimeios e projetos de formação docente a distância. São autores dos livros *Metodologia do ensino de Ciências* (Cortez) e *Física* (Cortez), entre outros.

Marta M. C. A. Pernambuco é professora do Programa de Pós-Graduação em Educação da UFRN, onde já foi pró-reitora de graduação. Atualmente tem orientado teses e dissertações e coordenado projetos e grupos de pesquisa em ensino de Ciências, bem como propostas pedagógicas baseadas em Paulo Freire. Com Delizoicov, integrou, de 1989 a 1992, a equipe de assessores do Movimento de Reorientação Curricular, concebido durante a gestão de Paulo Freire na Secretaria Municipal de Educação de São Paulo, mantendo posteriormente serviços de assessoria a várias administrações, municipais e estaduais, em processos de reorientação curricular, com abordagem temática. É coautora do livro *Ousadia no diálogo: interdisciplinaridade na escola pública* (Loyola).

Comprometida com a educação

www.cortezeditora.com.br